国家出版基金项目
NATIONAL PUBLICATION FOUNDATION

"十三五"国家重点图书出版规划项目

东北非物质文化遗产丛书

刘铁梁 王凯旋 主编

民间饮食技艺与习俗卷

Book Series of Intangible Cultural Heritage in Northeast China

Folk Dietary Technique and Customs

孙建权 著

东北大学出版社

图书在版编目（CIP）数据

东北非物质文化遗产丛书. 民间饮食技艺与习俗卷 / 刘铁梁，王凯旋主编；孙建权著. — 沈阳 ：东北大学出版社，2018.2（2025.1 重印）
ISBN 978-7-5517-1828-8

Ⅰ. ①东… Ⅱ. ①刘… ②王… ③孙… Ⅲ. ①非物质文化遗产—介绍—东北地区②饮食—风俗习惯—介绍—东北地区 Ⅳ. ①G127.3②K892.25

中国版本图书馆 CIP 数据核字（2018）第038246号

出 版 者：东北大学出版社
地址：沈阳市和平区文化路三号巷 11 号
邮编：110819
电话：024-83687331（市场部） 83680267（社务部）
传真：024-83680180（市场部） 83687332（社务部）
网址：http://www.neupress.com
E-mail:neuph@neupress.com
印 刷 者：三河市万龙印装有限公司
发 行 者：东北大学出版社
幅面尺寸：170 mm × 240 mm
印　　张：17.5
字　　数：304 千字
出版时间：2018 年 2 月第 1 版
印刷时间：2025 年 1 月第 2 次印刷
选题策划：郭爱民
责任编辑：汪彤彤　牛连功　袁　美
责任校对：孙德海
装帧设计：Amber Design 琥珀视觉

ISBN 978-7-5517-1828-8　　定　价：70.00 元

INTRODUCTION

总序

由我国著名的民俗学与文化人类学专家、中国民俗学会副理事长、北京师范大学博士生导师刘铁梁教授，辽宁省民俗学学科带头人、辽宁社会科学院文化学研究所所长王凯旋研究员共同主编的《东北非物质文化遗产丛书》共10卷，各分卷依次为：民间文学卷、民间礼俗卷、民间信仰卷、民间服饰卷、民间岁时节日卷、民间手工技艺卷、民间建筑技艺卷、民间表演艺术卷、民间饮食技艺与习俗卷、民间体育技能与传统医药卷。这套丛书已经被列为"十三五"国家重点图书出版规划项目，它的出版填补了国内学术界和出版界有关东北地区历史文化发展长河中非物质文化遗产研究领域的一项空白，是对东北地区社会历史、社会民俗与社会文化的一项带有总结性的学术研究成果。丛书的作者中荟萃了北京师范大学、辽宁社会科学院、辽宁大学和辽宁师范大学等单位长期从事历史文化与社会风俗研究，尤其长于东北地方历史文化研究的专家学者。所有作者均为在所著专题方面学有专长的学者、教授和博士。

东北地区地处我国的东北边陲，其历史文化表现为独特鲜明的边塞文化特点。辽西红山文化的发现，证明了辽宁地区或东北地区为我国远古文化的发祥地之一。从先秦至明清，东北各民族同胞的历史文化一脉相承，在清代时达到了历史的高峰。中原文化的传入及其与东北当地文化的融合，铸就了中华民族独特的灿烂辉煌的东北地域文化，其中既有物质文化成就，亦有非物质文化成果。然而，就学术界和文化界而言，总结东北人民这份珍贵的非物质文化遗产工作，却做得少之又少，这与东北地区历史上长期存在并发展的地域民族民俗文化和社会物质精神文化的成果及事实存在相比，是极不协调、极不相称的。对东北历史文化的描述还仅停留于个别事件的宏观概括和简单叙述，还只是就政治及军事沿革的一般考察，而对于诸如东北地区民风民俗和民间文化的全景式与整体性的研究论述则至今阙如。个别的文字记载和描述也多为对某一方面或某一地区简单现象的罗列，且常常重复、零散与口头化，民间自发的口口相传的口述史实居多。即便如此，对这些口述史实记载或传承的个体也是零散的与非文字性的，东北非物质文化遗产所面临的最突出问题是文字史料留存极少，现有的文本介绍与文字出版也多是零散而不系统的。与之形成鲜明反差的是，东北地区大量存在并经由历史长期流变而以物态化和非物态化形式存续的文化遗产内容却是极其丰富翔实的，这是一笔不容遗失的“祖业”，是千秋财富。为了传承历史、面对未来，我们有必要、有可能也有条件对东北非物质文化遗产作全面系统的整理、保存与传承。这是学人的重任，也是出版人的重任。

这套丛书从提出选题创意到否定选题，再到提出新的选题视角，到再次补充、修订和完善，经过反复多次的研讨和论证，最终确定了10个最具代表性的研究专题。它们代表了或在相当程度上代表了东北非物质文化遗产所应涵盖和阐述的内容，几乎每卷都是首次系统地总结了该卷所要和所应论及的内容，有些内容的阐释具有填补空白的意义。

《东北非物质文化遗产丛书》突出而鲜明的特色，是它的地域性、民族性与兼容性，而这是以往任何一部介绍东北历史文化的论著都难以或无法达到的。在党中央、国务院作出关于振兴东北老工业基地重大决策部署的时代背景下，抢救和传承东北非物质文化遗产、铸就东北文化软实力、提升东北人民的文化自信，是我们组织撰著和出版这套丛书的直接动力。

这套丛书与目前其他省份已问世的“非遗”丛书的显著区别在于，上述10卷内容没有泛泛而谈衣食住行和婚丧嫁娶等一应民俗事项，而是充分关照了东北地域文化与民族文化特点，如民间礼俗、民间手工技艺、民间建筑技艺、民间体育技能与传统医药等。诸如此类，都体现了东北“非遗”丛书鲜活的地域特色与民族风情。

《东北非物质文化遗产丛书》的撰著和出版是一项筚路蓝缕性的文化

工程，它对于正在进行的东北文化振兴将作出具有历史意义的贡献。尽管它仍会存在一些不尽如人意之处，宏大的东北非物质文化遗产也绝非10卷本300余万字所能涵盖的，但作为全景式、广角度展现东北“非遗”的开山之作，我们仍然积极期待它的出版问世。这套丛书的撰著和出版，体现了创新精神、严谨态度和科学论证，是做了前人所未做的事。它在一个历史阶段上完成了对东北地区非物质文化遗产的历史性学术总结。

王凯旋

2018年2月

PREFACE

前言

东北饮食文化圈是我国十二大饮食文化圈之一。[①]狭义上的“东北”仅指东北三省；而广义上的“东北”，则还包括内蒙古的中东部地区（含兴安盟及赤峰、通辽与呼伦贝尔三市）和河北北部，地处北纬42°至53°34′之间，是我国纬度最高的地区。东北大地土壤肥沃，河川纵横，草原肥美，平原广袤，山林原野动植物及江河湖海水生资源丰富，无霜期短，冬季严寒且漫长，人口稀少（尤其是清中叶以前），于是形成了这一区域特定的自然地理环境、生态环境和饮食文化的基本条件。

除了得天独厚的自然条件，今日东北饮食文化的形成，还受少数民族文化和国内外移民的巨大影响。首先，就东北地区的发展历史来看，少数民族的文化影响是占主导地位的。从先秦到民国，山戎、东胡、夫馀、肃慎、乌桓、鲜卑、柔然、契丹、女真、蒙古族、满族、鄂温克族等少数民族一直活跃在东北的政治舞台，并为东北地区的经济发展、文化进步作出了巨大贡献。当今东北许多饮食文化，都闪烁着少数民族智慧的光芒。这些少数民族，有的还占领过中原甚至统一了全国，因而对整个中华民族的饮食文化产生了重大影响。其次，今天东北人口的很大比例是清代后期闯关东的关内人的后代。他们将关内的许多优秀饮食文化和关内人民的创造力带到东北，从而推动了东北饮食文化的发展。因此，东北饮食文化在近代以后又融入了许多关内汉族饮食文化的特点。此外，近代以来，东北地区还曾生活过甚至现今仍旧生活着许多国外移民。例如，今日我国境内的朝鲜族，便是自清末不

① 17—18世纪，我国境内形成了十二大饮食文化圈，它们分别是：东北饮食文化圈、京津饮食文化圈、黄河中游饮食文化圈、黄河下游饮食文化圈、长江中游饮食文化圈、长江下游饮食文化圈、中北饮食文化圈、西北饮食文化圈、西南饮食文化圈、东南饮食文化圈、青藏高原饮食文化圈和素食文化圈。

断迁居至中国东北定居的朝鲜人的后裔。19世纪末至20世纪40年代，伴随着中国的近代化进程，东北地区又涌入了大批的欧洲人。这些来自欧洲各国的移民，把各自的食物和习俗带入到东北地区，使得东北的大小城市都出现了浓厚的西方色彩和异国情调。

正是由于优良的自然条件及复杂的人文因素，东北饮食呈现出营养结构合理、粗犷大气、开放包容、兼收并蓄的特点。朴实、自然、醇厚是东北饮食文化的主流风格，具体表现是肉食品、豆制品、冷冻食品、舶来食品特别发达。本卷将按照东北饮食的这一特点，从特色主食与副食品、副食、美食烹饪与调料、烟酒饮料等角度，分章分节介绍东北饮食文化中独具魅力的饮食制作技艺。第一章概述，简要介绍东北饮食的主要类别、饮食制作技艺的特点与传承情况；第二章分两部分阐述东北特色面食与肉食品制作技艺；第三章侧重叙述东北饮食文化中豆制品、粉条、小吃、调料的制作技艺，并介绍东北的特色美食烹饪技艺；第四章按照黑、吉、辽的顺序，对东北三省的名酒酿造技艺作逐一阐述。

本卷是著者在教学科研之余广泛阅读有关东北饮食文化论著之后写成的，卷中重点搜集归纳了入选东北三省非物质文化遗产的饮食制作技艺，所引图片多出自参考文献所列的资料，在此对前人的成果表示感谢。

丰富多彩的东北饮食文化，绝非一部著述便能囊括的，本卷所呈现的只是其中的佼佼者罢了。限于学识水平，本卷一定还存在许多不足或问题，期待广大读者批评赐教，以求进一步完善。

著者

2018年1月

CONTENTS

目录

第三章　东北传统食品与调料制作技艺

第一章

东北传统饮食文化概述

东北物产丰富，烹调原料门类齐全，人称“北有粮仓，南有渔场，西有畜群，东有果园”，一年四季吃喝不愁。“东北地土，最适于牧畜，而家畜至饲养，尤为普及”①，因此，肉食品制作技艺在东北大地极其发达。东北地区还盛产大豆，因此豆制品的制作技艺独具一格。例如，豆腐、豆浆、豆酱、干豆腐一类的制作技艺蜚声中外。酷寒而漫长的冬季催生了十分丰富的东北冻食品。另外，严寒的冬季也使东北地区的酿酒业十分发达，并且诞生了许多名震华夏甚至驰名中外的名酒。东北大地少数民族众多，这使得东北传统饮食文化中又具有多个民族的饮食特色。下面对东北传统饮食作一个总体的概述。

第一节 东北饮食文化主要类别

一、主食

东北地区历来是少数民族活跃的舞台。少数民族最重要的食物来源便是狩猎。狩猎需要一定的时间和精力，并要翻山越岭，长途跋涉，所以，狩猎者所携带的食品就应具有量小轻便和不易消化的特点。从抗饿角度出发，满族人选用了黏食。这类食品多以黏高粱米、黄米、江米加工制作为主，主要有打糕、椴叶饽饽、淋浆糕、酒糕、盆糕、太阳糕、凉糕等，它们是满族传统主食的主体部分。从易食省时的角度出发，满族选择了炒米、炒面等。炒米、炒面方便易食，目前仍是东北少数民族喜爱的方便食品。此外，满族多喜食粥，实际上也是缘于它在狩猎时易煮。

---

① 东北文化社年鉴编印处：《东北年鉴》，1368页，沈阳，东北文化社，1931。

（一）黏米饽饽

“饽饽”是北方方言，系馒头、包子、黄米团等面点的统称。“饽饽”本是满语词汇，至今仍为满族人所袭用。据清代姚元之《竹叶亭杂记》记载：“饽饽，古之铧锣也。……《升庵外集》：‘北人呼为波波，南人讹为磨磨。’按今京中书为‘饽饽’，有‘硬面饽饽’、‘发面饽饽’……”①

饽饽属于黏食，比较耐饿，可以抗寒，吃了以后身体强壮有力，而且携带方便，味道甜美。饽饽是以黏米面为主要原料，用炸、烙、蒸，或略用油煎而成②，蘸糖配蜜食用。如叫“飞石黑阿峰”的黏合米糕，掺以豆粉，蘸以蜂蜜，色黄似玉，质腻。③苏子叶饽饽则是取秫米面和水成面团，置盆中烫过，取红小豆煮烂，捣泥成馅，用调好的面包起来，外裹苏子叶，上屉蒸熟，蘸糖食用。菠萝叶饽饽则是用黏大米磨成细面，上屉蒸熟，即可食用。

满族的饽饽历史悠久，清代即成为宫廷食品。饽饽的样式品种繁多，因季节不同，做法也各异。春季吃豆面饽饽，夏季吃苏子叶饽饽，秋冬季节则做年糕饽饽。年糕饽饽就是黏豆包，又称黄米团。直到今天，东北的满族家庭每年冬季都要蒸上几大锅黏豆包冻起来，随吃随拿。黏豆包的做法是：将黄米或江米洗净浸泡发酵，漂净后磨成细面，用纱布吊包，滤净水分晾干；然后加水将面团调和均匀，拍成圆饼状，将小豆煮熟捣烂做馅，也可用豆沙，将豆馅包入黏面内，做成馒头状，放入笼屉蒸熟。讲究一点的人家，还会每个黏豆包中放一颗红枣，以增加口味。黏豆包凉热食皆可，蘸荤油、白糖食用为佳。

满族传统的饽饽，常用于保佑全家平安无恙的祈祷，或因病因灾的许愿，这唤作“饽饽祭”。上供的饽饽，要根据季节而做，摆完饽饽，全家叩头两遍。饽饽撤下后摆在炕上，全家佐以菜汤，围而食之。④

（二）麨

麨即炒米、炒面一类的速食品。麨制作简单，携带方便，是北方少数民族常见的主食。早在北朝时期，西北民族政权滑国“国人以麨及羊肉为

---

① 姚元之：《竹叶亭杂记》，145～146页，北京，中华书局，1982。

② 吴桭臣：《宁古塔纪略》，见《龙江三纪》，248页，哈尔滨，黑龙江人民出版社，1985。

③ 杨宾：《柳边纪略》，见《辽海丛书》，第1册，259页，沈阳，辽沈书社，1985。

④ 于永敏：《满族药膳与食疗经验》，见《中国少数民族科技史研究》，第7辑，呼和浩特，内蒙古人民出版社，1992。

图1–1　炒米

粮”[①]。在东北少数民族里，契丹人、女真人皆食麨。辽天祚帝在逃亡中，“途次绝粮，术者进麨与枣”[②]；在女真建国前的一次战斗中，金世祖完颜劾里钵令士卒解甲少憩，“以水沃面，调麨水饮之”[③]，可见麨的历史十分悠久。

最初的麨是指炒的米粉或面粉，后来蒙古人发明了炒米（蒙语叫作“蒙古勒巴达”），其做法是把糜子烀好，将细砂子放在锅里加火烧成高温，然后把糜子放进去炒。炒时发出的声音很大。炒完拿出来，用臼去皮则成炒米，作为日常的食品。[④]

（三）冷面

图1–2　冷面

东北地区流行冷面是受朝鲜半岛的影响。冷面是朝鲜族著名的风味食品之一，它同泡菜、狗肉汤一道被评为朝鲜族三大特色食品。据说，冷面起源于高丽王朝时期，历史已有数百年之久。19世纪末，随着朝鲜人迁入中国东北，冷面也传入中国。

朝鲜族冷面的原料多为荞麦。《东国岁时记》十一月条记录了冷面的制作材料与方法：“用荞麦面，沈菁菹、菘菹，和猪肉，名曰冷面。”[⑤]“菁菹”指腌制的韭菜花，“菘菹”指腌制的白菜。冷面的做法就是把荞麦面条沉入韭菜花和白菜泡菜里，并放上猪肉（片或块）。现在，朝鲜族冷面是现场加工，先将小麦粉配以土豆粉等和成面团，然后使用特制的压面机直接压到翻滚的大锅里煮，出锅后为迅速降温需要用清水反复洗。冷面汤是采用传统秘方配以纯净水、醋、酱油、糖等各种食材精心研制而成的。面汤备好后，再根据群众口味加上特制的牛肉、煮鸡蛋、辣白菜、黄瓜丝等辅料，一

① 姚思廉：《梁书》，812页，北京，中华书局，1973。
② 脱脱等：《辽史》，351页，北京，中华书局，1974。
③ 脱脱等：《金史》，8页，北京，中华书局，1975。
④ 罗布桑却丹：《蒙古风俗鉴》，15页，沈阳，辽宁民族出版社，1988。
⑤ 洪锡谟：《东国岁时记》，见《韩国汉籍民俗丛书》，第1辑，46页，台北，东方文化书局，1971。

碗冰爽可口、软硬适中、令人回味悠长的朝鲜族风味冷面就做成了。

现代医学证明，荞麦粉含有丰富的营养，并且有降低血脂、降低胆固醇、软化血管的功效。此外，在冷面制作过程中，因其不含有任何添加剂成分，故被称为纯绿色健康食品，并广受欢迎。朝鲜族冷面制作过程复杂，历史悠久且工艺独特，是朝鲜族人民在长期生产生活过程中创造出来的。朝鲜族冷面既具有朝鲜族饮食文化的民族性，又具有历史文化、民俗文化和学术研究价值。

图1–3　包饭

（四）包饭

东北人喜欢吃“包饭”（有的地方也叫“饭包”），这是承袭满族人吃“乏克”的传统习俗。“乏克”是满语，意为“包儿饭”。在明代，满族（时称“女真”）食俗中时兴一种用各种精肥肉，把姜、葱、蒜切得像豆瓣大，拌上饭，用莴苣大叶裹食的“包儿饭”。这种饭菜一体，新鲜蔬菜、鲜嫩熟肉、美味葱酱糅合在一起，双手握而食之的习俗，据传是在清代初年睿亲王多尔衮带兵出征时形成的。当时士卒用菜叶包着黏米饭吃，又用菜叶子包好黏米饭带着征战。最后，清军顺利入关，问鼎中原。于是，在满族食俗中，吃“包儿饭”的传统被保留下来。当然，后来“包儿饭”的选材已不再限于黏米，而是五谷杂粮应有尽有，把它们蒸熟后混拌在一起，再将各种牲畜肉、飞禽海味炒好之后切成肉丁，同饭混拌在一起，外皮用生大白菜叶、鲜苏子叶共两层，敷蒜、酱包好了吃，味道极为鲜美。[1]

二、副食

东北地区动植物资源十分丰富，因此生活在这里的少数民族多以畜牧狩猎为主要的生产方式。自然，肉类是东北民众最主要的副食。其中最具特色的当属血肠和皮冻。此外，萨其马、果脯、豆瓣酱和酸菜也是东北人民普遍喜爱的副食。

① 张仲忱：《一个太监的经历——回忆我的祖父“小德张”伴随慈禧太后的岁月》，见《文史集萃》，第6辑，167～207页，北京，文史资料出版社，1985。

（一）血肠

图1–4　血肠

血肠，也称“白肉血肠”，多在腊月杀猪时制作，用猪血加盐、姜、辣椒粉、味精、香油等调匀，灌入猪小肠中，所用的肠以不足2尺[①]为宜，两端用细线扎紧，血浆不可灌得太满，以免煮时迸裂。煮到一定时候要用干净的钢针在肠体上刺一些针眼，一则可以放出气体，防止煮时膨胀迸裂；二则便于掌握火候：当没有血水自针孔中渗出时，即可捞出放入凉开水或冷水中。食用时可以切成片直接夹食，也可以蘸以酱油、醋、蒜泥、姜汁、辣椒油等食用。

血肠究竟源于何时已难考证，但有一点可以肯定：血肠与满族冬季杀猪祭祀的传统习俗息息相关。《钦定满洲祭神祭天典礼·仪注篇》记载，满族长期以来信奉萨满教，在祭祀过程中，以猪为牺牲。每逢宫廷举行祭祀时，“司俎太监等舁（即抬）一猪入门，置炕沿下，首西向。司俎满洲一人，屈一膝跪，按其猪……司俎满洲执猪耳，司祝灌净水于猪耳内……猪气息后，司俎等转猪首，顺桌向南直放，去其皮，按节解开，煮于大锅内……皇帝、皇后亲诣行礼……神肉前叩头毕，撤下祭肉，不令出户，盛于盘内，于长桌前，按次陈列。或皇帝率皇后受胙，或率王公大臣等食肉之处，请旨遵行”[②]。这种肉叫“福肉”，即“白肉”。所谓血肠，即“司俎满洲一人进于高桌前，屈一膝跪，灌血于肠，亦煮锅内”[③]。清代，沈阳和吉林地区开设的白肉馆都兼营血肠，白肉血肠成为辽宁和吉林省满族特有的传统名菜。

（二）皮冻

皮冻是东北传统经典菜肴之一，是猪肉皮经过熬制而成的。皮冻外表晶

---

① “尺”为非法定计量单位，1尺≈0.33米。老百姓日常生活中常以“尺”为长度单位。

② 清高宗：《钦定满洲祭神祭天典礼》，见《丛书集成续编》，第67册，236～237页，台北，新文丰出版公司，1988。

③ 清高宗：《钦定满洲祭神祭天典礼》，见《丛书集成续编》，第67册，237页，台北，新文丰出版公司，1988。

图1–5　皮冻

莹剔透，口感弹性十足，是清爽可口又很有嚼劲的凉拌菜。《中华本草》载：猪皮含有蛋白质、脂肪等营养成分，具有软化血管、抗凝血，促进造血功能和皮肤损伤愈合及保健美容的作用，其胶质的造血功能优于阿胶的造血功能，常食可增加血红素及白细胞数，有助于抗血栓。东北传统人家大都擅长自己在家中熬制皮冻，这属于传统饮食文化的一部分。

皮冻的具体做法是：将除了毛的猪皮切碎、入锅，放入适当的调料，进行长时间的熬制，使熬制的汤里含有一定的皮胶，然后冷却。冷却后猪皮和汤凝固在一起，沾上酱油、蒜泥等调料，即可食用。因为是冷却后食用，而冷却也可以说是冷冻，所以叫作猪皮冻。如果不爱吃肉皮，或嫌上面的毛除不尽，可以在煮好后捞出猪皮，只留煮后的汤成的冻，这就是清冻；爱吃肉皮的，就将猪皮留在里面和汤一起成冻，这就是荤冻，也叫混冻。

（三）萨其马

萨其马是源自东北而驰名全国的满族糕点。“萨其马”，也作“萨齐玛”，来源于满语sacima，原意为“狗奶子糖蘸”（狗奶子为野果名）。清代满族人富察敦崇在《燕京岁时记》中写道：“萨齐玛乃满洲饽饽，以冰糖、奶油合白面为之，形如糯米，用不灰木烘炉烤熟，遂成方块，甜腻可食。”①萨其马的前身是

图1–6　萨其马

① 富察敦崇：《燕京岁时记》，88页，北京，北京古籍出版社，1981。

满族的一种传统糕点——搓条饽饽。制作搓条饽饽的过程是：先把蒸熟的米饭放在打糕石上用木锤反复打成面团，然后蘸黄豆面搓拉成条状，油炸后切成块，再撒上一层较厚的熟黄豆面即成。搓条饽饽是昔日满族的重要供品，所以也称为“打糕穆丹条子”。后来，用白糖代替了熟豆面，成了“糖缠”，更名为萨其马。有一种面带红糖、色如芙蓉的萨其马，人们又称其为“芙蓉糕”。这种饽饽色香味形俱佳，深受人们的喜爱。

萨其马是清代重要的小吃。清道光二十八年（1848）的《马神庙糖饼行行规碑》写道：“（萨其马）乃旗民僧道所必用。喜筵桌张，凡冠婚丧祭而不可无。”《光绪顺天府志》记载：“赛利马（即萨其马）为喇嘛点心，今市肆为之，用面杂以果品，和糖及猪油蒸成，味极美”①。当年，北新桥的泰华斋饽饽铺的萨其马奶油味最重。它北邻皇家寺庙雍和宫，那里的喇嘛僧众是泰华斋的主顾，作为佛前之供，用量很大。

（四）蜜饯与果脯

蜜饯是用蜜浸渍水果而成，可以长期保存。蜜饯迄今已有1000多年的历史。早在辽代，契丹使者贺北宋皇帝的生日礼单中，就有“蜜渍山果”“蜜晒山果”等礼品，即蜜饯、果脯之类。蜜渍山果的传统在北方一直传承，今日北京特产果脯当是从辽代传承下来的。清代，东北有以野果、欧李“渍以饧蜜”者，成为秋日下酒佳品。②

（五）豆酱

东北土地肥沃，非常适宜种植大豆，而用大豆做酱食用，在历史上的东北地区是极为普遍和盛行的饮食习惯。《双城县志》记载：“又有豆酱，为家家四时必需之物。制以大豆，分大酱、盘酱两种，于冬春之交制品成块，置数月使发酵，至三四月间，以盐水渍之，再使发酵即成。”③《宝清县志》也记载：“豆酱为家家常需之物。”④

东北人喜食豆酱不外乎有三个原因。

---

① 周家楣、缪荃孙：《光绪顺天府志》，第6册，1833页，北京，北京古籍出版社，1987。

② 西清：《黑龙江外纪》，83～84页，哈尔滨，黑龙江人民出版社，1984。

③ 丁世良、赵放：《中国地方志民俗资料汇编·东北卷》，424页，北京，书目文献出版社，1989。

④ 丁世良、赵放：《中国地方志民俗资料汇编·东北卷》，485页，北京，书目文献出版社，1989。

第一个原因是，东北地区盛产大豆，这是最基本的条件。大豆虽然在全国各地均有生产，但唯有东北地区生产的大豆质量最好、产量最高。大豆是油料作物，产量低，而且对土地的肥力要求很高。在东北的长白山区、黑龙江的“北大荒”地区，人们过去多用新垦殖的“生荒地”来种植黄豆（或用轮耕的休耕地来种黄豆），当时东北的生产条件是关内各地所不具备的。从今天的食用油料生产来看，关内北方地区多用棉籽油（黑油）、花生油（白油），再向南方，则普遍用菜籽油，而唯独东北是食用豆油的。可能是由于大豆在东北是一种大宗生产的农作物，在东北人看来，大豆也就成为一种有东北特点的平常的制酱原料。所以，当关内的人们还只能制作面酱的时候（由于生产和生活条件所限），生活在关东的东北人就已经在普遍制作豆酱了。金代女真人十分看重酱的存在：“虏（宋人称金朝）之待中朝使者、使副，油半斤，醋二斤，盐半斤，粉一斤，细白米三升，面酱半斤。”①据《金史·石盏女鲁欢传》记载，天兴二年，金元帅蒲察官奴杀掉知归德府石盏女鲁欢的理由就是“自车驾到府，上供不给，好酱亦不与”，然后“令军士拥至其家，检其家杂酱凡二十瓮……”②

东北人喜食豆酱的第二个原因与东北漫长的冬季和春季生活有关。在东北，冬季漫长，而酱制食品制作简单、容易保存，所以人们喜欢把什么东西都拿来“酱”了吃，如酱牛肉、酱猪蹄等。这里的“酱”，类似于南方的“卤”。东北菜以炖、酱、烤为主要特点，形糙色重味浓。东北菜不拘泥于细节，颇像粗线条的东北人，令人胃口大开。酱脊骨、酱猪蹄、酱鸡爪等酱菜，若佐以醇厚的高粱烧酒，便有几分豪气从胃中升腾，充满了塞外的味道。

东北人喜食豆酱的第三个原因是，在关东地区一直有吃“蘸酱菜”的饮食习惯。若说偶然生食一次蔬菜，这在谁的身上都可能会发生，但是把蔬菜当成正餐中的一个或几个菜来吃，而且能够顿顿吃，隔些日子不吃就难受，在中国恐怕就只有东北人了。《三朝北盟会编·女真传》说，历史上的女真人，“其饮食，则以糜酿酒，以豆为酱，以半生米为饭，渍以生狗血及葱、韭之属，和而食之”③。很明显，人们今天把祖先食蘸酱菜的习俗保留了下来。

---

① 洪皓：《松漠记闻·下》，17页，北京，中华书局，1985。

② 脱脱等：《金史》，2544页，北京，中华书局，1975。

③ 徐梦莘：《三朝北盟会编》，第3卷，17页，上海，上海古籍出版社，2008。

（六）酸菜

酸菜，又称泡菜、渍菜，古称菹，《周礼》中就有其大名。北魏的《齐民要术》中详细地介绍了我们的祖先用白菜（古称“菘”）等原料腌渍酸菜的多种方法。

酸菜是卷心菜或白菜及其他调料等经过渍泡，在乳酸菌作用下发酵而成的。酸菜发酵是乳酸菌分解白菜中糖类产生乳酸的结果。乳酸是一种有机酸，它被人体吸收后能增进食欲，促进消化。同时，白菜变酸菜后，其所含营养成分不易损失。酸菜味道咸酸，口感脆嫩，色泽鲜亮，香气扑鼻，开胃提神，醒酒去腻，不但能增进食欲、帮助消化，还可以促进人体对铁元素的吸收。

酸菜是满族冬季重要的副食品，很多家庭几乎每天都要吃上一顿。因为酸菜质地脆嫩，酸味适口，喜油爱腻，因此可用熬、炖、汆、炒等多种烹饪方法制作。做成的菜肴均醇香美味。吃酸菜时，最常用的烹饪形式是炖，即与肉在火锅、砂锅或普通锅中一起炖，俗称“酸菜白肉”“酸菜火锅”，雅称“汆锅”“汆白肉”。

腌制酸菜，使得在冰天雪地的冬季，人们依然有青菜可吃，并且腌制好的酸菜除直接食用外，基本上都是以“炖”的形式使用，更适合寒冷地区的人食用。

第二节　东北饮食文化地域分布

东北历史悠久，区域文化鲜明。东北大地本身具有土著金元文化的积淀和满洲饮食文化，之后加入了山东移民带来的齐鲁文化和鲁菜，并受部分俄罗斯饮食文化的影响，三种饮食文化交汇融合，逐步形成了独具特色的东北饮食文化。朴实中透析出秀气，粗犷中蕴藏着精华，这是对东北风味佳肴的高度概括。

东北菜由三种地方菜组成。黑龙江地处东北北部，全省地域辽阔，水绕山环，沃野千里，素有“五山、一水、一草、三分田”之说，物产极为丰富。其中飞龙、熊掌、犴鼻、猴头蘑为黑龙江四珍，松仁、松茸、榆黄蘑、黑木耳等闻名遐迩；腌菜不但为当地人喜爱，也为国内外宾客所称赞。黑龙江菜以烹制山珍、河鲜出名，菜肴味重色浓、肥厚实在、较少配料。烹饪方法以清煮、清炖、炒、生拌及凉拌为主。虽然气候严寒，但当地人却嗜食凉菜。黑龙江菜吸收京、鲁、西餐烹饪技术精华，以奇、鲜、清、补见长。著名菜点有清汤飞龙、白扒猴头、红烧鹿筋、熏马哈鱼、生鱼菜、酱骨架、红肠、松仁小肚、小鸡炖蘑菇、排骨炖豆角、烂炖、酥白肉、氽白肉、杀猪菜、渍菜粉、黏豆包、大楂子饭、山野菜馅饺子等。黑龙江的家常风味集满族、回族、汉族、朝鲜族等多民族饮食习惯于一体，具有浓厚的乡土气息。

吉林地处东北中部，巍巍长白山，茫茫林海；滔滔松花江，滚滚浪花；一望无际的大草原，蕴藏着无尽的宝藏。吉林菜点兼取京、鲁和西餐的烹调精华，结合当地人民的饮食习惯，充分利用吉林丰富的物产，形成自己的特色，可以简略地概括为善制野味、讲究火候、醇厚香浓、朴素实惠。吉林菜用料广泛而讲究精细，十分注重地方特产原料的使用。用特产烹制的长白山珍宴、松花江水味宴、江城蚕宝宴等名扬四海。特别是在制作野味方面有很多独到之处，积累了丰富的经验。其中长白山珍宴是最具特色的风味菜肴。吉林菜十分讲究火候，擅长使用烧、炖、扒、烤、拔丝等烹调方法，制作精细、油重、色浓。一些菜肴的烹制做到了嫩而不生、透而不老、烂而不柴，或外脆内嫩、外酥内烂等，达到了炉火纯青的地步。此外，吉林菜还特别注重宴席中大件菜的配置，菜以量大份足、丰满实惠而闻名。著名菜点有鹿茸羹、鸡茸哈什蚂、人参鸡、狗肉火锅、白扒松茸蘑、白肉血肠、鲇鱼炖茄子、猪肉炖粉条、渍酸菜、朝鲜族冷面和打糕等。

辽宁是满族聚居的主要省份，因此辽菜受清宫廷菜和王府菜影响较大，讲究用料和造型。另外，辽宁临海，辽菜还以烹饪海鲜见长。不同于粤菜海鲜的烹调技法，辽菜浓缩了北派海鲜的精髓。从某种意义来说，北派海鲜不同于粤菜海鲜以清蒸、白灼为主，而是取胶东菜之长，结合本地口味，以咸鲜为主。辽菜的特点是注重原汁原味、咸甜分明、酥烂香脆、明油亮芡、造型美观。著名的辽宁菜点有烤明虾、鲜活白蟹、蒸加吉鱼、红梅鱼肚、扒三白、沈阳回头、马家烧卖、老边饺子、海城馅饼、糊塌子等。

第三节　东北饮食文化鲜明特色

东北大地作为我国北方少数民族的重要生活区域，同时居住着许许多多“闯关东”的关内人民后代，再加上东北肥沃的土地、丰富的物种、长期的严寒，使得东北饮食文化有着肉食为主、蔬菜为辅、烟酒发达、冷冻窖藏等鲜明特征。

肉食为主应当说是东北民众在数千年甚至更长历史时期的基本饮食特点之一。这种特点至少维持到19世纪末叶。这里的土著居民（如：满族、蒙古族、达翰尔族、鄂伦春族、鄂温克族、锡伯族、赫哲族等）都基本如此。只有朝鲜族、部分盛京满族、相继出关的汉人例外（这还主要是17世纪中叶以后的事）。他们的肉食主要来自畜牧的羊、牛、马、骆驼等大牲畜，以及射猎的禽兽、捕捞的鱼类，当然也包括饲养的猪、鹅、鸭、鸡等，但以畜牧、射猎、渔捞三大项为主。现在的草地牧点及黑龙江、乌苏里江江边，那些少数民族的食物结构也大致如此。

五谷作为副食，是肉食为主的伴存特点。东北地区很早就有谷物种植业，至19世纪中叶，朝鲜移民将源自我国长江流域的水稻种植技艺带入东北，使东北最终成为名副其实的“五谷杂粮”齐全。五谷杂粮齐全，但又仅作为众多品种结构组成的肉类主食之外的副食，这是很有意义的。因为它使得人们的食物内容更加丰富，营养搭配更加合理。

菽类比重大、豆制品多，是东北文化区位内不能忽略的又一饮食文化特征。菽类之王大豆是北方人的发明，也是北方人民的传统食物原料。中国是大豆的故乡，主产地东北是世界上最适宜种植大豆的地区之一，被称为大豆种植的黄金地带。这是因为，东北地区河湖众多，气候温凉湿润，黑土地土壤肥沃，是种植大豆不可多得的优势条件。由此，东北地区产生了许多优秀的豆制品。

民族众多、饮食习俗丰富多彩，是东北饮食文化的又一重要特征。古代史籍明确记载了在东北地区生活过的民族：先秦的肃慎、濊貊、东胡三大族系；汉晋时的夫馀、鲜卑、挹娄；北朝和隋时的夫馀、勿吉、室韦、乌洛侯、地豆于、豆莫娄等；唐和北宋时的靺鞨、室韦、契丹、女真、蒙古族、汉族等；南宋和元明时的女真及蒙古诸部、索伦诸部（鄂温克、鄂伦春、达斡尔等）；清及民国的满族、蒙古族、鄂伦春族、鄂温克族、赫哲族、锡伯族、朝鲜族、回族，以及清末以来一度数量不多、国籍不少的外域移民等。东北地区得天独厚的自然条件为历代生活在这块土地上的人们慷慨地提供了各种各样丰美的原料，勤劳勇敢的人们则在向大自然索取的过程中充分地发挥自己的聪明才智，他们不仅用大自然提供的物质养料养护了自己的身体，也在开发和利用这些物质养料的同时开拓了自己的心智。

以上种种，决定了东北菜以炖、酱、烤为主要特点，形糙、色重、味浓，粗线条，不拘泥于细节。东北菜常常一菜多味，咸甜分明，酥烂香脆，色鲜味浓，明油亮芡，讲究造型。烹调方法长于扒、炸、烧、蒸、炖，让人拍案叫绝。

一、乱炖

图1-7　猪肉炖粉条

受东北天寒地冻的影响，东北菜的一大特色是“以炖为主”。在冰天雪地里，人们喜欢吃热乎的菜，以增加人体热量，炖就成为最实用的烹调方式，因为其他所谓煎、炒、烹、炸，均不如“炖”的保温时间长久。

“东北乱炖”又名丰收菜，有“大杂烩”之意，是指做菜时肆意发挥，完全跟着自己的感觉，将多种蔬菜、荤腥置入一锅之内。东北乱炖简单易煮，有荤有素，营养丰富，味道鲜美。相传，炖菜是东北游牧民族遗留的吃法，这里曾是契丹、女真、蒙古族、满族的世居地，这些少数民族过着马背上的逐水草而居的生活，一口大铁锅驮在马背上，每到宿营，只好连荤带素扔到一个锅里烩，慢慢地形成了具有东北特色的乱炖。

东北著名的几大炖菜是：猪肉炖粉条、羊肉汆酸菜、鲇鱼炖茄子、狗肉炖豆腐、小鸡炖蘑菇、得莫利炖鱼、排骨炖豆角、牛肉炖萝卜等。

二、涮火锅

东北大地冬季漫长，八九月即进入霜冻期，次年四五月方才转暖，寒冷期长达八九个月。在长期的生产生活中，东北人民发明了涮火锅以驱寒的烹饪方法。

图1-8　铜火锅

火锅广义上属于炖菜，历史悠久。有学者认为，契丹族是火锅的发明者。在内蒙古自治区赤峰市巴林左旗白音敖包辽墓中，有一幅契丹人割肉图壁画，生动地展现了辽代契丹人煮肉的情景：一髡首契丹人面前放一椭圆形大木浅盆，盆旁有一长方木盘。契丹人左手持蹄肘，右手持长刀割肉，刀上已割下一长条肉片，刀下有已割下的数块肉片。[①]而赤峰市敖汉旗康营子辽墓的辽代壁画形象更加生动：图正中有一只火炉，上置一口锅，一人在调理锅中汤料，一人前有三足铁锅，内煮畜头、雁头等。锅前有一张小桌，桌上放置杯、盘等餐具，桌旁还有一个长颈罐。[②]然而，也有学者认为，据此壁画便得出火锅始于辽代的结论，论据还不够充分。[③]火锅究竟起源于何时，目前尚无确切文献资料可考，但根据已发现的文献资料

图1-9　赤峰市敖汉旗康营子辽墓壁画

---

① 佟柱臣：《辽墓壁画反映的契丹人生活》，见《辽金史论集》，第5辑，12～36页，北京，文津出版社，1991。

② 项春松：《辽宁昭乌达地区发现的辽墓绘画资料》，载《文物》，1979（6），22～32页。

③ 宋德金、史金波：《中国风俗通史·辽金西夏卷》，10页，上海，上海文艺出版社，2001。

及火锅的吃法、流传、选料等种种迹象推断，其源于东北游牧民族，大致是没有疑问的。

不过，现代意义的火锅则来自满族。今天流行的火锅就是随着清兵入关，逐渐向全国推广开来的。在满洲民间，尤其是贵族人家，遇有喜庆和年节时都要吃火锅，而平时则不食用，视其为奢侈之物。在清宫中，历代帝王、后妃都喜食火锅。无论是在档案中还是在清宫文物中，我们都可以看到火锅的影子。如现存东陵的清宫银火锅，制作异常精美。在民间的贵族之家，则很难看到金银之器，概以锡为之。《奉天通志》记载：“火锅以锡为之，分上下层，高不及尺，中以红铜为火筒，著炭，汤沸时，煮一切肉脯鸡鱼，其味无不鲜美。冬月居家，宴客常餐，多喜用之。”[①]该记载对火锅形制、质地、使用方法及所涮之料都作了详尽说明。在清宫千叟宴中，也有使用火锅的记载。例如清乾隆六十年（1795），以明岁丙辰，纪年周甲，元旦举行授受大典，改元嘉庆，决定于次年正月初四日在皇极殿举办千叟宴，参与活动的人数达8000余众。在进馔时，分出一等桌张和次等桌张两种，其中“一等桌张用火锅”[②]。也就是说，在盛宴菜谱中，以火锅为核心，为元菜，记录在档。

三、冻食品

隆冬的东北无疑是一个天然的大冷库，它可以无限量、无代价地储存各种食品和原料，且能起到杀菌、防腐、保鲜之效果，有时食品冷冻之后再食用，又别有一番风味。冷冻食品是东北地区人民的典型食俗之一，沿袭已久。北宋欧阳修使辽后在他的诗中便有关于契丹人食冷肉的描写：“斫冰烧酒赤，冻脍缕霜红。”[③]漫长而寒冷的冬季给人们的饮食生活带来了许多困难，却也决定了东北地区特异的饮食文化风格。肉类可以被埋在雪下或淋水挂上冰衣长久保鲜，蔬菜也可以被埋在雪下保鲜保色，甚至可以冻豆腐、冻奶、冻干粮（馒头、豆包、饺子、年糕）、冻水果。冷冻的肉可以很便利地切成极薄的片和极细的丝；冻鱼的味道更美，也更便于加工烹制。至于红果

---

① 金毓黻：《奉天通志》，第99卷，2287页，1983。

② 万依、王树卿、刘潞：《清代宫廷史》，265页，天津，百花文艺出版社，2004。

③ 欧阳修：《欧阳文忠全集》，第12卷，6页，北京，中华书局，1989。

蘸上冰糖的神奇食品“冰糖葫芦”，更是东北入冬时节的风俗美食。另外，东北地区，冬季虽然寒冷、干燥，但室内温度很高，人的内火较旺，所以东北人冬季里也喜欢吃冷冻食品爽口开胃。这的确是令南国居民既艳羡又怯于问津的独具特色的口味。东北人利用大自然的赐予创造了多种美味的冷冻食品。下面介绍其中具有代表性的两类。

（一）冻梨

从前，由于食品匮乏，加上没有水果保鲜技术和保鲜运输、储藏条件，东北普通人家冬天能够吃到的水果几乎只有冻梨和冻柿子。

冻梨之中最纯正的是冻秋梨。在东北有一种梨叫秋梨，这种梨刚摘下来的时候又酸又涩，于是，人们采摘下来后就直接放在树下，盖上一层树叶，进行冰冻。经过冰冻之后的秋梨酸甜可口，果汁充足。冻梨在吃之前要放在水里解冻。年夜饭后吃这种梨能解酒、解油腻。

冻梨起源很早。北宋人庞元英在《文昌杂录》中记载：“余奉使北辽，至松子岭。旧例，互置酒，行三，时方穷腊，座上有北京压沙梨，冰冻不可食，接伴使耶律筠取冷水浸，良久，冰皆外结，已而敲去，梨已融释。自尔凡所携柑橘之类，皆用此法，味即如故也。”[①]清朝的王公贵族几乎每年都要令人从东北运送大批冻梨入京，以供其享用。至今，东北的一些地区仍然流行用这种方法保存秋梨，称之为“冻秋梨”。

图1–10　秋梨

图1–11　冻秋梨

① 庞元英：《文昌杂录》，第1卷，9页，北京，中华书局，1985。

（二）冻柿子

图1–12　冻柿子

除了冻梨外，东北人在冬季常吃冻柿子。冻柿子也是东北传统的冬季水果。柿子所含的维生素和糖分比一般水果高1~2倍。一个人一天吃1个柿子，所摄取的维生素C基本上能满足一天需要量的一半。中医认为，柿子甘寒微涩，归肺脾胃大肠经，具有润肺化痰、清热生津、涩肠止痢、健脾益胃、生津润肠、凉血止血等多种功效。其含有丰富的胡萝卜素、核黄素、维生素等营养成分。

过年吃冻梨、冻柿子，这是东北农村特有的习俗。人们从集市上买回冻梨、冻柿子后，就放在屋子外面冻着。吃之前，拿几个放在凉水里缓透后才食用。

四、生食肉蔬

受少数民族文化影响，在东北一些地区和民族中间，迄今还有生食肉类的饮食习俗。至于这一习俗始于何时，由于史料缺乏，难以确知，但与少数民族的渔猎生活关系至为密切。早在1000多年前，契丹人“重九，饮菊花酒，出兔肝切生，以鹿舌酱拌食之”①，金代女真族建国前也“止以鱼、獐生食，间用烧肉”②。至今，达斡尔族、鄂伦春族等东北少数民族还保留着生食的习惯。如生活在大小兴安岭的鄂伦春族和鄂温克族，特别喜好生食狍肝和半生半熟的各类兽肉。另如赫哲族以渔猎为主，则常将生鱼拌以佐料而食，称为“杀生鱼”（塔拉卡）。每当有亲朋好友从远方到来，好客的赫哲人总是以自己最喜爱的生鱼宴招待贵宾。宴会开始时，通常会举行一个欢迎仪式。在仪式上，赫哲人拔出腰间佩戴的刀，从活蹦乱跳的鱼身上割下一块鲜肉，用刀挑起。如果客人能够欣然从刀上将鱼肉咬下吃掉，就会被认为是好朋友；否则，就别想再踏入这家赫哲人的大门。

塔拉卡是赫哲人最喜爱的食物，因此他们一年四季都会选择肉味最鲜美的应季鱼种食用。平日里最常食用的是四季鲤、鲟鱼，冬天用狗鱼，夏天用鲤子鱼。制作时，先将活鱼放血，然后将肉从鱼背上剔下两整块，切成相等

---

① 叶隆礼：《契丹国志》，283页，北京，中华书局，2014。

② 徐梦莘：《三朝北盟会编》，第3卷，17页，上海，上海古籍出版社，2008。

的鱼条，拌上野生的“江葱”“野辣椒”，加上醋和盐拌匀。这样，杀生鱼的制作就算初步完成，稍停即可食用。这是杀生鱼的传统特色，很有野味特点。

随着人们生活水平的逐渐提高，杀生鱼的拌料也考究起来，许多人往往将生鱼切成鱼丝后再拌上用开水焯过的土豆丝、绿豆芽、粉皮（粉丝）、菠菜及生姜、味精、韭菜等，再调以辣椒油，与醋、食盐等拌匀后食用。塔拉卡清香爽口，可以说是色香味俱全的生鱼宴席，与日本民族吃生鱼的风俗相比较，别有一番风味。

东北人喜欢生吃蔬菜，以更充分地吸收维生素。生吃蔬菜主要有两种形式：一种是凉拌菜，像家常凉菜，好多种新鲜蔬菜加上豆制品、粉丝放在一起拌，还有黄瓜拉皮等；另一种是蘸酱菜，蘸酱菜有的源于俄罗斯，有的源于齐鲁。酱菜中，酱骨架最有名，此外还有酱肠、酱肚，鸡的各个部位也都可以单拿出来酱制。东北人摆家宴请客时，所用的大部分菜都是现成的，现炒的菜通常没有几种。可见，虽然天气极冷，但人人都喜欢吃凉的东西，包括冷饮。

五、奶茶

奶茶主要是生活在东北地区的蒙古族饮用。蒙古族牧民日常饮用的茶有三种：酥油茶、奶茶、面茶。奶茶，蒙古语叫“乌古台措”。这种奶茶是在煮好的红茶中加入鲜奶制成的。奶茶是蒙古族茶俗中的特色之一。

蒙古族人的喝茶历史可谓悠久，据记载可追溯到唐代，在一些民间开展的互市中，茶叶便通过边疆的榷场贸易从中原地区传入北方。特别是在清康熙年间，社会稳定，山西、河北的旅蒙商户把茶叶、米面、布匹等大量物资运输到蒙古腹地，以换取皮毛、牛马羊畜产品。蒙古族人在熬制清茶（蒙古语哈日切，不掺奶子）的过程中，偶尔加入煮熟的牛奶，发觉茶的苦涩感消失了，牛奶的腥味也淡了，喝起来十分绵柔，茶香、奶香浓郁，回味悠长，而且老少皆爱，百喝不厌，于是奶茶便在大草原盛行起来。清代诗人赵冀在《檐曝杂记》卷一中有过形象的描述：“寻常度日，但恃牛马乳，每清晨，男妇皆取乳，先熬茶熟，去其滓，倾乳而沸之，人各啜二碗，暮亦如之。”由此可见，奶茶在蒙古族的生产生活中已经是不可割舍的了。

蒙古族流行的熬茶法是将青砖茶或黑砖茶捣碎，抓一把茶装在小布袋里放入开水锅里煮，或直接把茶叶撒在锅里煮沸几分钟，再把新鲜生奶徐徐倒入。奶与水之比例依条件、习惯而定。当锅中的水和奶翻滚后，以勺频频扬翻，待茶乳交融、香气扑鼻即成。

在传统奶茶熬制的基础上，茶文化的内涵也悄悄地发生了改变，如加入牛油、炒面、花生仁、瓜子仁、盐，便熬出了味道更为香浓的油茶。油茶是冬季食用的佳品。而在奶茶中加入小米熬制，一方面有奶茶的绵厚，另一方面有小米的清香，自然和谐地体现了多种饮食文化的结合，这便是人们习惯上称的香米奶茶。如果喝茶的人多，受推崇的则是富有特色的锅茶。熬制时，将熬好的奶茶倒入铜锅内，锅底用固体酒精加热，待奶茶沸腾时，加入奶杂、奶皮、风干牛肉、黄油、炒米，边熬边喝，正宗、自然、生态的民族风味体现得淋漓尽致。锅茶多用来招待贵宾。近年来，为适应现代快节奏的生活方式，一些商家以“健康生活从早茶开始”为理念，采用现代高科技手段，研发出速溶性强、携带方便且具有草原风情民族特色的系列奶茶粉，使传统原始奶茶文化推陈出新。

第四节　东北饮食制作技艺现实留存状态

我国历史悠久，东北地区的饮食类非物质文化遗产也有着相当长的历史，不仅种类繁多，而且具有很深的文化内涵。从地域上讲，东北汇聚了农业、游猎和游牧三种民族的土地资源，先人在这里繁衍生息，创造了灿烂的饮食文化，留下了一批宝贵的非物质文化遗产。有很多非物质文化遗产得到了传承保护，例如近年来出版了多部有关东北三省非物质文化遗产的名录和著作，它们是：《黑龙江省非物质文化遗产名录图典》（宋孝伟主编，黑龙江人民出版社2012年版）、《吉林省非物质文化遗产名录图典》（张宝宗等主编，分为一、二两部，分别由吉林大学出版社与吉林人民出版社在2011年、2013年出版）、《辽宁省非物质文化遗产概览》（沈阳出版社2000年版）、《辽宁省非物质文化遗产名录概览》（许波主编，辽宁人民出版社2009年版）、《辽宁省非物质文化遗产项目代表性传承人名录》（许波主编，辽宁人民出版社2010年版）、《辽宁非物质文化遗产解读》（于荣全、李亚冰合著，辽宁人民出版社2012年版）、《辽宁非物质文化遗产保护研究》（戚永哲著，辽宁大学出版社2012年版）、《非物质文化遗产——辽宁文化记忆》（周连科著，辽宁人民出版社2014年版）、《大连市非物质文化遗产图典》（王星航主编，辽宁大学出版社2014年版）、《灯塔市历史与文化 第二卷 非物质文化遗产卷》（张兴刚等著，辽宁人民出版社2011年版）、《中国少数民族非物质文化遗产系列丛书：内蒙古、东北分册》（民族文化宫展览馆编，辽宁民族出版社2015年版）等。除此之外，辽宁省非物质文化遗产保护中心还于2009年创办了《辽海记忆》、吉林省非物质文化遗产保护中心于2015年创办了《非遗保护与研究》等杂志，以弘扬、保护非物质文化遗产。尽管如此，东北也有很多文化遗产已经消失或者处于濒危状态。因此，研究与保护东北地区非物质文化遗产刻不容缓。

探究传统饮食制作技艺的濒危原因，笔者认为有以下三点。第一，随着科学技术的飞速发展，传统的手工技艺日益受到机器化生产的冲击，市场份额日渐萎缩。第二，随着生活节奏的加快，人们的消费习惯也越来越倾向快速、多样发展，传统饮食的手工技艺因为速度慢而越来越难受到年轻人的喜爱。第三，来自传承人的危机。许多技艺仍属于家族传承，甚至有“传男不传女”的习惯。在计划生育政策施行后，均受到了一定程度的影响。

事实上，传统饮食制作技艺也有一定的优势。例如，它们普遍独具特色，制作精良，让人回味无穷。总之，如何做到在提高生产效率的同时，又不失传统手工技艺的精致特色，是目前所有非物质文化遗产共同面临的课题，值得我们深入思考。

第二章

东北特色面食与肉食品制作技艺

东北地区很早就有谷物种植业，自《后汉书》留下东北地区“土宜五谷”[①]的文字记录之后，历代官修史书及私家史乘关于这里的农业记载便不胜枚举。但比文字记录更早、更丰富的记录却是大量出土的史前文化遗存。在目前已经发掘和发现的史前文化遗址中，辽宁省沈阳市新乐遗址堪称代表。这座距今7200多年的新石器时代早期氏族公社聚落遗址，以它那约有100平方米的谷物加工厂，再现了原始农业的发达景象。值得注意的是，内地尤其是黄河流域所有的谷物品种在东北地区几乎都有，名副其实的“五谷杂粮”齐全，使得东北人的食物内容更加丰富、营养结构更加合理。东北人日常的主食多为杂粮，除大米、白面、小米、玉米、高粱外，东北人还喜食杂有豆类的二米饭（大米和小米或玉米混合做成），以及鱼虾、野味；嗜肥腥膻，重油偏咸，并喜用拌、蘸食法。

肉食为主，应当说是东北民众在数千年甚至更长历史时期的基本饮食特点之一。这种特点至少维持到19世纪末叶。这里的土著居民（如：满族、蒙古族、达斡尔族、鄂伦春族、鄂温克族、锡伯族、赫哲族等）基本都如此，即便到了现在，草地牧点及黑龙江、乌苏里江边，那些少数民族的食物结构也基本如此。

第一节　面食制作技艺

一、白城杨麻子大饼制作技艺

杨麻子大饼是白城的一道特色小吃，历史悠久。“杨麻子”是中华老字

① 范晔等：《后汉书》，2811页，北京，中华书局，1965。

图2-1　杨麻子大饼

号，其特色产品是杨麻子大饼。被国家评为中华老字号的杨麻子总店，所经营的主打产品杨麻子大饼是吉菜金奖菜点。改革开放后，凭着这个老字号，“杨麻子”实现了国内连锁经营，至2008年，连锁店发展到100多家。其产品有杨麻子大饼、杨麻子火烧、杨麻子馅饼、杨麻子烩饼等20余种名牌系列，经营至今，长盛不衰。

杨麻子大饼源于清代末年。清光绪二十一年（1895），直隶抚宁府（今河北）的杨玉田因家乡遭旱灾，携家闯关东，落户于科尔沁大草原东南沙吉毛吐（今吉林省洮南市）。为养家糊口，杨玉田以摆摊烙饼为生。他施展从小在抚宁集上从打饼师傅那里学来的独特制饼技艺，经过秘方调制，烙制出了外焦里嫩、香脆可口、油而不腻的烧饼。烧饼香气回肠，声名鹊起，受到了当时督军吴俊生（“吴大舌头”）的偏爱，于是铺号定为“玉田饼铺”，烧饼被称为“杨家大饼”。因杨玉田幼患天花，面有微麻，故人们又称其饼为杨麻子大饼。杨麻子大饼的第二代传人杨庆得杨玉田真传，生意愈加兴隆，名满大草原，香飘东三省。第三代传人杨福贵继承祖业，博采众长，推陈出新，形成杨麻子大饼、杨麻子火烧、杨麻子馅饼、杨麻子烩饼等20余种名牌系列产品，不仅在辽宁省、吉林省、黑龙江省、河北省、山东省等地设有100多家分店，而且在中国香港、新加坡面点业也享有盛誉。

杨麻子大饼由17种辅料配制而成，配方独特，选料精良，含有蛋白质、氨基酸、脂肪、磷、钙、维生素等多种营养成分，是集美味、营养、健康于一体的绿色食品。其传统制法是以炭火为炊，上有吊炉烘烤，下有平锅煎烙，上下同时受热，色泽金黄，食之外焦里嫩，香酥可口，油而不腻，馨香诱人，回味无穷，令人难以罢箸。

杨麻子大饼的简易做法如下。

（1）准备好材料：高筋粉300克，温水160克，猪肉馅200克，葱100克，姜适量，其他调料（如酱油、花椒面等）。

（2）将高筋粉倒在案板上，中间开窝，加入温水，和成面团。将面团揉透，盖上保鲜袋，静饧20分钟。

（3）将葱切成条，再改刀成末，放入盘内备用。姜切片，改刀成丝，再切成末，同样放入盘内备用。

（4）将猪肉馅倒入容器中，加入姜末搅拌几下，再加入鸡精、味精、精盐、花椒面、酱油，搅拌均匀。最后加入葱末、香油、色拉油，搅拌均匀，调好肉馅。

（5）将面团取出，搓成长条，分成三段，刷上色拉油。在案板表面也刷上色拉油，将面团按扁，用擀面杖擀成长形面片，刷上色拉油。将馅心平铺在面片上，从上向下卷起。将长条面抻长，盘成螺旋形状，用手指压平。

（6）在电饼铛内倒入色拉油，放入生坯，进行烙制。待一面烙制成金黄色时，翻面继续烙制。

（7）取出烙制好的饼，用刀将饼从中间切开，放入盘内。这样，色香味俱全的杨麻子大饼就制作好了。

二、海城牛庄馅饼制作技艺

古城牛庄位于辽宁省南部，隶属于鞍山市，是一个有着悠久历史的文化名镇。清咸丰八年（1858），英国迫使清政府签订《天津条约》，其中第十一款规定："增开汉口、九江、南京、镇江、台南、淡水、潮州、登州、牛庄等府城口，后皆准英商亦可任意与无论何人买卖，船货随时往来。至于听便居住、赁房、买屋、租地、起造礼拜堂、医院、坟茔等事，并另有取益防损诸节，悉照已通商五口无异。"牛庄从此成为清朝对外开放的商港之一（后来开埠时，牛庄口岸设在营口）。因其发达的商业，当时的牛庄已经成为远近闻名的古镇，在港口一带的商业街上，各种商号林立，鼎盛时期有几百家店铺，经营各种商品。当时牛庄的集市上有各种各样的小吃，其中就有人专门经营馅饼生意，不过由于当时人们生活贫困，只有少数人才能吃得起馅饼。

今天闻名遐迩的"牛庄馅饼"大约起源于20世纪初，但关于其创始人则有两种说法。一说牛庄馅饼是由牛庄人高富臣首创，另一种说法是牛庄馅饼起源于20世纪20年代初的牛庄回民刘海春。据《牛庄镇志》记载，20世纪初的牛庄是一个繁华的港口，当时牛庄的集市上有各种各样的小吃，牛庄人高富臣当时在集市上卖各种面食，生意红火，后来发明了馅饼。而据刘海春的儿子刘庆丰说，刘海春当年从海城有名的"马家馆馅饼铺"出徒后，回到牛庄在最繁华的街上卖馅饼，买刘家馅饼的人都得早起去排队。刘海春当时每天就包5千克肉的馅儿，上午卖没了，下午就在家喝酒睡觉。上午卖不了，下午就接着卖，从来不多卖。因此得了"醉仙子"的美名。20世纪初，牛庄渐渐走向衰退，繁荣不再，即使拥有一身绝活的“醉仙子”也只能勉强维持生计。牛庄馅饼究竟是起源于高富臣还是起源于刘海春已经不可考，但就两家馅饼在牛庄的知名度来看，也都可算是开山鼻祖。

在海城牛庄的历史上，牛庄馅饼是伴随着牛庄的发展而不断被人所知的。牛庄馅饼虽然起源于20世纪20年代，但真正形成地方特色并广为人知是在20世纪70年代。在牛庄馅饼的发展史上，有一位里程碑式的人物，他不仅大胆改良了原先做馅饼用的矾泡面，而且其精湛的手艺使牛庄馅饼的牌子享誉全国，他就是高富臣的儿子高晓山。高晓山生于1911年，16岁学面艺，19岁大胆地改变馅饼的传统做法，将原来的矾泡面改为水面，使馅饼外焦里嫩，皮薄馅大，馅香不腻，颇受欢迎。据牛庄镇的老人回忆，高晓山的馅饼皮薄得像两张纸，端到桌上时还能看见馅饼里的葱花。据传，当年有不少现场会都是在牛庄开的，会议代表和各级领导都点名要吃高晓山的馅饼。一传十，十传百，牛庄馅饼就这样走向全国。

三、秋林大面包（大列巴）制作技艺

提起秋林大面包（大列巴），人们就会想起全国都流传着的一句俗语：“哈尔滨一大怪——大面包像锅盖！”的确，这种外壳焦脆、内瓤松软、酒香宜人、风味独特的食品在其百余年的历史传承中，深受市民们喜爱，并成为哈尔滨这个素有“东方莫斯科”美誉之城的品牌食品，秋林大面包一度成为哈尔滨的一张名片。

1900年，秋林食品厂由俄国人伊万·雅阔洛维奇·秋林创建，曾由英国汇丰银行、日本株式会社、俄国政府先后经营，1953年由中国政府有偿接

图2-2　秋林大面包

收。秋林面包传统手工艺在哈尔滨一直流传至今。面包主要使用硬杂木烘烤，外壳焦脆，内瓤松软。面包用啤酒花发酵，酒香宜人，风味独特。

秋林大面包实际上是典型的俄罗斯大面包，俗名“大列巴”（“列巴”是俄语面包“хлеб”的音译），面包甚至比现在家庭用的蒸锅还大。在俄罗斯农村，每个村庄一般只有一个面包炉，每个家庭用这个面包炉定期烤一批面包，平时只在家中吃储存的面包，因此面包需要制作得非常大，吃时切下一片。由于历史悠久，发展出了制作大面包的传统技术。大面包相比于小面包香味更浓郁，更适宜储存，别有一番风味。

秋林大面包以精粉、酒花、白糖、食盐等为主要原料，经鼓醪子、发酵、揉面、成型、烘烤等工艺制作而成。

由于始终坚持真材实料、风格不变的原则和传统的制作技艺，秋林大面包制作技艺目前有濒临失传的危险。

四、山西世杰刀削面制作技艺

黑龙江省伊春市的山西世杰刀削面，是关内山西世杰刀削面的一家连锁店。

刀削面是山西的汉族传统面食，为“中国十大面条”之一。其制作过程是：将面粉和成团块状，左手举面团，右手拿弧形刀，将面一片一片地削到开水锅内，煮熟后捞出，加入臊子、调料食用，以山西大同刀削面最为著名。山西刀削面因风味独特而驰名中外。刀削面全凭刀削，因此得名。用刀削出的面叶，中厚边薄，棱锋分明，形似柳叶；入口外滑内筋，软而不黏，越嚼越香，深受喜爱面食者的欢迎。它与北京的炸酱面、河南的烩面、湖北的热干面、四川的担担面统称为中国五大面食，享有盛誉。

刀削面的历史十分悠久。关于刀削面的出现有一个古老的传说：蒙古鞑靼占领中原后，建立元朝。为防止汉人造反起义，他们将家家户户的金属全

图2-3　刀削面

部没收，并规定10户用厨刀一把，切菜做饭轮流使用，用后再交回鞑靼保管。一天中午，一个老婆婆和好面后，让老汉去取刀，结果刀被别人取走了，老汉只好返回。走出鞑靼的大门时，老汉的脚被一块薄铁皮绊了一下，他顺手捡起来揣在怀里。回家后，锅开得直响，全家人等待刀切面条吃，可是刀没取回来，老汉急得团团转。他忽然想起怀里的铁皮，就取出来说："就用这个铁皮切面吧！"老婆婆一看，铁皮薄而软，嘟囔着说："这样软的东西怎能切面条？"老汉气愤地说："切不动就砍。""砍"字提醒了老婆婆，她把面团放在一块木板上，左手端起，右手持铁片，站在开水锅边"砍"面。一片片面叶落入锅内，煮熟后捞到碗里，浇上卤汁让老汉先吃。老汉边吃边说："好得很，好得很。以后不用再去取厨刀切面了。"这样，一传十，十传百，传遍了晋中大地。

五、旅顺水师营大糖鼓火勺

在大连旅顺，人们口口相传这样一首歌谣：水师营的大糖鼓火勺、老干榨（黄酒），金州的驴肉包子、炸麻花。从歌谣中不难看出水师营的大糖鼓火勺在当地的名气，而这制作火勺的独门手艺也成为了大连市的非物质文化遗产。

旅顺水师营大糖鼓火勺是从18世纪20年代开始流传下来的传统火勺面食，创始人是刘德谦（生于1864年）。据《水师营村村史》记载，刘德谦少年时随父亲刘殿吉来到水师营经商兼种田。当时市面上出售的糖火勺是锅里烙的，叫锅饼，不香不脆。刘德谦继承父亲做火勺的手艺，在精心琢磨火勺的调面、用料等一系列工艺过程之后，改进了工艺，火勺又改为炉火烘烤，终于制作出独具风味、面皮薄、香脆甜的大糖鼓火勺。大糖鼓火勺存放数日仍不皮、不硬，糖馅内加玫瑰酱甜脆可口。与兄弟分家后，刘德谦独自在水师营西街开设火勺铺，至今已有100多年的历史。

图2-4　糖鼓火勺

今天，大糖鼓火勺已经传至第六代，传承人是刘悦。旅顺水师营大糖鼓火勺是以家传式流传下来的民间面食精品，特殊的工艺流程世代相传，在当地及辽南地区甚至日本都有一定的影响。旅顺水师营大糖鼓火勺主要以面粉、白糖、芝麻为原材料，制作考究。从和面开始，面要和得软硬适中，糖要选用最好的白砂糖，在擀成饼的时候要擀得均匀，不能有漏点，另外炉火旺也很关键。制作糖鼓火勺需备土石砖制作的圆形两层炉，一层烘烤，二层烙，还要有在长铁柄上焊接一个圆铁环的“铁铲”。擀饼用的擀面杖也很特别，是一根较细的擀面杖插在圆柱形的粗擀面杖里，把加入白糖的面粉搅拌后擀成面饼，并在上面撒上芝麻进行烘烤、烙。糖鼓火勺的形式为中间充气膨胀如鼓，样子非常独特，口感也耐人寻味，深受人们的喜爱，尤其是小孩子更为其如鼓的形状和“香、甜、脆”的味道所吸引。

六、岫岩满族酸汤子制作技艺

酸汤子以“酸”而得名，是一种粗粮细做的产品，又称“汤子”“馇子”“搁豆子”（做法略有不同），满语称作“厄其克”，属于满族夏季常吃的一种传统特色美食，流行于辽宁东部、吉林东南部及黑龙江一带。酸汤子是用玉米水磨发酵后做的一种粗面条样的主食，口感细腻爽滑，是一道绿色营养美食。

酸汤子的具体做法是：将玉米碎（苞米馇子）洗净，置于厨房内阴凉处，用冷水浸泡十数日（时限依室温而定），使其自然发酵。待微有酸味时，捞出清洗后，用水磨磨成糊状（俗称“水面”），再用布口袋控去适当的水分，之后取出放在阴凉处或者是团起来放在室外冷冻，以免腐败变质。

食用时，锅内放清水烧开后，将成团的汤面放入锅里氽一下，等到表面呈半透明状时，捞出置于盆内，用勺子或筷子将面团打散，再用勺子取适量开水倒在汤面上，同时不断搅拌，使汤面更多地熟化，产生足够的黏度，搅拌均匀备用。

图2-5　酸汤子

维持锅内的水沸腾，取适当大小的一团汤面合在双手中间，双手十指用力内合，压在面团上，使其在压力作用下进入夹在一个指缝内的汤套里。（汤套：是将一薄铁片剪成一个锐角的扇面，然后将其卷成一喇叭状小铁筒。制成的汤套大约一寸[①]半长，大头比手指略粗，小头比筷子

① “寸”为非法定计量单位，1寸≈3.3厘米。百姓日常生活中常以“尺”“寸”为长度单位。

略细，使用时大头朝手心方向，小头从指缝间穿出。）同时需要甩动双臂，使得汤面从汤套内蹿出后在空中被甩成弧线状，落到下面沸腾的开水锅里。挤一下，蹿出一条，既要避免甩到锅外面，也要避免锅内的面条堆积一处，粘连成团。如果面条成堆，需及时用勺子搅开，等到面全挤完后煮上片刻，即可连汤一起盛出食用。如果没有汤套，也可用手攥，让面从虎口挤出，只是这种条粗细不均。因为是用双手“攥”出来的，所以做这种食品的过程叫“攥汤子”。

汤味香而微酸，顺滑爽口，吃起来很开胃。如果配上开春鲜嫩的韭菜炸的一碗鸡蛋酱，味道会更加鲜美。当然，也可以依据个人口味加一些辣椒油或胡椒粉，或者在攥完后，在汤中下些嫩白菜或菠菜之类的蔬菜，加盐和调料煮熟（不过不建议这样吃，因为会掩盖掉汤的独特风味）。

根据汤的不同，酸汤子可以分为清汤酸汤子和浑汤酸汤子。清汤是将面条捞出后，伴以蔬菜或佐料；而浑汤酸汤子则是把面条和汤混合后盛出。此外，根据面条原料的不同，酸汤子的口感和滋味也不同。为了使“酸汤子”更具美味，做汤时可以将葱花、肉丝、海米、蘑菇、味精、盐等放入汤中，使其更加美味诱人。此外，酸汤子还可以与肉丝、蛋片、蕨菜茎、葱叶等同炒，而炒出来的酸汤子色泽美艳、香味扑鼻，同样是不可多得的佳肴。

酸汤子不仅美味可口，还具有一定的营养保健功能。在满族人居住地，当人食欲不振时，只要酸汤子一下肚，便会食欲大开，具有健胃和解、消乏解渴之功效。

七、临江村姑大煎饼制作技艺

煎饼制作历史悠久，相传它的发明者是三国时期的著名政治家诸葛亮。诸葛亮辅佐刘备之初，正值曹操统兵南下攻取荆襄九郡之时。刘备兵微将寡，被困一处，锅灶尽失。将士们饥饿困乏，无力再战，又担心受到曹军追击，因此不敢生火做饭。诸葛亮灵机一动，便令伙夫以水和玉米面为浆，将铜锣置于火上，用木棍将米浆摊平，煎出香喷喷的薄饼来，将士们食用后士气大振，杀出重围。此后，当地人也纷纷效仿此法，但铜锣昂贵，且容易开裂，十分不便。于是，人们将铁制成锣状，再磨制光滑，也就演化成今天的鏊子。从此，煎饼的制作广为流传，在东北的黑土地上也得到了传承和发展。

为了挖掘吉林饮食文化和长白山饮食文化，保护东北煎饼的传统制作工

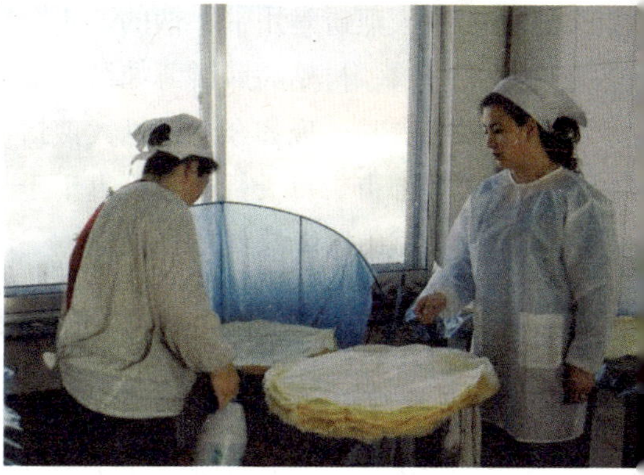

图2-6　手工制作煎饼

艺，临江市长白山林蛙养殖加工厂按照传统的手工技艺生产出了带有浓郁地方特色的村姑大煎饼。

临江市坐落在美丽富饶的长白山脚下、风景独特的鸭绿江北岸。“村姑”的“村”指的是临江市闹枝镇吊打村。吊打村是临江最早开始做煎饼的村子，已有20年历史，其中“肯拓”牌村姑大煎饼和“五妹”牌大煎饼是两个响当当的品牌。

村姑大煎饼以长白山腹地优质山泉水来发酵，原料全部由生长自长白山脚下的玉米、谷子、高粱、地瓜干等粗粮精研细磨而成，配以适量的黑芝麻、花生、核桃、板栗、大枣、鸡蛋、胡萝卜等原料，不含任何添加剂。同时严格按照流传下来的技艺，纯手工制作，口感好、耐储存，是家庭佐餐和馈赠亲友的佳品。

临江村姑大煎饼的特点是：薄如蝉翼，几乎透明。这是因为它的摊制工具与其他地区不同。其他地方制作煎饼是用一块长方形竹板直接刮制，而村

图2-7　村姑大煎饼

姑大煎饼是用带手柄的“丁”字形耙子来摊制，并且吃起来略带酸味，香软可口。村姑大煎饼薄如纸、脆如酥、少水分、耐储存，是当地久负盛名的传统食品。现如今，村姑大煎饼已走出大山，远销沈阳、大连、天津、北京等大都市。每天行程数百上千千米“赶”往大都市的村姑大煎饼供不应求，受到城市居民的喜爱。

八、临江彪哥煎饼制作技艺

煎饼这种食品最早起源于山东，后来被闯关东的山东人带到了东北这块黑土地上，它也被赋予了新的生命形式。东北的粮食由于生长期长，所以它的营养和口感都非常好。这里还有优质的地下山泉水，这一切使得东北的煎饼从口感到保存都比其他地区的煎饼要略高一筹。

煎饼的原料是煎饼沫子，需要提前几天备好。将玉米磨成粉，经过发酵，再掺入一些大豆。经过这样一番制作，粗粮的滋味就变得香甜，口感也细润了。姑娘出嫁前，通常都要从母亲那里学会如何摊煎饼。摊煎饼首先要从火候的控制和耙子、抹子的使用方法上学起。谁家的煎饼摊得好吃，就说明谁家的媳妇贤惠。煎饼具有食用方便、保存时间长的优点，所以家家户户一年四季都离不开煎饼。

临江市彪哥食品有限责任公司位于临江市花山镇老三队温泉度假村，彪哥煎饼是公司的主打产品。彪哥煎饼继承了传统的煎饼生菜的发酵和烙制工艺，利用当地优质丰富的地下矿泉水和优质的农作物资源，结合现代的经营和管理理念，生产出了彪哥煎饼，并使这一传统食品走上了产业化生产道路，使这一民间手工技艺得到了保留和发展。在省内营养学专家和吉林农业大学教授的帮助和指导下，产品在大米、玉米等煎饼品种的基础上又相继开发出了花生、大枣、燕麦、松仁、荞麦、黑米、核桃仁、南瓜、靛枣等三大系列十几个品种，不仅丰富了产品种类，而且增加了产品的营养价值。

图2-8　彪哥煎饼

彪哥东北大煎饼继承了传统煎饼的制作技艺，以生、熟粮食各百分之五十的比例混合研磨成糊状，通过常温发酵，根据发酵时间，再用面碱调配其酸碱度，最后一勺勺倒在加热的铁鏊子上烙制而成。其外形如满月，薄如纸张，散发出粮食的清香。新烙的煎饼入口酥脆香甜，而用水湿润再吃则又绵软香甜；可以和葱、酱料等一起食用，别有一番风味。

九、榆林筋饼制作技艺

筋饼是黑龙江省绥化市兰西县榆林镇的地方名吃，是绥化的特色饮食。它透明薄薄的好像每层都浸了油，香而不腻。筋饼与北方的春饼、南方的春卷皮非常相似，基本上都是卷着菜来吃，只是筋饼比春饼和春卷皮更薄。它柔软筋道，让人回味无穷。南来北往的人每当路过小榆树街，总要停下来走进筋饼店，每人点几张筋饼，来一盘土豆丝或者熏肉，再上点酱和葱，品一品这极富地方特色的美食。

相传，筋饼起源于北宋末年。在“靖康之变”中，北宋徽、钦二帝被金人俘虏，最终被关押在五国城（今黑龙江省依兰县）内，多日茶饭不进。一名随从精通面食技艺，便制作了一张透亮的薄饼，中间加了一些鸡肉丝和香葱丝等原料，劝主公食下。谁知二帝吃后，食欲大增。这一工艺后被传到民间，经不断地揣摩演变，做成的饼形似圆月，薄如蝉翼，且筋道、柔软可口，再辅以美味的菜品，其口感更佳，有“饼王”之美誉。

传说只是传说，实际上，榆林筋饼是清初小榆树人发明的。那时粮食较为短缺，很多人食不果腹，白面、豆油之类的“细粮”更是金贵，只有逢年过节才能吃到一点点。为了节省油、面，一些善于调剂生活的满族家庭主妇总是把饼尽量烙薄，并想出了一个用薄饼卷菜吃的好主意。这种既节约又体面的烙饼方法很快得到了人们的赞誉和认可，并逐渐在民间流传开来。于是，松软、超薄、透明、筋道的北方薄饼成为小榆树饭馆里的特色主食。

早在清同治初年，小榆树筋饼就已远近闻名。凡有人路过此地，闻香下马，更有美食爱好者专程前来觅香，都要饱饱地吃上一顿，分外满意。早年最出名的筋饼王，当数闫七筋饼，其烙的筋饼有农家盖帘子那么大，都是一个尺寸，厚薄相当。在那个松北平原还很荒凉的年月，数九寒冬，寒气逼人。过路

图2-9 筋饼

人一身霜雪钻进饼店来，铺开大筋饼，卷上热乎乎的驴马烂、肘子肉或者猪头肉，加上大碗清汤，美美地吃上一顿，不但果了腹，也解了馋，吃得满口香，顿时浑身就暖和起来，这份享用真是难以言表。朝廷派往卜奎（今齐齐哈尔市）骑马办事的钦差大臣经过小榆树，也要跑进店里特意尝尝这儿的筋饼，一路上还不住地夸赞小榆树筋饼如何好吃，返回时再好好饱餐一顿，还得大大方方地打包带回朝廷。

20世纪80年代初，哈黑公路从老镇穿过，大路两侧的饭馆酒店如雨后春笋，家家户户烙筋饼，鲜红的酒帜饭幌映红老镇半边天。遐迩闻名的榆林镇筋饼火爆起来，北京、天津、大连、哈尔滨皆打出正宗榆林筋饼的品牌，有的饭店店名干脆就叫榆林镇筋饼。[①]

十、四平李连贵熏肉大饼制作技艺

李连贵熏肉色泽棕红、皮肉剔透，肥而不腻、瘦而不柴，熏香沁脾；大饼皮面金黄、圆如满月、层层分离、外酥里软、滋味浓香。食用时，如果辅以甜面酱、葱丝，再喝上一碗小米绿豆大枣粥，更增食趣。李连贵熏肉大饼具有解腻、解暑、健脾胃、助消化、引气、调中、消食、杀虫等药用功效，实为集美味和药膳于一体的不可多得的佳肴。目前，根据原国家工商行政管理总局商标注册，“李连贵”的商标持有者（包括商品商标和服务商标）为四平市李连贵风味大酒楼。

李连贵熏肉大饼距今已有100多年的历史。清光绪二十年（1894），河北

图2–10　熏肉大饼

① 吴宝三：《百年老镇筋饼香》，载《企业文化》，2001（9），75页。

滦县柳庄人李广忠（乳名连贵）随父亲逃荒，来到吉林省梨树县小镇，后在买卖街宝德胡同租了两间草房，开了一家字号为“兴盛厚”的肉铺，主要经营生猪肉、酱肉、大饼和酒类。1910年春天，一名经常光顾“兴盛厚”的老中医给李连贵出了一个主意：“要使煮肉够味儿，须如此这般，保你生意世代兴盛。”随后，老中医交给李连贵一张纸单，上面列了九味中药。李连贵按照老中医的药方如法炮制，煮出的肉果然芳香四溢，从此远近闻名。因为经营量太大，为了便于保存，又采取熏烤方法，这样就使得熟肉更加别具风味。配上用煮肉汤调酥的大饼，二者浑然一体，顾客交口称赞，“兴盛厚”的字号渐渐为“李连贵熏肉大饼”所取代，后来就改换了招牌，叫“李连贵熏肉大饼店”。由于李家的酱肉干净、烂糊、浓香，大饼柔软、酥香，吃的人都称赞道：“大饼卷熏肉，吃起来没够”，因此，李连贵熏肉大饼店在梨树镇常是座上客满，门庭若市，深受群众欢迎。

1924年，李连贵病逝，其养子李尧（李连贵的侄子，因李连贵无子，故过继给李连贵）继承父业，带着老汤从梨树迁入四平，在四平道东四马路租了五间瓦房开设李连贵熏肉大饼铺，继续经营熏肉大饼，生意兴隆，蜚声东北。

1950年，李尧之子李春生继承祖业，背着一坛老汤，把李连贵熏肉大饼迁到沈阳，在繁华的中街西头营业。自此，李连贵熏肉大饼正式跨入沈阳这座美丽的城市。

李连贵熏肉大饼制作技艺独特，口味特殊，百年来深受东北民众推崇，一直是当地招待上宾的必选美食。1958年，邓小平同志来四平视察，品尝李连贵熏肉大饼后赞美：“经济实惠，简单好吃。”翌年，国家领导人陈云来视察时赞扬：“别具风味。”至今，作为商务部认定的首批“中华老字号”之一，李连贵熏肉大饼已走向连锁经营，连锁店分布在全国22个省、自治区、直辖市，约有150家。

十一、清真马家肉饼制作工艺

清真马家肉饼制作工艺的传承人是马文福。他刻苦钻研清真菜系，为马家肉饼店推出了一系列菜肴，更在面点上把家乡的清真肉饼引入马家肉饼店。

马文福的祖父马瑞全（1881—1951）祖籍河北大厂，以马家肉饼制作为业，从事马家肉饼制作工艺50余年。马瑞全之子马广明（1928—），13岁起师承父亲学习马家肉饼制作，从事马家肉饼制作工艺60余年。马广明的传承

图2–11　马家肉饼

人马文福，1963年生人，从十几岁起师承父亲学习马家肉饼制作，从事马家肉饼制作工艺30余年。马文福的传承人是徒弟马德隆，1989年生人，23岁起师承马文福学习马家肉饼制作。

马文福上下三代人140余年从事马家肉饼制作。其祖父马瑞全从1905年起以马家肉饼制作为业，当时在本溪、大连、辽阳、鞍山、丹东一带从事马家肉饼制作50余年，深受广大群众的喜爱，具有一定的知名度和影响力。

清真马家肉饼选用北方1～2岁优质黄牛的腹肉和肋条部分，制馅时严格按照“八分瘦肉、两分肥肉”的比例搭配。用自制的长方形大铁铛，整齐摆放，火候均匀，3分钟后翻面，放少许油，3分钟后再翻。等到肉馅升温，面皮有鼓起效果后，再翻过来，2分钟后再放少许油，即可出锅。

马家肉饼店经过了二十多年的发展，已由最初的几十平方米的小店发展到200平方米的特色餐饮名店，并且在逐步探索民族品牌连锁模式，积极推行标准化制作工艺，使肉饼店的菜品更具有统一的质量标准，力求打造成为鞍山地区的百年老店。

十二、窝集口大煎饼制作技艺

窝集口村位于吉林省蛟河市天岗镇东部，三面环山，森林覆盖率达81%，拥有得天独厚的旅游资源和区位优势。窝集口煎饼是以长白山主产玉米为主要原料，采用关东农村具有300多年历史的传统配方，手工精制而成的。窝集口煎饼有十多种不同口味的品种，是吉林省名牌绿色食品。

在窝集口大煎饼的包装盒上，除了印着“窝集口”三个字的商标外，还印有一首诗："松林暗暗百十里，罕境偏为麋鹿游。雨雪飘萧难到地，啼乌野草自春秋。"据说这首诗是康熙巡游此地时所作。据《清史》记载，清康熙二十一年（1682），康熙第二次东巡松花江时来此狩猎，所作的《阅窝集》便是这首诗。当时，这个地方还叫"纳穆窝集"。"纳穆"，满语为海洋；"窝集"，满语为森林；"纳穆窝集"意为"森林的海洋"。当时，跟从康熙前来的翰林院侍讲高士奇在《扈从东巡日录》中写道："三月丁丑，驻跸大乌喇虞村（现乌拉街）。是日，上欲往观乌稽，因雨不果。访之土人，云喇母乌稽（即纳穆窝集）在松花江东可百里许。一曰小乌稽。"①

图2-12　窝集口大煎饼

至于康熙究竟有没有吃过窝集口的煎饼，史书上没有明确的记载，但窝集口人坚信康熙是吃过的。2002年，窝集口煎饼的传承人韩兴泰注册了"窝集口"商标，从此，窝集口大煎饼开始有了自己的包装。今天，窝集口村每年加工生产大煎饼1000余吨，年产值达400万元。窝集口大煎饼已成为村里的支柱产业之一，引领着窝集口村走向富裕。

十三、法库县缸炉烧饼制作技艺

缸炉烧饼原为河北省小吃，后随着闯关东的河北人带入东北。

法库县缸炉烧饼是东北众多风味小吃中的佼佼者，为清末张锡珍首创，1902年传于王殿玺师傅，至今已有120年的历史。因制作工具为陶瓷大缸，故名"缸炉"，被誉为东北一绝。缸炉烧饼在选材上始终延续传统方法，文火慢烤，直到馅里的肥肉被烤化。其油透过层层面皮，结合油酥透到烧饼外面，芝麻粒粒鼓圆，烧饼

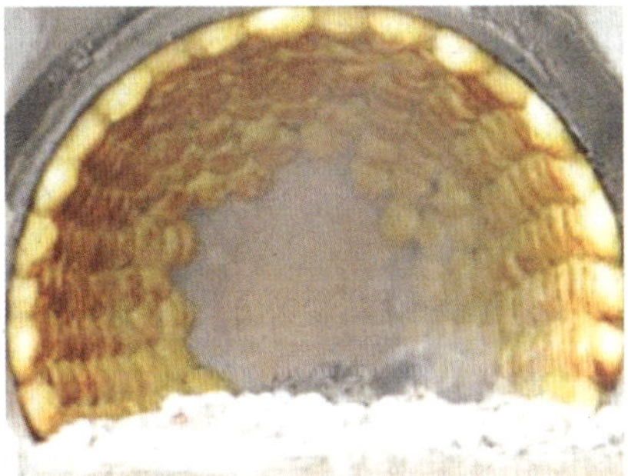

图2-13　缸炉烧饼

① 高士奇：《扈从东巡日录》，见《长白丛书》，初集，113页，长春，吉林文史出版社，1986。

外面变成金黄色。

法库缸炉烧饼制作使用的小麦、黄豆、芝麻、笨猪肉等原料，均为法库县当地特产，并辅以20多种秘制作料做馅。其特点是：炒酥油定温恒、烘烤火候奇妙，手压成饼，径皆三寸，形如满月、色若涂金，味透五香、酥脆爽口，一次品尝，终生不忘。

缸炉烧饼又香又甜又酥，十分好吃。它比一般的烧饼要贵很多，制作工艺也很精细。制作过程的注意事项主要有：

（1）烧炉。所谓缸炉，即通常用的陶瓷大缸，横卧成炉，用泥抹严，用炭火或洋槐树干枝烧到炉呈灰白色，大约600 ℃，停火后用水刷炉，使缸壁温度降到230 ℃，将做好的烧饼逐一用手背托贴在炉壁上。因炉壁有一定的热度，烧饼即粘贴在上面，上煎下烤，使烧饼熟透，散发出芬芳气味即成。烧炉火忌暴又忌弱：暴了烧饼易糊；弱了火力不足，烧饼会夹生。刷炉时要看炉壁的色泽，温度高时要多上水降温，温度低时要加火增温。掌握温度无法使用温度计，全凭经验看炉色。

（2）包剂子。剂子大小要均匀，再擀成面皮。包好拍扁后的烧饼要在不贴炉的一面蘸满炒好的蜕皮白芝麻，以备上炉。

（3）上烧饼，即烤功。烧饼做好后，用手背一个个送进炉壁，个个挨紧贴匀。此时炉壁温度非常关键，如果温度低，烧饼贴不住掉在炭火里就成了废品。温度调节要靠炉门铁帘，温度高了打开帘，温度低了关闭帘。

用缸制作食品是一种很独特的方法，它利用了“缸”的光滑、耐火和厚度，烧出的烧饼不糊、面光，鼓胀焦黄，层层皮薄，酥脆清香。这种烧饼制作上极讲究火候，因缸内侧呈凹形，凉烧饼或热烧饼都会滑下来。缸炉烧饼形圆，上有花檐，大小同现在的芝麻烧饼差不多。

十四、延边朝鲜族冷面制作技艺

朝鲜族冷面是东北地区的特色小吃，以独特的风味闻名中外。据说，冷面起源于高丽王朝时期，已有数百年历史。19世纪末，随着朝鲜人迁入中国东北，冷面也引入中国。

冷面的主要原料是荞麦粉、小麦面和淀粉，也有用玉米面、高粱米面和土豆淀粉的。冷面既清凉馥郁，又甜美新鲜，因此朝鲜族群众不仅在炎热的夏天爱吃冷面，而且在寒冬腊月里也喜欢吃冷面。除延边朝鲜族自治州外，北京、沈阳、哈尔滨、长春等大中城市也都设有朝鲜族冷面馆。过去，朝鲜族有正月初四中午或过生日时吃冷面的习惯。据民间传说，这一天吃了细长的冷面，就会长命百岁，命大福大，故冷面又名“长寿面”。更值得一提的是，朝鲜族后来对冷面做了进一步的改良，有多味中草药经熬制后兑入冷面汤中，所以在夏季吃冷面，不仅清凉，更有解暑的功效。

图2–14　延边朝鲜族冷面

朝鲜族冷面之所以能够享誉国内外，是因为它具有三个特点：一是具有朝鲜族饮食习俗特点；二是制作工艺精细；三是风味独特。朝鲜族冷面的原料多为荞麦。现代医学研究结果证明，荞麦粉营养丰富，有降低血脂和胆固醇、软化血管的作用。此外，由于冷面五味搭配得宜，而且在制作过程中不添加任何添加剂，所以朝鲜族冷面又是地地道道的纯绿色健康食品。

冷面的制作比较复杂，要按适当比例将荞麦粉、面粉、淀粉等掺和均匀，压成细细的面条，用精牛肉或鸡肉熬汤。做汤时，一定要待汤冷却后撇除浮油才能用。面条下锅煮熟后盛放于大碗内，上面要洒一点儿香油、胡椒面、辣椒面、味精等调料，浇上肉汤，再放上牛肉片、鸡蛋丝或切成瓣的熟鸡蛋、苹果片或梨片，这样吃起来格外开胃、爽口。

十五、前郭尔罗斯蒙古族荞面食品加工技艺

蒙古族历史上以肉食、奶食为主，亦称红食、白食。随着社会的发展和饮食结构的改变，半农半牧的郭尔罗斯与内蒙古东部的蒙古族聚居地区一样，粮食逐渐成为人们的主要食品。其中，荞面食品是最具特色、深受蒙古族喜爱的面食品之一。

荞麦是我国北方重要的农作物之一，最早种植于黑龙江至贝加尔湖一带。在我国，荞麦最早由蒙古族先民种植，称之为“蒿勒”。公元前5世纪的《神农书》就将其列入“八谷”之一。在隋末唐初医药学家孙思邈所写的《千金要方》中，“荞面”一词首次出现。几百年来，由于特殊的地理位置和土壤、气候条件，郭尔罗斯地区盛产的荞麦质量好，而且营养丰富，是绿色食品，且具有独特的医疗保健价值。民间种植荞麦、食用荞面的范围很广，其中在查干花镇、前郭镇、乌兰敖都、乌兰图嘎、浩特芒哈、东三家子、海

图2-15 前郭尔罗斯蒙古族荞面食品加工

勃日戈、乌兰塔拉等蒙古族聚居乡镇更具民族特色。如今，在知名餐饮店里荞面食品已经成为特色食品，是前郭尔罗斯各族群众最喜爱的食品之一。

前郭尔罗斯地区的荞麦面分冷食、热食两种，其食品样式多达几十种，味道可口，营养丰富，具有医疗保健作用。主要有荞面饸饹、猫耳朵汤、荞面肠、荞面条、蒸饺、锅贴、牛犊汤等。在制作过程中，除荞面饸饹需用“饸饹床”加工外，大多与白面食品加工方法相同。几种主要食品的做法和特点如下。

（1）荞面饸饹。荞面饸饹在前郭尔罗斯较为常见，具有独特的风格。其传统做法和现代做法略有不同，但都符合现代营养学理论要求。荞面饸饹的做法很简单，但要求很严格。首先，要用上等的荞面，质量要过关。把面和好，最好在荞面中加入少量白面，这样轧出的饸饹才不容易断。轧饸饹需要饸饹床，一般饸饹床是木制的（也有少量铁制的）。饸饹床底部有漏孔，把和好的面按轧口的大小切成块状。其次，在大锅里添上适量的水，烧开后，把饸饹床放在灶台上，将面放进轧口里慢慢开始轧。随着用力，从饸饹床漏孔出来的一条条饸饹便下入锅中，在沸水里煮熟，捞出后一般放入冷水中。饸饹一般要和猪肉酸菜卤搭配着吃。如果意犹未尽，可再加韭菜花、蒜泥、酱油、醋等调味。

（2）荞面猫耳朵汤。猫耳朵汤是前郭尔罗斯地区蒙古族较为特殊的饮食，因为成品面的形状像猫耳朵，所以叫猫耳朵汤。做法是：将和好的面做成手指粗细的条状，然后把它切成大拇指指甲大小的块块，用大拇指在手掌心捻成猫耳朵形，把面煮在清水里。一般猫耳朵汤的汤汁是猪肉排骨汤，在煮好的猫耳朵面上倒进熬好的排骨汤，这样，味道鲜美的猫耳朵汤就做好了。

（3）荞面肠。在前郭尔罗斯的荞面食品中，蒙古族的猪血荞面肠名气较大。目前，荞面血肠已成为民族餐饮中不可或缺的特色菜肴。其做法是：先把猪肠洗净，用盐水泡好，去除异味。在猪血里放上荞面和各种调料（如：葱花、蒜末、花椒、香菜、腔子油、食盐、鸡精等），然后拌好，浓度适宜。将猪血灌进猪肠后，清水煮熟（也可以蒸熟）。食用时，把熟肠切成薄片，用猪油或豆油煎着吃，味香可口。

荞面食品深受群众喜爱，是由其特征所决定的。荞面是由成熟的荞麦料脱壳加工后制成的，有着天然绿色食品的美誉，因其面细、色白、味香，蛋白质、多种维生素、淀粉含量高而闻名中外。用荞面制作的各类食品不仅美味可口、口感细腻，而且有着其他食品不可替代的营养价值。

荞面食品对人体健康有益，起到有病防病、无病健身的作用。特别是对患有高血压、高血脂、糖尿病的人有一定的医疗作用。而在前郭尔罗斯，荞面食品更是蒙古族面制食品的典型代表，具有浓郁的民族特色和地方特点，是当地各族群众十分喜爱的食品之一。保护其加工技艺要注重提高特有的三方面价值：其一，荞面食品最主要的是营养价值和医疗保健价值（药用价值）；其二，继承这一传承多年的民间手工技艺，能够促进少数民族地区保持更多的良好生活习俗，丰富传统民俗、饮食的文化价值；其三，发展这一技艺，对于促进社会进步、增强人民体质、发展民族经济具有重要的社会价值。

随着经济的发展和现代生活的不断变革，蒙古族传统食品及其制作技艺受到了严重冲击，掌握这些技艺的艺人日益年迈，传承人越来越少。同时，由于生活习俗的改变，餐饮行业兴盛，很多人进入饭店品尝民族食品，而不是在自家制作荞面食品，所以以荞面食品为代表的蒙古族传统饮食文化正面临着传承危机，理应受到保护和重视。

十六、蒙古族馅饼制作技艺

蒙古族馅饼是一种风味面食，距今已有300多年的历史，最早是以当地特产的荞麦面制皮，以牛羊猪肉为馅，采用干烙水烹的方法制成。明末清初，馅饼面食从民间传入王府，由干烙水烹改为用豆油、奶油煎制，并用白面做皮，成了王府中经常食用的佳品。它以面稀、皮薄、馅细为特点，烙制后形如铜锣，外焦里嫩，饼面上油珠闪亮，透过饼皮可见里面肉似玛瑙、菜如翡翠，红绿相间，煞是好看。用筷子破开饼皮，热气升腾，香味扑鼻，使

图2-16 蒙古族馅饼

人们产生了强烈的食欲。蒙古族馅饼是上等的地方美食，是蒙古族人家招待贵客的主要食品之一。每到蒙古族家庭做客，主人便以馅饼作为最好的饭食招待来客。汉族有句俗语“好吃不如饺子”，蒙古族有句常话“好吃不如馅饼”，看来馅饼和饺子一样都是上乘佳品。

蒙古族馅饼广泛流传在吉林省前郭尔罗斯蒙古族自治县。数百年前，逐水草而居的蒙古族人迁移至此，受到当地汉族农耕文化的影响，形成了有别于草原蒙古族人的生活习俗和饮食习惯。比如，正月初二要吃蒙古族馅饼，正月初七要吃饸饹面（荞麦面条），等等。

一切民族的饮食文化，其形成过程都与当地的自然、地理、气候及生产生活方式有极大的关系。蒙古族饮食文化就是与蒙古族地区的历史条件紧密结合而形成的。过去蒙古族人的饮食结构中肉食、奶食占主导地位，随着我国东北地区的开发，农业较早进入蒙古东部区，面食逐渐代替了单纯的肉食、奶食。如今馅饼已成为人们不可缺少的食品。曾有人这样写道：“皮薄如纸可见馅，香胜乳饼不腻人。蒙古馅饼独一味，汉兄食后笑吟吟。”蒙古族馅饼不仅好吃，而且含有较高的营养价值。蒙古族人喜欢吃牛羊肉，因为牛羊肉不仅肉鲜味美，而且比猪肉具有更高的营养价值，对人体有益。蒙古族馅饼多用牛肉圆葱、牛肉萝卜、羊肉芹菜、羊肉青椒（也有猪肉酸菜、猪肉白菜）做馅。它以独特的美味和独有的做法远近闻名，流传至今。

蒙古族馅饼是蒙古族独创的面食品，在前郭尔罗斯的历史上，蒙古族馅饼有王公贵族的“宫廷式”做法和民间百姓的“大众式”做法。例如，居住在哈拉毛都镇的邓氏姐妹传承了其祖母曾在王爷府内的制作技能；而在西部蒙古族聚居区，许多蒙古族妇女都掌握普通的制作技术。两种制作工艺略有不同，但特点基本相同。二者的主要特点是面软，所以和面时要用温水。

蒙古族馅饼的做法与配料独特，需用软面和细馅。其基本做法是：先把白面倒在盆内，再用温水加点盐，往盆内面上倒水，用筷子或木棍搅拌，随搅随加水，面特别软，搅匀待用。再把牛（羊）肉剁成馅，加入花椒面、精盐、葱姜末、香油、味精等搅拌成馅。然后，在面板上放些面粉，把搅好的面拿到面板上揉匀，搓成条，捏成剂子，用手按扁。在手心上摊开后，填适量肉馅，抟成包子状。同时，把锅烧热，再把包好的馅饼放入锅内，用手轻拍成圆形的饼状，至见馅而不露。也可在面板上先按扁再上锅。等到饼在锅内烙熟（烙到两面见黄色时，适量刷油），即可食用。做好的蒙古族馅饼，皮薄馅嫩，透过面皮隐隐可见绿色的菜馅。

蒙古族馅饼的价值主要体现在两个方面：一是营养价值。蒙古族馅饼以牛羊肉、白面为主要原料，营养价值很高。二是文化价值。蒙古族馅饼世代相传，做法独特，代表着蒙古族一种饮食文化，因而饱含着蒙古族饮食文化价值。

随着社会的进步，郭尔罗斯蒙古族的生活日益走向现代化，很多年轻人已经不再掌握蒙古族传统饮食的制作方法。特别是在经济飞速发展的今天，越来越多的人喜欢在饭店吃传统食品，在自家制作民族食品的人日渐减少，郭尔罗斯蒙古族馅饼制作技艺已处于濒危状态。

十七、德顺合火烧传统制作工艺

锦州老字号“德顺合”饭庄成立于清光绪三十二年（1906）。第三代传承人常树青继承清真特色食品货真价实的特点，深受当地居民赞许。其中最具特色的面食牛肉火烧和牛腱子烧饼，选料讲究、做工精细，外表酥皮、色泽金黄、层次分明、外焦里嫩，美味至极，是地道的清真食品，曾为锦州接待外籍少数民族客人作出了贡献。

十八、老都一处传统饮食制作技艺

哈尔滨市的三鲜饺子馆都冠有“独一处”的招牌。最早的独一处是1912年前后，由辽宁海城人范先庚开设的“范记独一处”。由于饺子皮薄馅鲜，口味浓重，餐具典雅，古色古香，吸引四方来客，成为哈尔滨市首屈一指的饺子馆。就在“范记独一处”三鲜饺子誉满全城的时候，1929年，河北省衡水市景县（一说枣强县）杨保祥五兄弟来到哈尔滨。杨家老都一处三鲜水饺跃上厨坛，后来居上。1930

图2–17　老都一处水饺

年，三弟杨保荣在八道街开设“老独一处”。1936年，四弟杨保增在十三道街开设“老都一处”。杨家老都一处水饺在口味上汲取了范记独一处的长处，设备模仿范记的古朴典雅，加上兄弟合伙开店，心齐合手，开支少、效率高，风味突出，很快就名扬全城。饭店只卖饺子和拼盘、京味卤酱制品，不卖熘炒菜。数十年来，在饭店林立、竞争激烈的角逐中，生意兴隆，经久不衰。①

老都一处的三鲜水饺，特点是：海鲜量大，皮薄馅匀，汤满汁足，松散软嫩，鲜而不腻。饺子馅选用中等肥瘦的前槽肉，按等量配置上等海参、干贝、中海米、虾籽等原料，加以干贝汤、鸡汤精心调制成馅，再撒上一层薄薄的鲜菜。选用精制面粉，面皮成薄厚均匀的“吃碟皮”，开水下锅，宽水急火煮。老都一处的饺子鲜，鲜遍天，博得了中外宾客的交口赞誉，使老都一处名扬四海、驰名中外。

老都一处的京式酱菜，煮酱香料袋和药袋配方独特，卤酱制品有增香保鲜、开胃解毒的功用。像熏鸡、熏肠、熏肚、酱口条、酱肘子、酱头肉、酱猪手等，同样让人垂涎三尺，是正宗的北京正阳楼风味。老都一处的卤酱名厨叫王银山，人称“王老五”，技艺高强，手法利索。有资料介绍说，他制作的松仁小肚，切成极薄的薄片也不碎，凉着吃不觉得硬，热着吃也不淌油；他制作的香肠，干美浓香，瘦肉紫红、肥肉沉实；他制作的酱肉、酱肚，软嫩适口，香而不腻；他制作的烧鸡，香烂嫩实，很受顾客欢迎。著名京剧演员李少春、袁世海到哈尔滨市演出时，常到老都一处品尝三鲜饺子和烧鸡，临走时还要把老都一处的香肠带回北京去。

老都一处的餐具也很讲究，银匙碟、银酒壶、银酒杯，银光闪烁，一一陈列在顾客的面前。夏天还用青草铺地，让客人感到清爽芬芳，很有食欲。餐桌上备有酱油、醋、油炸辣椒、芥末、蒜泥、香油，各种佐料一应俱全，顾客可根据自己的喜好任意选用。

十九、老边饺子传统制作技艺

老边饺子是驰名中外的沈阳市汉族传统名吃，其历史悠久，从清道光九年（1829）创制到现在已有190年的历史。老边饺子之所以久负盛名，主要

---

① 吴光启、王家新：《各地传统食品介绍（一）——哈尔滨老都一处三鲜水饺》，载《商场现代化》，1984（10），21页。

是选料讲究，制作精细，造型别致，口味鲜醇。它的独到之处是调馅和制皮。

相传清道光年间，河北任丘县一带多年闹灾荒，官府却加紧收租收捐，老百姓忍无可忍，被迫背井离乡、四散逃亡。这其中有个边家庄的边福老汉，原来就是开饺子馆的，此时也待不下去了，只好一家人逃向东北。一天晚上，他们投宿在一户人家中，恰巧这家在为老太太祝寿，于是这家人给边福老汉一家每人盛一碗寿饺充饥。边福老汉觉得这水饺清香可口，其馅肥嫩香软而不腻人，于是就虚心向这家人求教。主人看边福老汉诚实厚道，便告诉了他其中的秘密。原来这家人为了让老太太吃起来舒服，在做饺子时就把和好的馅用锅煸一下再包，如此做出来的饺子便又香又软，而且不那么油腻。边福将此记在心中，后来辗转来到盛京（今沈阳市）小东门外小津桥护城河岸边住了下来，搭了一个非常简易、俗称“马架子”的小摊床，边做边卖，店号为“边家饺子馆”。但由于店面太小，再加上没有绝活，所以生意不是很好。清同治七年（1868）边福去世后，其子边德贵继承父业，潜心研究馅料配方，摸索出汤煸馅的办法，即将肉馅用油煸之后再放入骨汤里煨好，使原收缩的肉馅松散味美，易于消化。从此，老边饺子一炮打响，成了众人皆知的美食。为了保住生意，占住一席之地，老边饺子馆将煸馅作为传家宝。在历史上，老边饺子馆的掌门人为了保密，都是将绝活传子不传妻、传男不传女，每天闭店后等伙计走光了才亲自配馅。老边饺子馆先后在沈阳开办了三家分号，由边德贵三个儿子即边跃、边义、边霖弟兄三人分别经营。1940年，老边饺子第三代传人边霖将老边饺子馆迁到了当时沈阳最热闹的北市场。当时的北市场可是与北京天桥、南京夫子庙齐名的“五方杂地”。到北市场开店，一下子就让老边饺子扬名全东北。

图2–18　老边饺子馆

中华人民共和国成立后，老边饺子更是成了老百姓喜爱的食品。1956年公私合营后，由边霖担任老边饺子馆的经理，在政府的扶持下，老边饺子馆又有了很大发展，被列为沈阳市特殊风味馆之一。“文化大革命”期间，老边饺子馆受到了很大的冲击，牌匾被砸，被迫歇业。1979年，在党和政府的关怀下，老边饺子馆又重新挂起了金字牌匾，请回了退休在家的边霖师傅。此后不仅恢复了老字号，而且在业务上也不断发展，创新了用水产、肉类、蔬菜调制26种馅，发展了圆笼上桌，增添了高档的“酒锅饺子”，使传统风味更添新彩。1981年夏天，我国著名相声大师侯宝林亲临品尝老边饺子，吃得兴致勃勃，称赞不已。他在席间余兴未尽，挥毫写了八个大字：“边家饺子，天下第一”。老边饺子从1983年起连年被评为省、市名牌风味食品，1997年获“中华名小吃”称号，2000年被国家内贸局评为“中国名点”。老边饺子宴在1998年美国国际食品博览会上获得金奖；1999年在全国第四届烹饪技术大赛大众宴席中获优胜杯第一名，被誉为“天下第一宴”。2000年，老边饺子馆被世界吉尼斯纪录认定为世界上历史最长的饺子馆。

二十、脱家清真饺子传统手工技艺

脱家饺子是沈阳乃至全国著名的清真风味食品、餐饮业的老字号，始创于清光绪二十四年（1898）初，以家族传承为主，迄今已有百余年的悠久历史。脱家人为元末丞相脱脱之后，祖居河北清河县。清康熙二十四年（1685）迁到盛京小西关落户。

起初，脱家饺子第二代传人脱万庆的父亲脱广钧在盛京城（今沈阳）回族聚居的小西关（今回回营）开始做蒸饺子生意。民国初年，脱万庆承袭了脱家饺子的传统做法和工艺，运用蒸、煮、烙、炸、煎等饺子的传统制作方法，从原材料选用、加工、制作等方面进一步加以完善。中华人民共和国成立前，脱家饺子第二代传人脱万庆曾将店址迁往本溪经营，商号“庆得泉”，使脱家饺子传统手工制作技艺得到了更大的发展。回沈阳后，起初取字号“万兴隆”（其子为宝隆、宝兴），也有人把该店俗称为老“脱家”，倒把“万兴隆”的字号渐渐忘了。第三代传人脱廷心子承父业后，在多年的经营过程中，逐渐摸索出一套有别于其他饺子制法的秘方，形成了脱家饺子“皮薄馅大，鲜香味美”的独特口感和风味。

党的十一届三中全会后，脱家饺子馆于1982年4月重新开业。脱家饺子在继承传统工艺的基础上，又结合科学的营养配方，取各家之长。在制作过

图2-19　脱家饺子馆

程中，坚持“选料精、用料纯、配料细、操作严”的原则，形成了自己的风格，确立了“四鲜”“三特”“两绝”的特点。所谓“四鲜”，即配料所用的牛肉鲜、青菜鲜、肉汤鲜，加之精制小磨香油。所谓“三特”，即：用特制鲜汤煨馅，时间适时准确；顺时针搅拌馅的方法独特；精细准确配制下料程序独特。所谓“两绝”，即：饺子馅中不含一点杂碎，肥瘦均匀；食用起来口感香嫩，清淡不腻，香气四溢，碗盘不挂油。自开业以来，脱家饺子馆多次受到国家、省市表彰及各大电视台、电台、报纸刊物等新闻媒体报道，2010年荣获“受沈阳市民欢迎的饺子品牌和饺子餐馆”称号。脱家清真饺子传统工艺已成为沈阳市非物质文化遗产。

脱家饺子馆是沈阳市独特风味食品中的一绝。脱家独特风味的饺子，精美溢香的菜肴，文明周到的服务，招来了海内外八方来客。多年来，国内外许多知名人士先后到此就餐，每位来客都对这里留下深刻美好的印象。著名影视演员唐国强挥毫写下“宾至如归”四个大字，来赞誉脱家饺子馆。光顾者都赞不绝口地说道，脱家饺子名扬天下，脱家菜肴色形味俱佳，乃中华美食园中的一朵奇葩。

二十一、老于头手包饺技艺

老于头手包饺源于中华人民共和国成立前，是辽宁省盘锦市田庄台镇的名吃。老于头手包饺，馨香弥久、回味悠长。其饺子皮薄肚饱，下锅久煮也不会露馅破皮，馅鲜味好，浓郁不腻，吸引许多顾客慕名而来。因此，凡来田庄台镇的客人，都愿品尝。

图2-20　手包饺

二十二、“马家烧麦”制作技艺

“马家烧麦”是沈阳地区特殊风味的回民小吃。早在清嘉庆元年（1796），由回民马春开创，至今已走过200多个春秋，是沈阳历史上成立最早的回民餐馆。当时没有门市，只是以手推独轮车来往于热闹的街市，边做边卖。“马家烧麦”选料严格，制作精细，口味好，造型美观，深受群众欢迎。清道光八年（1828），马春之子马广元在盛京（今沈阳）小西门外拦马墙租用两间板房约20平方米，挂匾营业，史称“马家烧麦”。此后营业繁忙，远近闻名。

清同治七年（1868），由于精工细做，不断研究改进，“马家烧麦”终于形成了具有独特风味、别具一格的烧卖美食。“马家烧麦”的大名不胫而走，传遍了沈城内外，成为深受社会各阶层欢迎的美味佳肴。各界名人雅士争相品尝，顾客络绎不绝，生意兴隆。

清光绪二年（1876），左宝贵将军驻守奉天，在小西门建造府邸时，将“马家烧麦”板屋拆除。左将军体恤商艰，顺乎民意，在盛京城东门附近另

图2-21　“马家烧麦”

赐一地，让马家第三代传人马长永重建了宽敞明亮的房屋，“马家烧麦”得以保留。左宝贵将军是回族人，也是“马家烧麦”的座上客，经常派人来买“马家烧麦”回府食用。

民国三年（1914），马长永将店铺交给后代马鸿芳、马铭卿兄弟俩经营。20世纪30年代，张学良将军在沈阳大西关创办了一所陆军士官学校。很多士官经常到附近的“马家烧麦”吃饭。有一次，一伙士官吃完饭没有给钱，此事被张学良知道后，亲自安排副官张佩汉上门道歉并予以监督，此后再也没有发生过此类事件。而张学良将军本人也非常喜欢吃“马家烧麦”，经常叫餐到府上，或自己品尝，或招待客人。

中华人民共和国成立后，1956年6月，“马家烧麦”在小北门路东整修30多平方米营业室，由马家二兄弟主持重新开业。1961年，几经变迁的马家烧麦馆迁到了现址，也就是小北门里路西，“马家烧麦”得到了恢复和发展。1963年，马家第五代传人马继庭继承祖业，放弃了技校学习的机会，将烧麦的配料制作方法和独特技巧全部继承下来。他亲自操刀选用原料肉，并由机械压面皮改为用手捶的传统工艺，使得“马家烧麦”的风味越发鲜美，并恪守“百金买名，千金买誉”的宗旨，使“马家烧麦”传统风味青出于蓝而胜于蓝。1991年，丁福昌接手“马家烧麦”后，把一度严重亏损的“马家烧麦”打造成了知名品牌。“马家烧麦”先后被认定为“中华名小吃”“辽宁省非物质文化遗产”“沈阳风味名品”等，饭店荣获“中华老字号”“中华餐饮名店”等称号。

“马家烧麦”在选料上别具一格，在制馅前蹬筋去皮，馅料采用祖传的“瑀水馅”的制馅工艺精心搅拌而成。面皮用上等面粉，开水烫面，手工操作，将面皮压成菊花形花边，制成后的烧麦晶莹剔透。蒸熟后的烧麦皮面亮晶，柔软筋道，馅心松散，醇香味好，被美食家称为“含苞待放的牡丹”。①

二十三、亚沟黏豆包制作技艺

亚沟黏豆包是黑龙江省哈尔滨市阿城区亚沟镇的特产。亚沟黏豆包因亚沟镇而得名，亚沟镇也因此获得了“中国黏豆包第一镇”的殊荣。亚沟黏豆包的特点是：大小匀称，皮馅合一，黏而不沾，筋道无比。

---

① 黄先娟、丁福昌：《马家烧麦滋味绵长》，载《餐饮世界》，2012（9），35～36页。

图2-22 黏豆包

亚沟黏豆包是满族先人女真人的传统食品，是用黍子（黄米）做皮、芸豆做馅，经过发酵等工艺蒸制而成的，称得上是中国历史上最早的方便食品。它既可冻着吃（啃豆包），也可热着吃（蘸糖豆包）。女真人当年在灭辽伐宋的战争中，冬天的主食大概就是这小小的黏豆包了。

亚沟黏豆包选用优质糯米、大米、红芸豆及玉米粉为主要原料，采用独特的发酵工艺精制而成，色泽诱人，香黏可口，营养丰富，含有钙、锌、钾等十多种元素，另含有天门冬氨酸、谷氨酸、组氨酸等十几种氨基酸，属直链淀粉，便于消化，老少皆宜。

亚沟黏豆包既是一种极好的保健食品，也是馈赠亲友最理想的特产礼品。它的主要吃法是蒸熟之后蘸糖吃。若将熟的黏豆包压扁煎制，味道更美。今天，有着“亚沟黏豆包第一人”之名的是陈金生。20世纪80年代初，亚沟镇下苇屯的陈金生，为了换点大米、白面等细粮，背着家里唯一的两袋黏豆包步行到亚沟镇火车站，再坐火车到哈尔滨试着卖。没想到，这个“黏豆包”成了亚沟人闯市场的开始。陈金生每次背来的豆包都被城里人一抢而光。看到豆包销路如此好，他就把家里过年食用的黏豆包全都背出来卖，结果赚了100多元钱。第二年春节前夕，他指挥全家老少一起包黏豆包，每天到哈尔滨卖。没卖完的，就走街串巷去卖，生意越来越红火。随着黏豆包日渐得到城里人的认可，陈金生家的生活也不断改善，这让周围的农户们很是羡慕，于是他们纷纷加入到“豆包大军”中。最鼎盛时期，有200多户做黏豆包生意。2003年，陈金生在亚沟镇买了二层楼建起了专门生产黏豆包的工厂。同年，他以自己的名字注册了商标，把散卖的黏豆包做成了礼品盒包装。经过多年的发展，黏豆包也由当时的一个品种发展为糯米、黏玉米、大黄米、芸豆馅、小豆馅、黑豆馅等多个品种。该系列产品选用特定的黏玉米种子，经封闭式种植，无污染化管理，是一种极好的保健食品，也是馈赠亲友理想的特产礼品。亚沟黏豆包已从最初的家家户户制作，发展到现在由十几家大户集约加工。小豆包已发展成大产业，带动了亚沟镇的经济发展。

二十四、大庆灌汤包制作技艺

传说在北宋年间，坊间就有专门的小店经营灌浆馒头、虾肉包子等，说明当时已有灌浆包子（灌汤包）。东京开封府72家正店之一的“王楼”制售的名为“山洞梅花包子”，号称“东京第一”。北宋之后，灌汤包子在开封流传下来。到了清代，扬州地方的灌汤包子更为出名。

关于灌汤包有这样一个传说。相传，600多年前的元末明初，朱元璋起义打天下，于1356年打到了浙江的金华城下。因守城的元兵早有防备，把城墙加高了七尺，还给城门加上了万斤闸，起义军攻打了九天九夜，仍然破不了城，只得在城外安营。朱元璋和部下大将常遇春、胡大海等十分焦急，日夜商议破城之法。一天深夜，常大将军夜不成眠，在帐外踱步想着破城计策。忽然，他发现城门开了，万斤闸慢慢地升起，只见元兵押着一批民夫偷偷地到江边挑水。常遇春连忙唤醒胡大海和起义的士兵冲向城门。常大将军用肩膀顶住万斤闸，高喊：“弟兄们，冲进城去啊！”顷刻间，起义军似千军万马，以排山倒海之势，一批接一批冲入城里。常遇春肩顶万斤闸，时间长了，肚子饿得慌。这时，恰好营里送来包子、菜汤等，常遇春就叫胡大海抽身给他喂包子、菜汤。常遇春真是饿极了，一边狼吞虎咽地吃着包子，一边不停地催促：“汤，包子，汤，包子……”胡大海看着肩负万斤闸汗流浃背的战友，喂着喂着顿生一计，令一士兵先将菜汤灌进包子，再把包子喂到战友嘴里。常遇春吃着，觉得喉咙湿润了，力

图2–23 灌汤包

量倍增。直到士兵们都冲进了城里，他才放下万斤闸。后来，常遇春问胡大海："你那天给我喂的是什么好吃的，使我力量倍增？"胡大海笑着说："就是你叫的'汤包'呀。"常遇春也笑着说："如果没有你的汤包，我早就被万斤闸压趴下了。"后来，人们就根据这个传说做出了灌汤包。

大庆市"宣记灌汤包"制作技艺到今天已经历了五代传承，最早可追溯到晚清时期的天津圆笼包子铺，迄今已有110多年的历史。创始人是清末的周氏家族。周氏家族传至第四代张海涛，第五代传承人是宣树增。宣记灌汤包在用料选择上要求十分严格，同时灌汤包馅的制作过程尤为严谨独特。虽然历经百年传承，但宣记灌汤包一直保持着原汁原味。从和面、和馅的角度来说，宣记灌汤包与其他包子不同。宣记灌汤包所用的面是由生面、熟面和发面组成的，而一般包子的面通常是发面或烫面。宣记灌汤包的和馅工艺尤其特别，它是按照一定的比例和配方做出来的，肉馅弹性十足。宣记灌汤包口味醇香，鲜嫩适口，肥而不腻，在百姓中具有良好的口碑。

二十五、岫岩满族苏叶饽饽制作技艺

"饽饽"是满族人对面点的一种叫法。满族人喜欢吃黏食，饽饽是满族人祭祀中必备的祭品。因为它便于携带且耐饥，八旗兵打仗时，常用它作为军粮。它至今仍是满族人待客的最佳主食。饽饽因季节不同而做法有别：春季做豆面饽饽，夏季做苏叶饽饽，秋冬做黏糕饽饽。

"大碗盈盈苏叶香，小盘细细白绵糖。谁家消暑槐荫里，慢啜羊汤乘晚凉。"这首诗写的便是"苏叶饽饽"。苏叶饽饽，也叫"苏耗子"或"黏耗子"，也有叫"苏叶干粮"的。

苏叶饽饽的制作过程很复杂：把黏高粱用清水浸泡后磨成水面，添入适

图2-24　苏叶饽饽

量玉米面，和匀；把小豆煮熟，加糖，拌成豆沙；采些新鲜的苏叶，叶面涂上油。然后把豆沙放进和好的面，做成饺子形状，外用苏叶包好，上锅蒸熟。这种饽饽蒸熟后，带有苏叶的特殊香气，可以说是一锅掀起，满屋皆香。夹一个苏叶饽饽放在碗里，剥去外面包着的苏叶皮，便露出了里面晶莹剔透、白玉一般的饽饽。食用时，蘸些白糖，配以羊汤，真是既黏甜又鲜香，既解馋又消暑。剥下来的油汪汪的苏叶也扔不得，抹过豆油的苏叶经热锅蒸过后，越发地青翠、异香，蘸上一点酱油或辣椒油，更是回味无穷。[①]满族人不仅平时喜食，而且时逢祭祀还常用来供神。

二十六、前郭尔罗斯黏米食品制作技艺

“黍”是粮食作物中的古名，在中国已有将近六千年的种植历史。“黍”一般分为糯与非糯两种，其中黏的称为黍子或黏糜子，不黏的称为糜子。黍子籽粒去皮后称为黄米或者黄糜子。黄米味甘、性微寒，富含蛋白质、碳水化合物、维生素等多种营养元素，具有益阴、利肺等功效。过去，北方人所吃的黏性食物都是黏糜子食品，也就是黍子去皮磨成面粉后（即黄米面）所制成的食品，故俗称“黏米食品”“黄米食品”“黏糜子食品”。在东北地区，黏豆包是源于满洲、深受各民族喜爱的最典型的传统黏米食品，黏米食品有利于东北各族人民在寒冷的天气里长时间进行户外活动。

在前郭尔罗斯地区，由于蒙古族、满族、汉族人民长期生活在一起，其文化及生活习俗也相互融合，这使得前郭尔罗斯地区既有汉族特色的黏米食

图2-25　黏米食品

① 钱国宏：《满族的“饽饽”》，载《社区》，2011（12），41页。

品制作技艺，也有浓郁的蒙古族特色黏米食品制作技艺。二者技艺稍有不同，例如，黏豆包的制作方式有所区别：在前郭尔罗斯民间，汉族居民所制的黏豆包如橘子大小，呈圆形，且制成后便和蒸包子一样，放入锅中大火蒸制15分钟左右，出锅后留存或食用；蒙古族家庭的黏豆包制作方式深受满族、汉族等民族的影响，只是所做的黏豆包如馒头般大小，通常制成后不蒸熟而直接冷冻、保存，食用时才蒸熟。

黏米食品制作技艺在前郭尔罗斯均有分布。其中，洪泉、长龙等乡镇地区传承着汉族特色的黏米食品制作技艺；查干花、东三家子等西部地区传承着蒙古族特色的黏米食品制作技艺，并世代传承，成为当地珍贵的传统手工技艺。

如今，在前郭尔罗斯乃至整个东北地区，黏米食品深受各民族人们的喜爱，黏米食品制作技艺也广泛流传在东北各地各民族之中。

二十七、朝鲜族冬至红豆粥制作技艺

在朝鲜半岛，冬至是比较重要的农历节日，因为从这天起，冬天已经正式到来。寒冷的季节需要足够的温暖与营养，所以朝鲜人每到冬至这天都要喝红豆粥。

朝鲜族人过冬至节用红豆来做冬至粥的饮食习俗已流传很久。民间将冬至称为“亚岁”或“小年”。从阴阳学的角度来说，过了冬至，阴就会慢慢变成阳，具有太阳复活的含义，也预示着新的一年即将到来。因此，民间有“只有吃了冬至粥才算长一岁”的说法。当时吃红豆粥是为了驱逐残留在人体内的恶气，驱逐躲在家里的鬼，以愉快的心情迎接新的一年。

除了美好的寓意外，红豆也是秋冬时节很好的补品，有利于消肿、解毒去湿、健脾止泻的功效。

冬至吃红豆粥的由来，最早见于我国文献《荆楚岁时记》。古代朝鲜半岛的人们认为鬼神害怕红色，所以就把代表红色的红豆熬成粥来食用，或是在屋子里各个角落放置一些红色的东西，用以辟邪或祛除疾病。在朝鲜民俗文献《东国岁时记》中也有关于冬至吃红豆粥的记载：“冬至日称亚岁，煮赤豆粥，用糯米粉作鸟卵状，投其中为心，和蜜，以时食供祀。洒豆汁于门板，以除不祥。按《荆楚岁时记》共工氏有不才子，以冬至死为疫鬼，畏赤小豆，故冬至日作粥以禳之。刘子翚《至日诗》云‘豆糜厌胜怜荆俗’，今俗亦然。”

朝鲜族冬至红豆粥由红豆和糯米团制成。首先，将红豆淘净，放入锅中，先用大火煮沸，再改用小火炖煮。将煮熟的红豆放入筛子中，用木勺碾碎过筛，弃去红豆皮，待淀粉沉淀后，将淘净的大米放入红豆水中炖煮，并用木勺不停地搅拌，以防止粘锅。待粥沸腾后，改用小火焖炖，焖到大米煮成米花，将红豆淀粉放入锅中继续焖。然后，将粥里的红豆水慢慢地放入糯米粉中，搓成糯米团儿。最后在煮的时候，放入制作好的糯米团儿，等糯米团儿煮熟，浮上来即可。所制作出的朝鲜族冬至红豆粥，口感细腻、甘甜可口、暖口暖胃、独具风味。

朝鲜族冬至红豆粥制作技艺是朝鲜族人民在长期生产生活中所创造并不断丰富和发展起来的传统手工技艺，具有鲜明的时令特点和民族地域特色，是朝鲜族代代传承下来的民族饮食的重要组成部分。朝鲜人迁入中国东北地区后，也把这一饮食文化带入东北，为东北饮食文化增添了一道新的风景。

第二节 肉食制作技艺

一、哈尔滨红肠制作技艺

红肠又称灌肠，已有100多年的历史。哈尔滨红肠，俄语音译为“里道斯”。许多哈尔滨人称哈尔滨红肠为“里道斯红肠”，也有人喜欢用“哈红肠”的简称。然而，“里道斯”并不是俄语“红肠”的意思，其实，它是借取了1919年秋林灌肠庄的工人家乡“立陶宛”的音译。

哈尔滨红肠原产于东欧的立陶宛。中东铁路修建后，外国人大量地涌入哈尔滨，也将红肠制作工艺带到了哈尔滨。据载，1900年夏，有一个俄罗斯商人叫伊万·雅阔洛维奇·秋林乘火车来到哈尔滨，他在哈尔滨创建了著名的秋林洋行。在这座洋行里，有一名黄头发、蓝眼睛、大鼻子的立陶宛员工，他不甘心为秋林老板卖命，也想体验一下自己当老板的感受，于是在1909年3月，在道里西商务街（现上游街）建立了秋林灌肠庄，生产立陶宛风味的香肠，俗称“里道斯”香肠。因香肠呈枣红色，故又称红肠，更因其产地在哈尔滨，所以许多人叫它“哈尔滨红肠”。松花江水培育出优质的红肠原料，使传统的欧式加工制作方法如虎添翼。哈尔滨红肠一经推出，立即受到各国侨民的称赞，也赢得了本地人的喜爱。这便是哈尔滨红肠的由来。

哈尔滨红肠作为一种深受人们喜爱的传统食品，已经融入百姓的日常生活，成为人们节假日享用及招待客人的美食。从红肠的流传沿革可见哈尔滨这座城市的历史发展脉络，传统食品与时代风云如此紧密地连接在一起，浸润了一座城市的文化底蕴，也为这座城市增添了异域风情。

因为是一项由国外传入的技术，所以哈尔滨红肠属于西式红肠。制作西式红肠原料易取，肉馅多为猪肉、牛肉，也可用兔肉或其他肉类；肠衣用猪、牛、羊肠均可。其制作过程较简单，只要配料合适，其成品香辣糯嫩、鲜美可口，与香肠相比易嚼不油腻，富含异国风味，很受消费者欢迎。

其配料与制作方法分述如下。

（1）原料及整理。选中等肥度的新鲜猪肉和新鲜的瘦牛肉。将选好的瘦料肉剔去骨、筋、腱，再将肥瘦料肉分别切成长约10厘米、宽5～6厘米、厚2厘米的肉块。

（2）配料。按照猪瘦肉30千克、肥肉20千克、牛肉50千克的料肉计算，则用淀粉10千克、蒜0.3千克、黑胡椒粉0.1千克、清盐2.5～3千克，硝石为料肉重量的1/2。

（3）腌渍及制馅。用盐、硝石与肥瘦肉块混合搅拌均匀，在3～4 ℃的低温下腌渍2～3天，将腌渍后的瘦肉用直径2～3毫米的筛板绞肉机绞碎，再将碎肉用刀重剁一次（馅肉温度不能超过10 ℃）。将腌渍好的膘切成1立方厘米的肥肉丁。将料肉与蒜、黑胡椒粉混合搅拌均匀。先将牛肉馅用适量冷水充分混合搅拌5～6分钟，再用清水将淀粉溶解，加入已有配料的肉馅中，最后加入肥肉丁搅拌2～3分钟。

（4）灌肠及烘烤。将牛小肠衣或猪小肠衣漂洗干净，按灌制香肠的要求

图2-26　红肠

进行灌制。选择树脂少的柞木、椴木、桦木、榆木作为烘烤燃料。先将木柴交叉摆在炉内引火燃烧，待炉内温度达到60～70 ℃时进行烘烤。炉内灌肠的下端距离火的位置应在60厘米以上。每烤5～10分钟，将炉内灌肠里外上下调换位置，炉内温度应经常保持在65～85 ℃。烘烤25～40分钟后，肠衣呈半透明状，表皮干燥，肠衣表面和肠头无油脂流出时即表明已烤好。

（5）煮制及熏烟。水温在85～90 ℃时下锅，温度保持在78～84 ℃，煮好的灌肠在35～40 ℃的熏烟室内熏制12小时，即为成品。

成品特点：有良好的弹性，营养丰富，鲜嫩可口。

二、太盛园白肉血肠制作技艺

白肉血肠是满族人最喜爱的食品之一，满族人的祖先很早就将其列为重要的食品，连祭祖、续家谱时都有白肉血肠这道菜。白肉血肠是满族传统的风味菜肴，与杀猪菜完全不是一回事。清人姚元之在《竹叶亭杂记》中记载："主家仆片肉于锡盘飨客，亦设白酒。是日则谓喫肉，喫片肉也。次日则谓喫小肉饭，肉丝冒以汤也。"①吴振臣在《宁古塔纪略》中也说："大肠以血灌满，一锅煮熟。请亲友列炕上，炕上不用桌，铺设油单，一人一盘，自用小刀片食。"②这说明，满族人吃白肉血肠的习俗是很久远的。

太盛园白肉血肠距今已有300多年的历史。清康熙十年（1671），有一个满族人在吉林城西小白山和古船厂附近开了一家小饭店，专门经营满族喜食的糊白肉、清血肠（即白肉血肠），生意十分红火，贩夫走卒、放排船工和水师营的官兵是这家店的常客。从那时起，脆嫩的清血肠和薄如纸帛的白肉片的烹饪技术就在吉林市流传了下来。光绪末年，一个叫白树令的满族人继承了这一技艺，在吉林市炭市胡同经营白肉血肠饭馆，店名叫"太顺园"，后改名"太盛园"，俗称"老白肉馆"。民国初年，白肉血肠的传人葛青山主理太盛园。中华人民共和国成立

图2-27 白肉血肠

① 姚元之：《竹叶亭杂记》，61页，北京，中华书局，1982。
② 吴振臣：《宁古塔纪略》，见《龙江三纪》，248页，哈尔滨，黑龙江人民出版社，1985。

后，葛师傅将这一技艺带到德胜门的太盛园，后店址迁到水门洞，并起名“太盛园老白肉馆”。以后，该店又迁到繁华的河南街西头炭市胡同。

太盛园老白肉血肠分为清血肠和混血肠：清血肠清白细腻，脆嫩绵软；混血肠香脆可口。白肉呈乳白色，晶莹剔透，薄如白纸，肥而不腻，瘦而不柴，清软鲜嫩。其制作也十分考究，有选肉、烤肉、煮肉、片肉四个工序。血肠的制作分为选料（包括20多种精选药材）、兑血、灌肠、煮肠、片肠五道工序，再经烹制，血肠则形如灯碗，一朵朵像花瓣一样浮在汤上。糊白肉用手撮起来放回盘里，宛如菊花。吃的时候，再加上韭菜花、辣椒油、蒜泥、腐乳、虾油、芥末油等佐料，更是别具风味。

太盛园老白肉馆经营100多年，深受人们喜爱。直到现在，太盛园仍坚持用手工片肉、柴火烤肉等传统技艺，已经成为吉林市的餐饮业名牌。

三、查干湖全鱼宴烹饪技艺

吉林省前郭尔罗斯蒙古族自治县历史悠久的全鱼宴，是以查干湖为中心，自辽金时期沿袭至今的传统名宴。

查干湖位于吉林省西北部的松原市前郭尔罗斯蒙古族自治县（以下简称前郭县）境内，是蒙古族聚居区。它地处北纬45°03′~45°09′、东经124°03′~124°34′，是嫩江与霍林河交汇的水网地区。南北长37千米，东西长17千米，湖岸线蜿蜒曲折128千米，面积420平方千米，属温带大陆性季风气候区。四季变化明显：春季干燥多雨；夏季湿热，雨量集中；秋季凉爽温差大；冬季漫长而寒冷少雪。湖区水产丰富，盛产鳙鱼、鲤鱼、鲢鱼、鲫鱼等15科68种鱼类，以及虾类、芦苇、珍珠等。

图2–28　全鱼宴

自古以来，居住在查干湖及其周边水域的广大群众就以渔猎为生。至今，其古老神奇的冬捕活动更是闻名全国。在这一地区群众的饮食中，最为华贵的大宴就是“全鱼宴”。其历史渊源可能要上溯到湖区有古人类活动的石器时代，经数千年的传承发展，至辽金时期一度盛行，沿袭至今，已名扬四海。

宋辽时期，查干湖被称为“大水泊”“鸭子河泺”[①]。北宋曾公亮主编的《武经总要》记载：“大水泊周围三百里。”《辽史·营卫志中》记载：“春捺钵曰鸭子河泺。皇帝正月上旬起牙帐，约六十日方至。天鹅未至，卓帐冰上，凿冰取鱼。冰泮，乃纵鹰鹘捕鹅雁。晨出暮归，从事弋猎。……弋猎网钩，春尽乃还。”自辽金以来，历代帝王都到查干湖“巡幸”和“渔猎”，举行“头鱼宴”和“头鹅宴”。元代至清初，这一带江流泡沼星罗棋布，银鱼穿梭，水草肥美，雁鸭栖集。沿岸林木葱郁，田野芳草葳蕤，风景如画，是辽、金、元几代帝王巡幸游乐的渔猎之地。

历史上，辽、金皇帝“捺钵”规模较大且影响深远。“捺钵”为契丹语，汉译为“行在”，即辽帝出行所在之地。《辽史·营卫志中》记载：“辽国尽有大漠，浸包长城之境，因宜为治，秋冬违寒，春夏避暑，随水草，就畋渔，岁以为常。四时各有行在之所，谓之‘捺钵’。”[②]

辽帝一年一度的春捺钵主要做三件事情：一是从事政务活动，特别是与北方的女真、室韦、五国部（剖阿里国、盆奴里国、奥里米国、越里笃国、越里吉国）修好；二是偕皇族、百官，享渔猎之乐；三是占岁，这当是“春捺钵”最为主要的活动。

根据《辽史》的记载，从辽统和元年（983）起，到辽保大二年（1122），在这139年间，有106年记有春捺钵，其中去鸭子河、混同江49次，去达鲁河、长春河、春河、纳河21次，去长春州、春州11次，去鱼儿泺24次，去大鱼泺、春州水淀、长泺10次。综合上述记载可以看出，契丹皇帝春捺钵地除鱼儿泺（月亮泡）外，多在查干湖周围地区。由此可见，查干湖实为辽代主要春捺钵地。

查干湖及其周边的嫩江、松花江等广大水域内出产的各种鱼类，为当地

---

① 贾敬颜：《东北古代民族古代地理丛考》，北京，中国社会科学出版社，1993。

② 脱脱等：《辽史》，243页，北京，中华书局，2016。

制作独具特色的全鱼宴提供了物质条件。世代居住在查干湖周边的广大群众善于制作各种以鱼为主料的菜肴，加之制作所用的鱼种类全、菜样多而被称为“全鱼宴”。其制作技艺是伴随着当地的渔业生产而发生、发展的，是属于辽金遗风中的民间技艺之一。查干湖全鱼宴是前郭尔罗斯人根据查干湖野生鲜鱼为主料，采用炖、煎、炸、爆、剖等独特的厨艺加工，用小仅几厘米长、大至十几斤[①]重的十几种甚至几十种查干湖野生鲜鱼，做成冷、热、生、熟俱备，软、嫩、酥、脆俱全，香、甜、麻、辣俱有的丰盛宴席。查干湖全鱼宴按照季节的不同，所选用鲜鱼的种类、数量也不尽相同，但四季口味却都不失鲜美。它于2009年入选《吉林省第二批省级非物质文化遗产名录》。

近年来，前郭尔罗斯还创制了以全鱼宴为核心，形、色、味俱佳的“查干湖风情宴”，并已逐渐形成品牌佳肴，是前郭尔罗斯地区饮食文化的代表作，已成为吉林省地方特色和餐饮业的著名品牌。

四、郭尔罗斯全羊席制作技艺

全羊席，又称“全羊大筵”。郭尔罗斯全羊席以烤全羊为主菜，是具有独特草原风情的宴席。

10世纪至12世纪初，蒙古族已形成具有历史文化特征的饮食模式和饮食习俗，其饮食模式虽然具有独特性，但也受到相邻的汉族、女真等民族的影响。“烤全羊”是蒙古族的传统习俗，而“全羊席”却是蒙汉文化交流的结晶，它吸取了汉族的烹调技艺，把蒙汉民族的饮食文化推向高峰。

全羊的蒙古语为“术斯”。烤全羊是蒙古族的餐中之尊，多在隆重宴会或祭奠时用。制作时，须选两岁左右的肥绵羯羊一只，用“攥心法”宰杀，除去内脏，将多种调料洒入腹腔内，体表刷一层糖糊和香油，置于烤炉内经四五个小时的高温吊烤，方可出炉。

据《元史》记载，12世纪时蒙古人流行“掘地为坎以燎肉”[②]。元代，蒙古人的肉食方法和饮膳都有了很大改进，元忽思慧《饮膳正要》所记述的近百种美味中，有五分之二是游牧民族的食品，其中对蒙古族的烤羊肉作了

---

① “斤”为非法定计量单位，1斤=0.5千克。老百姓日常生活中常以“斤”为质量单位。

② 宋濂：《元史》，1924页，北京，中华书局，1976。

较详细的介绍："于地上作炉，三尺深，周回以石，烧令通赤，用铁芭盛羊，上用柳子盖覆，土封，以熟为度。"[①]由于有覆盖并加以土封，不慢不火，恰如其分，炭味被吸收到体内，外焦里嫩，别具风味。尹湛纳希《青史演义》记载，成吉思汗曾设九桌整羊席宴款待群臣。元朝建立以后，全羊席的风俗得到了较好的传承和发展。清康熙年间，全羊宴已经很丰盛。清乾隆年间袁枚撰写的《随园食单》记载，"全羊法有七十二种"[②]。

据《蒙古族风俗志》介绍，"全羊席"共有76道菜，每个菜名都没有"羊"字。例如：以羊眼睛做的菜名为"玉珠顶"，以羊脑做的菜名为"烩白云"，以羊百叶做的菜名为"素菊花"等，还有"吉祥如意""满堂五福"等吉利雅致的菜名。[③]

从清代开始，各地蒙古王公府第最高规格的礼遇普遍是用烤全羊招待贵宾。康乾年间，北京阿拉善王府的烤全羊名满京城。直到中华人民共和国成立前，各地蒙古王府中一直都有烤全羊。如今，烤全羊已经发展成为草原上蒙古族的传统名宴，深受人们好评。

传统的全羊"术斯"分为9种：珠洛玛术斯、烤术斯、布敦术斯、哈希森术斯、肩胛术斯、牛哈图术斯、羊头术斯等。主要做法如下。

（1）珠洛玛术斯。根据腌制方法的不同，有光秃珠玛和烤珠玛两种。根据原料的不同，又分为绵羊珠玛和山羊珠玛两种。它与一般术斯的不同之处在于除肠肚内脏外，其他部位均可食用。活羊宰杀之后，扒下皮子，将内脏肠肚剔除干净，整羊下锅煮制即成。也有的地区只煺毛而不扒皮进行制作。

（2）烤术斯。在各类术斯中品位较高，一般献给尊贵的客人。做法有两种：一是把食盐等调料撒到全羊内，以适当的距离吊在炭火上反复烘烤；二是术斯煮熟后，再放火上烤干。

全羊席是蒙古族名宴，精选羊身各部位，分别采用烧、蒸、爆、烤、焖、熘、烩、煎等技法，以一体之物，烹制出70余种菜肴，形色不同，口味各异，实在令人叹服。

---

① 忽思慧：《饮膳正要》，28页，北京，中国中医药出版社，2009。

② 袁枚：《随园食单》，29页，南京，江苏古籍出版社，2000。

③ 王迅、苏赫巴鲁：《蒙古族风俗志》，17页，北京，中央民族学院出版社，1990。

五、顾大秘制烤全羊制作技艺

辽源是个有历史的地方，民间文化饮食风情浓郁，曾经的皇家盛京围场就坐落于此。辽源民间有很多名不见经传的乡野小吃，却非常正宗地道，颇有“民间私厨”的意思，顾大秘制烤全羊便是辽源市民间饮食的杰出代表。

顾大秘制烤全羊总店坐落在辽源市龙山区工农乡大良村六组。顾大是人们对店主顾天佑的俗称，因其排行老大，故有这样的称呼。

图2–29　烤全羊

顾大秘制烤全羊是将传统的烤全羊工艺与现代人的营养需求相结合的完美菜品，秉承“绿色、健康、营养、美味”的理念，经过多年的传承与发展，深受广大美食者的喜爱。顾大秘制烤全羊外焦里嫩、皮脆肉滑、色泽金黄、鲜香异常，吃起来肥而不腻、酥脆香美，营养也极其丰富。羊肉瘦肉含17.3%的蛋白质，含有的铁、钙、氨基酸的种类和数量高于牛肉，且容易消化；胆固醇、脂肪含量较低，羊的脂肪熔点高出人本身体温10 ℃，所以吃羊肉不会变胖，符合人体营养需求，是营养成分最佳的肉类之一，现已形成当地特色饮食文化。

六、兴城全羊席制作技艺

兴城位于辽宁省西南部，古称“宁远卫”，始建于明宣德三年(1428)。兴城是中国“十佳古城”之一，也是中国目前保存最完整的四座明代古城之一。与其完整、悠久的物质遗存相对应的是同样厚重和灿烂的饮食文化。其中，被列入《辽宁省第五批省级非物质文化遗产代表性项目名录》的兴城全羊席，就是其饮食文化的代表。“全羊席”是继“满汉全席”之后的宫廷大宴，蒙古语称之为“秀什”（术斯）或“不禾勒”，是蒙古族招待贵宾的传统佳肴，又称整羊席；锡伯族称之为“莫尔雪克”，意为“碗里盛的菜肴”。

兴城全羊席以羊为主体和主角，“全羊席”传入兴城是在清代末年。据兴城全羊席第三代传承人高尚臣听其父高景顺口述，1907年，清宫廷御厨李德胜（河北廊坊大城县臧屯乡李贾村人，精通厨艺，经同乡李莲英介绍进了御膳房）因触犯宫规，偷逃到了兴城（当时称为宁远州），落脚在兴城北关的地藏寺。李德胜在寺里遇到打杂的高景顺（1894—1966，字云峰，别号高老云）。高景顺是寺里厨房的二师傅，机灵勤快，逐渐赢得了李德胜的好感。闲聊时，李德胜常对高景顺的厨艺指点一二。高景顺越听越佩服，就偷偷地拜李德胜为师，学习制作宫廷菜品。后来，高景顺逐渐习得完整的全羊席制作技艺。1916年，22岁的高景顺便开了自己的高家馆子，正式以全羊席为招牌菜。从此，盛行于宫廷的“全羊席”逐步流传到了兴城民间。

兴城的全羊席别具一格。它以整只羊作为全席主料，采取分档取料、因料施艺来烹制佳肴。全席共有百道菜，其特点是刀工精细，色、香、味、形各异，造型优美，食而不膻，回味无穷。

兴城全羊席所选用的羊系内蒙古专供的小尾寒羊或黑头羊，均为公羊，一年半至两年生为最佳。这样的羊在每年十月至次年春节期间食用最为肥

图2-30　全羊席

美。选好了羊，紧接着就是取材，从羊犄角到羊尾全身共有50个部位需熟练掌握，如果认不全，或者选取有误，那么“全羊席”就变成“烂羊席”了。而同一个部位的选择也有很多细致的划分，比如羊耳朵，羊耳梢可做“顺风旗”，耳中间可做“耳中风”，耳朵根可做“耳听风”“千里追风”等菜肴。所以，对羊辨识度的掌握以及刀功的娴熟程度，直接决定了全羊席能否制作成功。

基础食材准备妥当之后，便可进行烹饪。兴城全羊席的烹饪技法主要有28种，如炸、烹、扒、焖、熘、炒、烧、烩、拌、蒸、酿等。每一种技法又分若干小项，例如：炸，一般有干炸、清炸、软炸、松炸、脆炸等；焖，可分为红焖、黄焖、酒焖、酱焖等。烹制时，因羊体各个部位不同、质地不同而采用不同的烹饪技法，例如：羊上脑部位，位于脖后肋条前，质地嫩，可批片、切丝、剞花、斩茸，宜于爆、炒、烹、熘、涮；腱子肉、前后腿上的肉，质老、筋多，宜于酱、卤的烹调方法。每一道菜均需要在熟练掌握烹饪技法之后不断加以尝试才能做出。

多种技法的娴熟操作与运用，再配上营养的冬笋、海蜇皮、冬菇、海米等原材料，便可以烹制出菜品繁多、口味鲜美、滋补健身、色香俱全的全羊美食佳宴。完整的全羊席由112道菜、16道点心组成，需3天做完。上席时分4次，每次28个菜和4道点心，讲究先咸后甜，以及色、味、形、意的完美搭配。所谓“意”，是指全羊席每道菜的名字，虽然全部材料均取自羊，但菜名中却找不到一个“羊”字。这里边有一个典故。有一年，慈禧过生日，点名要吃全羊席。由于慈禧属羊，故菜名绝不能沾“羊”字。这可难坏了御膳房的御厨们，实在想不出办法，只好请来几位大学士帮助研究琢磨，终于想出了一整套的菜名。没想到，老佛爷听了这些菜名很高兴。于是，这些菜名也就被传承下来，像“元宝肉”“扒竹节”“金丝绣球肝”“锅烧喇嘛肉”等50多个名字沿用至今，从未改变过。[①]

七、正红旗烧鸽子制作技艺

正红旗烧鸽子是满族的传统美食，在东北尤其是在吉林省俗称“满族烧鸽子”或“伊通烧鸽子”，距今已有400年的历史。大约在400年前，努尔哈赤率八旗子弟转战于白山黑水之间，临大敌而不惧，受重创而不馁，以勇悍

① 尹忠华：《兴城古城内的“宫廷御宴”》，载《今日辽宁》，2016（1），75～79页。

立威，受部众拥戴，历时30余年，终于统一了散落于东北各地的女真各部。入关前，满族长期生活在东北地区，受地域、气候及生活习性等影响，喜欢将各种野味就地烤食。当时，原鸽（现俗称鸽子）因繁殖快、存活率高、存量大且味道鲜美，很受官民的喜爱，成为人们餐桌上一道常见的小吃。但是，小吃是不能登大雅之堂的。有一天，正红旗御厨肇虞曦率众师傅在给太祖烹制飞龙时误将原鸽投入其中。太祖食后很新奇地问："鲜嫩可口，骨里透香，前所未食，此为何物？"管事御厨大惊，深怕龙颜震怒，于是马上调查，方知太祖吃的乃是下人所食的原鸽，始知烧鸽子比烧飞龙更香更美。烧鸽子食法由此诞生。烧鸽子口味虽好，但百姓所食怎能为帝王所用，因此烧鸽子一直没有成为御用正菜，只在将相层面广泛食用。后金天聪十年（1636），烧鸽子创始人为躲避战乱，举家迁徙东北，在伊屯（今伊通）安顿下来，并将烧鸽子秘方及其整套烧制工序传给了伊通的父老乡亲作为见面礼。从此，伊通的部分满族正红旗人就掌握了这一特色食品的制作工艺，并世代传承。

现在，伊通烧鸽子多数选择信鸽为原料，因为信鸽的肌肉更加强健，所以经烧制后肉香浓郁，品质尤为上乘。将信鸽连皮去毛洗净，再去内脏，然后把秘制配料原汁注入鸽肉中，包上锡纸，埋入炭火中，烧至八成熟时取出，再用炭火明烤。过一会儿，一只外焦里嫩、着色暗红、香味扑鼻的烧鸽子就会摆到面前。此时，仅仅是这最初的第一眼，就会让你垂涎欲滴，多年不忘。伊通烧鸽子具有高蛋白、低脂肪的特点。中医认为，鸽肉有补肝壮肾、益气补血、清热解毒、生津止渴的功效，可提高人的记忆力，降低血压，调整人体机能。其保健作用明显，民间也早就有"一鸽胜九鸡"之说。现在的伊通烧鸽子在传人们的钻研创新中又多了一道新的制

图2-31 烧鸽子

作工序，即在炭火将食鸽烧至七八成熟时，再用一煨汤的大缸（高1.2米、直径1米的圆形带盖瓷缸），内放炭火，将鸽子放入其中吊烤，取出时则肉色红亮，外焦里嫩，香飘十里。还有的用黄泥把鸽子糊住，在炭火中慢慢烤，直至把黄泥烧得发红，从黄泥的裂缝中飘出浓浓的鸽肉香味时，香喷喷的烧鸽子就可以食用了。[①]

四平市正红旗自主创新研发“节能型多功能一体烧烤炉”，精选优质原鸽，煨以祖传秘料，锡纸包封，炭火烧制，先烧后烤，经过“选、型、煨、烧、烤、品”6大环节12道工序完成。正红旗烧鸽子以“外焦里嫩、骨里透香”而闻名，不但营养丰富、口味独特，而且吃法多样，深受百姓喜爱。正红旗烧鸽子既有先人的技艺，更有后人的创新，是“伊通烧鸽子”各流派中最为优秀的品牌。其自身不断创造辉煌的同时，还大量复制成功模式。截至2012年6月30日，正红旗全国连锁机构已遍布天津、吉林、辽宁、黑龙江、内蒙古、河北、浙江等7个省区40个城市。

八、赫哲族食鱼习俗

赫哲族是中国东北地区一个历史悠久的少数民族，主要分布在黑龙江省同江市、饶河县、抚远县。作为中国北方现存唯一的渔猎民族，赫哲族以渔猎为主，不进行农业生产，主食主要是鱼、兽肉，粮食只作为副食。赫哲族食鱼习俗与世居三江平原的赫哲人生产生活息息相关。由于地域的特殊性和局限性，赫哲族传统饮食都以鱼为主，如鲤鱼、草根鱼、鲢鱼、鲟鱼、大马哈鱼等。历经日常生活演变而来的传统饮食习惯，是赫哲人智慧的结晶。赫哲人夏天一般吃新鲜的鱼：大鱼用于清炖或生拌，小鱼用于炸或蒸，大马哈鱼和狗鱼用于氽丸子汤。为了更好地保存以备冬天食用，赫哲人多将鱼晾晒和腌制。杀生鱼、塔拉哈、生鱼片、刨花、炒鱼毛等一系列的传统饮食，已形成了赫哲族独有的菜系。

赫哲人餐桌上的主要菜肴都离不开鱼。他们吃鱼的方法很多，也很讲究。赫哲人有吃生鱼的习惯。将刚从江中打上来的鲤鱼、鳟鱼从脊背部剖开，去头、去皮、剔骨，切成细丝，用上等米醋浸泡（没有醋时，可把野樱桃捣成浆汁拌上），待鱼肉变白，加上盐、姜、葱和野辣椒、土豆丝、菠

---

① 杨贵东：《“一毛街”与伊通烧鸽子》，载《四平日报》，2009年11月20日第9版。

菜、香菜、豆芽，拌匀即可，吃起来鲜而不腥、凉滑爽口、味美异常。生鱼片既是赫哲人平时经常吃的菜，也是招待客人时必不可少的佳肴，味道十分可口。现在做这道菜的佐料更加齐全了，有黄瓜丝、白菜丝、菠菜丝、土豆丝等，加上味精、生姜、精盐、辣椒油、葱、蒜等调料，色香味俱全。渔民们在船上边吃边饮，兴奋之时引吭高歌，十分惬意。

“苏拉卡”汉语称“刨花”，是赫哲人冬季吃生鱼的一种方法。先将冻鱼的皮用刀削掉，渔民们将冻鱼削成薄如刨花的鱼片，拌上土豆丝、绿豆粉丝，再加上调料食用，又香又脆。

炒鱼毛也是赫哲族的一道风味佳肴。它是将各种鲜嫩的肥鱼切成鱼丝，再加入白糖等佐料炒成碎末“它斯罕”（鱼毛）。炒鱼毛是最好的下酒菜，吃起来可口味美。如果用它加韭菜包饺子，味道非常鲜美可口。炒鱼毛还便于储藏，将它放入坛中后存入地窖，随取随吃，非常方便。

九、得莫利炖鱼烹饪技艺

“得莫利”一词是俄语домой（回家）的音译，清代称“得木利”“德墨里”，后来在文字上几经演变，成为“得莫利”。这道菜的原产地在哈尔滨郊区方正县伊汉通乡得莫利村，已有100多年的历史。这个村北滨松花江，在鱼多的时候这里的村民主要靠打鱼来维持生计。20世纪80年代初，村里的一对老夫妇在路边开了一家小饭店，招待歇脚吃饭的过路人。他们把当地的活鲤鱼和豆腐、宽粉条子炖在一起，味道鲜美，深受过路客人的喜爱。后来，这个菜的做法不胫而走，传遍了城里的大街小巷，得莫利炖鱼成了东北名菜。今天，“得莫利”已成为全国驰名商标。

得莫利炖鱼主要是炖活鲤鱼（也可以用草鱼、鲇鱼、鲫鱼、嘎牙子鱼）；配料是卤水豆腐和粉条子；调味料是干辣椒和葱、姜、蒜，外加几片

图2-32 得莫利炖鱼

五花肉，东北黄豆酱或酱油，料酒与糖和盐必不可少。哈尔滨人常说，如果外地朋友不喜欢吃西餐和东北大菜，那么就可以选择吃得莫利炖鱼。这道菜肴含有丰富的营养：鲤鱼含有高蛋白质和人体必需的多种氨基酸、矿物质、维生素等；粉条里富含碳水化合物、膳食纤维等物质，因此该菜肴具有降低胆固醇，防治动脉硬化、冠心病等功效。

十、庆岭活鱼烹制技艺

庆岭活鱼是吉菜美食之一，专指吉林庆岭地区用蒿为主要配料做的活鱼大菜。庆岭是吉林省吉林市所辖蛟河市的一个山谷小村的名字，紧邻松花湖、庆岭森林公园、红叶谷等风景区，建有颇具规模的庆岭活鱼美食街，远近闻名，是江城吉林的一张美食名片。

庆岭活鱼多以金鳞大鲤为原材料，也就是大家所熟悉的“开江鱼”。“开江鱼”是指每年4—5月的松花江江面冰封化解时，从源头游向下游的第一批鱼。此鱼肉质格外肥美，最适合做庆岭活鱼。其选用鲜活的鲤鱼，洗净后用大火烧开、小火煨炖的烹调方法制成，食之有特殊的鲜香味。

庆岭活鱼的烹调独具特色，加工时从鱼塘中现捞起活蹦乱跳的金鳞大鲤，然后快刀解鱼，所用调料无非油盐姜葱之类，唯有“蒿”这味调料是当地山间生长的野草，叶形如菊科植物，颜色与南方的艾叶相似，气味也相仿，微带药香，随着满锅的水逐渐浓缩，而深深渗透进鱼肉中去。鱼肉味鲜肉嫩，令人满口生津。

庆岭活鱼传承了松花湖渔猎文化特色，起源于隐居在松花湖、被称为“最后的女真人”的巴拉人的传统鱼烹饪方式。其制作方法独特，采用松花湖鱼（花鲢、鲤鱼、白鱼）做原料，用庆岭山泉水、把蒿和木柈子燃火烹制

图2–33　庆岭活鱼

而成，因味道鲜美、肥而不腻而闻名全国，被称为“美食一绝”。以庆岭活鱼为主菜，笨鸡、山野菜为辅菜的庆岭鱼宴食材，体现生态绿色特色，色、香、味、营养俱佳，民俗风情质朴浓郁，深受国内外游客的喜爱，已成为吉林省旅游美食的一个知名品牌。庆岭活鱼的做法如下。

（1）先将鲤鱼冲洗干净，鱼身改“一”字刀。

（2）把蒿用清水泡10分钟，取出后切成8厘米长段。

（3）把蒜改刀切成小块，葱切段，姜切片，干辣椒切碎，香菜切成小段。

（4）锅内倒底油，中火，放把蒿、葱、姜、蒜、干辣椒、大料炒出香味，再加两匙黄豆酱煸炒。

（5）加350毫升矿泉水，依次放入料酒、米醋、盐、老抽、生抽、糖调味，转大火。

（6）待汤烧开后，下鲤鱼，其间不断用大勺把汤汁淋到鱼身上，大约焖制8～10分钟。

（7）转小火慢炖10～15分钟，待汤汁浓缩至一半左右把鱼捞出，摆盘、撒香菜段即可。

十一、满族八大碗制作技艺

满族八大碗指的是满族民间过年时的八碗菜。八大碗主菜有：小鸡炖蘑菇、雪里红炖豆腐、五花肉炖酸菜、乌拉大碗鱼、红烧狮子头、老鸭炖海带、红焖肉炖干豆角和蒸血肠。此外，配以猪排骨（精排）、猪心肝（可用

图2–34　满族八大碗

肘花代替）、韭菜花（或地环）、五花咸菜共四个压桌碟。用料主要为猪肉、小笨鸡、白菜、酸菜、黄花菜、海带、木耳、粉条等。其主要原料均取自山川郊野、江河湖泊，举箭即得，追逐可获，撒网可捕，上山可采。满族先人感恩大自然，满族八大碗因此深受民间欢迎。[①]

清乾隆年间，政局稳定，经济发展，餐饮市场空前繁荣，其中以“满汉全席”称雄饮食业。满汉全席分为“上八珍”“中八珍”“下八珍”，而满族八大碗为满汉全席之一的“下八珍”。《满族旗人祭礼考》记载：宴会上使用五鼎、八盏，俗称八大碗，而年、节、庆典、迎、送、嫁娶，富家多以八大碗宴请。八大碗在当时集中了扒、润、酱、烧、炖、炒、蒸、熘等所有的烹饪手法。其中“阿玛尊肉”（俗称“努尔哈赤黄金肉”）最具代表性。此菜是清太祖努尔哈赤时代流传下来的。《满族简史》记载，努尔哈赤统一东北后建“堂子”，立竿祭天，凡用兵及大事必祭。据《竹叶亭杂记》记载，祭祀时，必选择毛色纯黑的祭牲献于神前割、烹……后来就演变成了这道菜。实际上是几种酱猪肉菜的大拼盘，现在包括酱猪心、酱猪肝、酱猪耳、酱猪尾巴、酱猪大肠头等，全部切片摆盘上桌。满族八大碗的其他菜名为：雪菜炒小豆腐、卤虾豆腐蛋、扒猪手、灼田鸡、小鸡榛蘑粉、年猪烩菜、御府椿鱼。[②]

八碟八碗是满族人入关前等级规格最高的宴席。相传，有一次努尔哈赤打了胜仗，但由于条件有限，无法设宴犒赏群臣，便命令八旗的各旗主自带碗碟，八碟八碗便由此而生。正因为与努尔哈赤打胜仗有关系，所以八碟八碗只在最重要的场合和招待最重要的贵宾时才用。

八大碗的做法有粗细之分。细八大碗指熘鱼片、烩虾仁、全家福、桂花鱼骨、烩滑鱼、川肉丝、川大丸子、松肉等。粗八大碗有：炒青虾仁、烩鸡丝、全炖蛋羹蟹黄、海参丸子、元宝肉、清汤鸡、拆烩鸡、家常烧鲤鱼等。八大碗往往用于宴客之际，每桌八个人，桌上八道菜，上菜时都用清一色的大海碗，看起来爽快，吃起来过瘾，具有浓厚的乡土风情。

十二、襄平宴（八中碗）制作技艺

辽阳古称襄平。辽菜“襄平宴”是结合辽阳当地历史、文化及食材的心

---

① 曲东明：《本溪“八大碗”名不虚传》，载《侨园》，2013（10），41页。

② 佚名：《东北满族八大碗》，载《新长征（党建版）》，2009（6），60页。

血结晶，由辽阳家常菜逐渐演化而来，也是鲁菜的分支，清代之后发展成辽阳特色。襄平宴强调使用当地食材，口味以咸为主，不甜不辣，菜色以烩菜居多，以抵御北国的寒气。此宴有五个主菜、八个烩菜，俗称“五大件、八中碗”。五大件包括：龙王夜渡（海参）、虎卧燕州（红烧猪肉）、玉凤迁都（鸡）、衍水游鱼及太子玉带（酸菜白肉锅）。

图2-35　襄平宴

十三、满族什锦火锅

满族火锅称得上是今天风靡全国的火锅老祖。满族火锅除菊花火锅外，比较有名的还有什锦火锅和三鲜火锅。什锦火锅因配料丰富多彩，既有山珍海味又有豆腐白菜，因此得名。

什锦火锅有400多年的历史，是努尔哈赤建立后金政权以后，御膳房师傅根据满族人的饮食习惯研制出来的。后来有了满汉全席，御膳房将什锦火锅分解为“野味火锅”“八花火锅”两种，所以什锦火锅被满族人称为“满族第一锅”。因太祖皇帝喜欢吃，又被称为“祖宗锅”，目前已向国家申请满族非物质文化遗产。

图2-36　满族什锦火锅

由于原始火锅配菜中涵盖多种野味兽肉，现在无法采购，所以商家根据现代人的饮食习惯，本着推陈出新的原则进行了改良。现在的什锦火锅以酸菜打底，包括猪肉、牛肉、羊肉，以及螃蟹、海虾、扇贝、海虹和蛎蝗等海鲜类配菜。该火锅的底汤采用野山鸡、猪大骨外加党参、当归、枸杞和大枣等配料熬制而成，味道极其鲜美，尤其适合东北人食用。

什锦火锅以海参、大虾、鸡肉、猪肉、熟白肉、羊肉、干贝、冬笋、冬菇、火腿、白菜心等为主要原料。涮锅的特色菜主要有：飞龙（又称榛鸡，一种较小的飞禽，盛产于大兴安岭山林中，是东北“四大山珍”之一）、狍子肉、野猪肉、鹿肉、牛粒肉、新西兰牛腹肉、香煎五花肉、牛仔骨、羊仔膝骨、满汉福康鱼、帝王蟹滑、捞汁系列拌菜、捞汁佛跳墙与捞汁双耳、凤尾白菜炝海米、京味杏鲍菇、酸菜、酱香口袋饼等。

什锦火锅食用方式如下。

（1）松锅添汤：防止火锅里的配肉黏结成坨，使火锅快熟。

（2）捞锅底品火锅：品原味什锦火锅配菜（品原味火锅不建议蘸料食用）。

（3）品开胃汤：火锅炖煮3~5分钟，品开胃汤。

（4）肉品涮食：涮八分熟时即可食用，否则影响口感和味道。

（5）香煎五花：煎烤五花肉肥而不腻，配蘸料同食味道极佳。

（6）最佳涮品：萨满什锦火锅不适合涮食青菜。除肉类和海鲜涮品外，最佳素食涮品为酸菜和各种菌菇类。

（7）火锅蘸料：建议采用麻酱蘸料，但是品尝火锅时不建议配蘸料食用，火锅蘸料是涮食肉品时用的。

十四、宁古塔满族年猪菜制作技艺

年猪菜，俗称“杀猪菜”。年猪菜的起源无从考证，但满族先民喜食猪肉却有据可查。有学者称满族的先民为善于养猪的民族[①]，更有文献记载挹娄人“好养豕，食其肉，衣其皮，冬以豕膏涂身，厚数分，以御风寒”[②]。而满族的发祥地宁古塔，其优越的自然环境、丰富的地方特产都为宁古塔年猪菜的形成和发展奠定了物质基础。

---

① 史禄国：《北方通古斯的社会组织》，74页，吴有刚等译，呼和浩特，内蒙古人民出版社，1985。

② 范晔等：《后汉书》，2812页，北京，中华书局，1965。

东北地区冬季漫长寒冷，满族人学会了渍酸菜、储藏蔬菜，逐渐形成了颇具民族特色的宁古塔年猪菜。最初，其形式为乡宴，品种较为单一，受环境条件限制，大多在春节前食用，故称为“年猪菜”。其主要原料猪也被称为年猪。腊月里的乡间，生活富足的一户满族农家，与亲戚朋友一起围坐在火炕的方桌前，享用新杀猪肉的鲜美，将分享冬闲之日、喜庆丰收之时的喜悦体现得淋漓尽致。随着人们生活水平的提高，年猪菜越来越丰富，除保持满族特色的压桌碟外，已发展为配套的宴席，冷菜、热菜、炖菜、碗菜等多种多样。其中碗菜又可配多种蔬菜、菌类、豆制品等，成为具有地域特色的宴席种类之一。

年猪菜最讲究猪的质量，最好用“隔年沉”，即猪的生长期要在一年以上，且在宰杀前三四个月喂黄豆、玉米等精饲料。杀猪的刀法极其讲究，刀的目标通常是猪心脏上方的大血管，见血大量涌出即止，不能拔刀。如果进刀直中心脏，猪会很快死亡，既影响肉质，也会使猪血量减少。接下来，去毛开膛，将剔下的猪肉分块连骨头丢入滚沸的大锅内烹煮。烹煮过程中，乡厨会调配最具特色的菜品——血肠。

年猪菜制作的基本流程为：宰杀、灌制血肠、卤方肉、炖菜、蒸碗、佐料调制等。目前，正宗的宁古塔年猪菜的做法已发展为配套的宴席，除韭菜花、糖蒜、肉炒瓜子、油炸干辣椒丝等压桌碟保留至今外，年猪菜还应有：皮冻、拌绿豆芽、拌粉丝、肘花凉拼等凉菜，排骨猪心配丸子、油豆腐、冻豆腐等蒸碗，下水汤、酸菜炖白肉血肠、氽丸子汤、豆腐白菜头汤等汤碗。食法有菜单自选，有配套制成乡宴，有自助，也有小锅仔炖制，边吃边添等。

“到东北不吃杀猪菜，等于到北京不吃烤鸭，到天津不吃狗不理包子——白来了。”这句歇后语生动地形容了东北乡间杀猪菜在人们心目中的地位。时下，越来越多的外地人坐进东北饭馆后，第一句话就是问这里有无地道的杀猪菜。即使是本地人，如果有农村朋友邀约去吃杀猪菜，受邀者的心也一定会被这份浓浓的乡情所融化。

十五、满族全猪宴烹饪技艺

全猪宴是集北方猪类菜肴精粹于一席的美馔，其菜式之丰富堪称一绝。猪身上除了猪毛，无不入菜。

全猪宴主要选用猪身上最具“精华”的八个部位的肉煲成全猪汤，蒸猪

图2-37 烹饪全猪宴

红、猪杂，烧制红烧肉等，配搭一些青菜和家渍的酸菜。全猪宴不仅是东北春节民俗体验之宴，更是绿色生态宴。

按照满族的旧俗，皇室、王府每年的祭神、祭祖仪式都以全猪作为祭品，皇帝举行婚礼大典所设的“家宴”也必以白煮全猪宴赏赐皇亲国戚。吃的时候，大家席地而坐，用刀片食全猪，以示不忘祖宗遗风。

十六、日旺红红焖羊肉制作技艺

日旺红红焖羊肉源于清代末年，经历代传承人的不断传承和发展，如今已经成为深受各界喜爱的餐饮品牌和文化品牌，被吉林市烹饪协会授予“江城金牌火锅”称号，闻名省内外。

日旺红红焖羊肉源于第一代传人、清宫廷御医韩盛玲的宫廷炖羊肉药膳。当时后宫嫔妃产子前后多需调养身体，但又不能吃太多的补药，只能在食物中加少许的中药食补来调养。羊肉本身就具有益气补虚、温中暖下、补肾壮阳的功效，韩老先生就在炖羊肉的基础上添加了几味中草药作为食补，很受后宫嫔妃们的喜爱。此时的炖羊肉药膳可以说大多是为了调养身体并为生育准备的。清朝灭亡后，这道益气补虚的宫廷菜品就以家族传承的方式保留下来，成为韩式家族的私房药膳。到了第二代传人韩祝山后，为了给男子

图2-38 红焖羊肉火锅

补肾壮阳，他又添加了几味中草药。又过了几十年，焖羊肉药膳传到了第三代传人韩桂芬的手里。作为中医世家的一员，她根据自己对中医食补的了解和学习，对祖传秘笈又进行了充实和改进，药膳中的中草药成分已达到30多味。20世纪90年代初，韩祝山老先生的外孙女、第四代传承人侯英惠女士对祖传秘方进行了加工整理，形成了系统的羊肉药膳佳肴——日旺红红焖羊肉火锅，不是仅仅停留在只有清汤的药膳上，还大胆地增加了红焖味道。从单纯的吃饱、吃好提升为对自身的滋补和调养的层面，并荣获国家专利。1996年，侯英惠开设了吉林市日旺红红焖羊肉火锅店，从此历经百年的炖、焖羊肉药膳享誉江城。

《本草纲目·兽部·羊肉》载，羊肉有壮阳益肾、补益虚寒、壮胃健脾之功效，治骨蒸久冷，产后虚弱、身面浮肿之症疾。[①]吉林冬季漫长而寒冷，羊肉成为备受青睐的补益佳品。日旺红红焖羊肉火锅选用精致纯正羔羊嫩排，经浸渍、水紧、加药料烀制而成火锅主料，药料选用山奈、草果等31味传统中草药，羊排成品香而不腻、气味芬芳、肉质脆嫩，脱骨而不离骨。除羊排外，兼选上等羊腿、羊鞭、羊外腰、羊脸、羊心、羊肚等原料配锅，以西红柿、黑木耳、金针蘑、酸菜等多种蔬菜为辅料。火锅分为红焖锅和清汤锅两种。清汤口味具有鲜、淡、美之特色，入口细品，回味悠长。

药膳是中国传统中医独创的美食，是养生智慧的结晶，具有厚重的历史价值，凸显着中国传统中医食疗的深厚文化底蕴及其文化价值。药膳具有保健养生、治病防病等多方面的作用，以辅助治病、保健和强身为目的，是药物与食物巧妙结合而配制的食品。经过烹饪营养专家的鉴定，日旺红红焖羊肉火锅的羊排肉品具有极强的健体、强身、养颜、滋补功效，尤其对妇女产后及大病后的康复效果更佳，具有较高的医学科学价值。

日旺红红焖羊肉火锅主打品种为红焖锅和清汤锅两种，其前期基本制作工艺如下：

（1）选取上好的精致纯正羔羊嫩排作为原材料，再选用上等羊腿、羊鞭、羊外腰、羊脸、羊心、羊肚等原料配锅，以西红柿、黑木耳、金针蘑、酸菜等多种蔬菜为辅料。

（2）将选好的羊排切成适当的尺寸。

① 李时珍:《本草纲目》，2724～2727页，北京，人民卫生出版社，1982。

（3）切好以后放水里浸泡6小时进行浸渍。

（4）浸泡以后放入烧开的水里煮10分钟进行水紧，把肉中的血水煮掉，沥干后盛出。

（5）加入干净的水，把准备好的秘制料包（药料包含山奈、草果等31种传统中草药）与羊排一起，分别放入红焖和清汤两种锅中小火慢炖，直至出锅。

日旺红红焖羊肉火锅的配菜包括以下几类：

（1）大叶青菜，如：茼蒿、菠菜、油菜、白菜、油麦菜。

（2）根系菜，如：土豆、红薯、海带根。

（3）豆制品，如：冻豆腐、干豆腐。

红焖羊肉火锅所配酒类为利用名贵中草药独家泡制的系列药酒，充分体现了营养健康的理念。分别为保胃酒、宁心酒、十全大补酒、淫羊藿酒、海马酒、鹿鞭酒等六种滋补药酒。正所谓：药膳佐药酒，佳肴配佳酿。

红焖羊肉火锅的蘸料包括：麻酱、腐乳、韭菜花、葱末、辣椒油、酱油等。

十七、沟帮子熏鸡制作技艺

沟帮子熏鸡是辽宁省北镇市沟帮子镇传统名特产，以其历史悠久、制作工艺独特、味道鲜美而驰名华夏。沟帮子熏鸡制作过程精细，有十六道工序，包括选活鸡、检疫、宰杀、整型、煮沸、熏烤等。在煮沸配料上更是非常讲究，除采用老汤添加二十多种调料外，还坚持使用传统的白糖熏烤，同时必须做到“三准”：一是投盐要准，咸淡适宜；二是火候要准，人不离锅；三是投料要准，保持鲜香。

沟帮子熏鸡是中国四大名鸡之一，有着百余年的历史。关于沟帮子熏鸡

图2-39　沟帮子熏鸡

的由来，目前有两种说法。

第一种说法认为，沟帮子熏鸡始创于清光绪二十五年（1899），创始人是刘世忠。当年的刘世忠是安徽的一个熏鸡商户，为生活所迫，逃荒来到沟帮子落脚谋生。他重操旧业，制作熏鸡。起初，由于熏鸡味道不浓，又不符合东北人的口味，因此食客很少，生意清淡。刘世忠经过反复研究改进，效果都不理想，最后在一名老中医的指点下，在煮鸡的老汤中，添加了具有开胃健脾、帮助消化的肉桂、白芷、陈皮、砂仁等十几味中草药，熏出来的鸡既保持了祖传的特点，又增加了一种浓郁的特殊香味。后又经过多次试验，掌握了最佳配方。从此，刘世忠的熏鸡名声大振，"熏鸡刘"之名传遍辽西。

1910年，刘世忠去世后，他的熏鸡铺由三儿子刘振生继承。刘家熏鸡的产量和质量又有了进一步的提高，买卖十分兴隆。抚顺、本溪、佳木斯、通化等地的许多商人都慕名前来购买刘家熏鸡。于是，沟帮子镇先后又开设了其他几家熏鸡铺。到1930年初，已发展到有杜、齐、孙、张、田等十几家熏鸡店铺，但其产品质量都远比不上刘家的好。中华人民共和国成立后，刘振生熏鸡铺与其他几家店铺合营，建立了熏鸡生产车间，在充分发挥刘振生等几位老师傅的技术专长的同时，不断提高工艺水平，使熏鸡成为沟帮子的名产。

现在，沟帮子熏鸡主要以郝家"云杉"牌和尹家"亚茹"牌熏鸡最为闻名。郝家"云杉"熏鸡和尹家"亚茹"熏鸡均建厂于20世纪80年代，在原来的工艺基础上改进技术，形成了自己的独特口味。"云杉"熏鸡以香、熟、嫩，烂而连丝、肥而不腻为主要特色；尹家熏鸡以口感劲道为主要特色。它们现已成为沟帮子熏鸡的两株奇葩。

第二种说法认为，沟帮子熏鸡创始于清光绪十五年（1889），创始人是尹玉成，历史上称之为"尹四爷"。尹玉成1870年生于河北省献县尹各庄的手艺之家。童年时期他随同太祖爷学抻面、炸麻花等。1886年，他独自一人到河南道口一家姓张的烧鸡店打工学艺。1887年，他徒步一人闯关东，以家传手艺开起面馆，并自酿美酒，名曰"沟帮子小烧"。尹玉成为人侠义忠厚，常常周济穷苦百姓，深得乡人爱戴。后来他得到当地一户杜姓富商的看重，与杜家小姐结为连理，此后人称"尹四爷"。一个风雪交加的夜晚，尹四爷在回家途中偶遇一位衣衫褴褛的老人，见其困厄交加无处安身，于是心生怜悯，接回家中照顾。因悉心的照料，老人很快得以康复。因无比感激尹四爷的帮助，老人在临行前，将自己的御厨身份和遭人迫害逃出皇宫的经历据实相告。最后，老人从怀中掏出一本熏鸡秘方，告诉尹四爷："此物乃我用四十多年经验独创的宫廷熏鸡秘方，此熏鸡深得先皇喜爱。我遭人算计就是因为这本秘方。你依照此法制熏鸡售卖，必将大有所成。”尹玉成大喜，依照此法制作熏鸡并大胆创新改良配方，同时搭配自制烧酒售卖。不久，“熏鸡烧酒”就街知巷闻，成为沟帮子名小吃。后来，尹四爷在岳父的帮助之下创立熏鸡坊，取名“尹家沟帮子熏鸡”。由于口味独特，尹家沟帮子熏鸡深受当地百姓及过往客商的青睐，后被御膳钦点奉为“宫廷皇鸡”。

沟帮子熏鸡凭十六道精细工序、三十种甄选配料、四代老汤薪火传承，创下了“沟帮子熏鸡”百年老号，深受当地百姓及过往客商喜爱，被誉为中国“四大名鸡”之首，蜚声四方。经过多年的积攒，其使用的煮鸡原汤汤鲜味美，制作的熏鸡色泽枣红明亮，味道芳香，肉质细嫩，烂而连丝，食者赞不绝口。

十八、朝鲜族狗肉制作技艺

朝鲜族是一个爱吃狗肉的民族，他们认为吃狗肉可以清热解毒，还认为狗肉在夏天吃最好，因为天热出汗消耗体力，吃狗肉能补充营养。朝鲜族有种说法：“六、七月的狗肉胜过吃人参。”久病起床后好多人家都要杀条狗，煮得快要烂的时候再往里加点黏高粱糖稀一起熬，最后熬成黏黏糊糊的狗肉糖稀，每天早晚吃，不出一个月就红光满面。朝鲜族中流传着这样一句话：“狗肉滚三滚，神仙站不稳。”这是说，朝鲜族人爱吃狗肉，锅里的狗肉滚开以后，那香味把神仙馋得都站不稳了。现在不分季节，一年四季都可以吃。用狗肉来烹制菜肴，是朝鲜族烹饪中的一大特色。

朝鲜族以狗肉为原料可以做出许多高雅美味的菜肴，例如砂锅狗肉、狗肉火锅、手撕狗肉，以及各种汤菜。其中最负盛名的要数狗肉火锅了。狗肉火锅的烹制独具特色，带有浓厚的民族风味。

狗肉火锅是从狗肉汤演变过来的。做的时候先将狗肉按各部位分切十几

图2-40　狗肉

块，每块不要超过一千克，用水浸泡半小时。将浸泡好的狗肉用大锅水煮开，其间要定期清除里面的浮沫，煮熟后捞出来洗干净。再将狗肉和野苏子一起放入锅内，加足水，盖上锅盖，用中火煮3～4小时，皮烂肉离骨即可。火锅开火，将狗肉汤和适量狗肉倒入其中，再用烧红的木炭烧开，加入精盐、味精、绍酒调料。吃时搭配粉条、豆腐、青菜、蘑菇等菜品，真是肉烂汤浓，鲜美香辣，食之不腻，冬能驱寒，夏可防暑。

手撕狗肉也是一种做法，前面清水煮的步骤和狗肉火锅一样，煮到皮烂肉离骨程度的时候，捞在盆里，然后洗净手，把狗肉用手撕成丝，码在盘内。之后做狗肉酱。延边当地有句话："狗肉好不好吃，首先要看狗肉酱香不香，然后才是狗肉烀得烂不烂。"可见，狗肉酱的质量直接影响到整道菜的成色。将狗的一些内脏洗干净后与肉同煮，待炖烂后用刀将其剁碎，像剁肉馅一样，然后放入单独一口锅中，加入野苏子细末、葱、香菜、辣椒面等调料。手撕狗肉蘸上酱，尝一口，只觉得狗肉油香醇厚，肉质细嫩爽滑。

相比于狗肉，朝鲜族同胞似乎更喜欢狗肉汤。狗肉汤有滋补强身的效果，故称"补身汤"。民间素有"不食延边狗肉汤，枉来延边走一趟"之说，久病初愈者或身体虚弱者常喝狗肉汤以求滋补。据说，三伏天吃上一顿狗肉汤，整个冬天都不会冷。

狗肉富含蛋白质，低脂肪，营养价值很高，对人体有一定的滋补保健功效。因此，朝鲜族人款待客人，奉上一桌狗肉宴席，是一种较高的礼遇。

十九、朝鲜族米肠制作技艺

米肠，朝鲜族风味小吃之一，用的是新鲜的猪肠、猪肉馅、猪板油、糯米、新鲜的猪血，添入葱花、大蒜、洋葱、鲜姜、盐等调味品拌匀，是一种灌肠式的风味小吃。做米肠的主料除了猪肠外，还可以用牛肠、羊肠。

米肠可以追溯到朝鲜王朝时期。当时的朝鲜人将狗的内脏掏空，并往狗肠里灌入肉馅，放入胡椒、生姜、川椒、香油、酱油，卷在一起食用。这便是米肠的前身。当代中国的米肠，主要延续了中国朝鲜族米肠的风味。早在清代末年，清政府开始实施并鼓励移民政策时，朝鲜移民就把具有朝鲜半岛北方风味的米肠带到了中国。

图2-41　朝鲜族米肠

米肠的特色是：脂香味厚，软糯嫩滑，蘸汁食之，香辣味鲜（会有一些油腻）。因为它是采用猪肠、大米、糯米、鲜猪血等煮制而成的。因用米与猪肠制作而成，故名米肠。这种制法风味独特，曾流行于东北地区的民间。因米肠油腻，故适合在东北寒冷的季节食用，以增加热量。

米肠的具体做法是：将江米泡过一段时间后灌进洗净的猪肠里，并灌入少量猪血，然后扎上口，上屉蒸熟。食用时切成日本寿司样大小的段，配上汤，加上葱花、酱油、香菜、辣椒即可，非常香黏，让人忍不住流口水。

朝鲜族的饮食具有独特风格。在朝鲜族饮食文化中最具民族特色的米肠，是朝鲜族逢年过节、红白喜事、招待宾客的主食，就像汉族人吃饺子一样重要。朝鲜族米肠独具风味，味道鲜美，深受各族人民喜爱。朝鲜族米肠还可再加工成形态各异的菜肴，其中最受欢迎的是炒米肠。把米肠和猪肝、大麦芽、大米糕、面条、葱、蒜、胡萝卜再加上辣酱爆炒，就是人见人爱的炒米肠。将米肠清炒后，放一点辣酱，用苏子叶包着吃的，叫作白米肠。此外，排骨汤里煮成的米肠汤、多种米肠组合的什锦米肠，以及营养蔬菜米肠，也是男女老少都非常喜爱的食品。

朝鲜族米肠在朝鲜族同胞中广为流传，是朝鲜族人民在长期的生产生活中创造并不断丰富和发展起来的，历经数百年的历史，具有鲜明的民族特色和地区特点。它集中反映了朝鲜族人民日常的生活饮食文化习俗，成为朝鲜族传统饮食文化中最具代表性的民俗食品。

二十、凤吉园乌拉满族锅子加工技艺

凤吉园贾家火锅店始创于清光绪五年（1879）。早在打牲乌拉时期，就以当地土特产为主，辅以海味形成贾家锅子的独特风味。当时，打牲乌拉总管衙门云生（第31～33任）、台春（第34任）、德克德恩（第35任）、乌音保

图2-42　凤吉园乌拉满族火锅

（第36任）等贵客经常光顾。创始人贾福也曾被召进京，到清宫御膳房料理传授乌拉满族火锅技术。

凤吉园乌拉满族火锅迄今已传承五代，有130多年的历史。凤吉园贾家锅子以打牲乌拉贡品为主要原料，猪的硬肋五花肉皮经火烤、浸泡刮洗、夹板去油，肥而不腻。特制的锅底“凤吉园汤”，佐以各类药材、地方特产，集山珍海味于一锅，有独特的地方风味。特制调料加之满族风情摆案，形成了乌拉满族凤吉园贾家锅子的独特风味。

吉林市乌拉街满族镇生活习俗和饮食文化带有浓郁的民族色彩，其中满族传统火锅最具代表性。但凡到过乌拉街的人，“一观一品”不能错过，否则必是一大憾事。这“一观”指冬季观看雾凇，而这“一品”即指一年四季都可品尝的乌拉满族火锅。

乌拉满族火锅是吉林省最著名的饮食之一，具有独特的民族文化价值和值得考究的营养科学价值，深受国内外游客的喜爱，已经成为吉林标志性的美食。凤吉园乌拉满族火锅加工技艺作为乌拉满族火锅的正宗和代表，选料讲究，原料都与满族传统饮食习惯紧密相连，很多还是乌拉贡品。传统加工技艺均来源于满族及其先民的民俗生活，例如烤制猪的硬肋五花肉的方法源于满族先民女真时期的“烤燎法”，白片肉和血肠的加工技艺源于满族萨满祭祀的“吃福肉”习俗，私房技艺的熬凤吉汤、挤（压）油、灌制血肠均有祖传秘方。凤吉园贾家馆子利用自己现有清末民初老街的老房子（晚清建筑）进行保护性维修，恢复老店原貌，挂幌子（标识），真正和百年老店相配套。

鉴于乌拉火锅具有深厚的历史价值、独特的民族文化价值和考究的营养价值与科学价值，“凤吉园乌拉满族火锅的加工技艺”作为乌拉满族锅子的正宗和代表，于2008年6月10日被吉林市政府评为吉林市第一批非物质文化遗产保护项目，并于2009年6月入选《吉林省第二批省级非物质文化遗产名录》。

二十一、福贵铁锅鸭绿江鱼烹饪技艺

集安市位于吉林省东南部、长白山南麓，与朝鲜隔鸭绿江相望，边境线长203.5千米。鸭绿江是中朝两国界河，发源于长白山天池，从白山市八道江区三道沟流入集安，流经集安市六个乡镇。鸭绿江水源丰富，水质一直保持在国家二级标准以上，鱼类资源十分丰富，有名贵的鳌花鱼、虫虫鱼、细鳞鱼、马口鱼、鲇鱼、鲤鱼、鲫鱼、草鱼等8科30余种。

福贵铁锅鸭绿江鱼烹饪技艺以鸭绿江野生鱼类为原材料，根据鸭绿江野生鱼品种、肉质、生长周期的不同，采用铁锅柴火，辅以各种作料，采用焖炖、清蒸、干烧、清炖等烹饪技巧，烹饪出各种鱼类菜肴。其代表菜品有：大铁锅焖炖“双人抬”鸭绿江鲤鱼、铁锅清蒸鸭绿江鳌花鱼、铁锅酱焖鸭绿江杂鱼等。福贵铁锅鸭绿江鱼菜系除各具特色外，普遍有原料新鲜、工艺独特、口感良好、营养丰富、色香味俱全等特点。其中，大铁锅焖炖“双人抬”鸭绿江鲤鱼选用2.5千克以上的野生鸭绿江鲤鱼，刨鳞清除内脏洗净备用，用柴火加热大铁锅，锅内放入动物油、植物油混合的“底油”，用黄豆酱加葱姜蒜、干红椒末“爆锅”，炒制酱汁，待酱汁散发出香味时，加入事先制作好的鸡肉、猪骨混合汤，烧开后，一人抬鲤鱼头、一人托鲤鱼尾，将处理好的鲤鱼放入锅内，慢火焖炖50分钟出锅即成。此菜品的特点是色泽微黄、口感细嫩，还有增强人体免疫力、强身健体的功效。

福贵铁锅鸭绿江鱼烹饪技艺源于长白山木帮，与鸭绿江放排人（木帮）有密切联系。鸭绿江放排历史很久远。清代末年，人们就将长白山树木采伐后，穿成木排顺江漂送到安东（今丹东市），就这样产生了木材采伐和漂送的行业。进行木材采伐漂送作业，自然要结成帮伙、形成排群往下漂流。负责采伐的称“木把”，负责放排的叫“木帮”。木把和木帮们的工作也分别称作“山场子”和“水场子”。山场子从每年的农历九月开始到第二年三月结束，木把们一冬天都在伐木。大树伐完，运下山，山场子就结束了。山场子结束叫“掐套”，掐套是有仪式的，木把们要带着红纸、鞭炮、猪头到庙上去祭奠保佑他们平安的山神爷。掐套仪式结束，水场子就开始

图2-43　鸭绿江铁锅鱼

了。水场子首先要穿排，排头最宽8米，全长65米左右。穿完排，就进入了漫长的放排时段。

沿着鸭绿江往丹东漂送木材，是同残酷的大自然进行殊死的搏斗，经常置身于风口浪尖，弄不好就会葬身江底。有一首《放排歌》真实地反映了木帮们的放排生活："雨打木排起白烟，望不到后，望不到前，前呼后应声声传。头往右啊，尾往左偏，小心顺拐撞着山。岸上野兽声声惨，鬼哭狼嚎心胆寒。"放排时木帮们在木排上生活条件有限，特别是经常缺少蔬菜，难以下饭，于是在放排或木排靠岸打尖的时候，木帮们或下网或垂钓，把捕来的鸭绿江鱼用随身带的铁锅在排上或在岸边进行简单烹饪，江水就江鱼，烹饪出来的铁锅鸭绿江鱼菜肴美味可口，新鲜无比。后来，山东蓬莱县人邢长顺、邢天财父子闯关东来到东北鸭绿江一带，在木帮伙里当伙夫，经常用铁锅烹饪鸭绿江鱼，日久天长就总结出系统的铁锅鸭绿江鱼烹饪技艺。后来，放排有了一定的积蓄后，就在鸭绿江岸边开鱼馆，为木帮们和来长白山区收购药材、山货的商贩们服务。邢家几代人特别是集安市餐饮协会会长、国家级营养师、吉菜大师王福贵先生经20余年精心的钻研探索，形成了铁锅鸭绿江鱼烹饪技艺，成为吉菜系列的重要组成部分。①

福贵铁锅鸭绿江鱼历经家族四代人的传承，至今已有150余年的历史，其私密性和独特性无法替代，具有一定的传承价值。集安作为中国优秀的旅游城市和世界文化遗产地，每年接待中外游客近百万人，有极大的发展空间，很多游客都慕名前来品尝这道菜。目前，福贵铁锅鸭绿江鱼技艺已被列入《吉林省第三批省级非物质文化遗产名录》。

二十二、松花江周氏传统鱼宴烹饪技艺

松花江周氏传统鱼宴，是源于松花江水上人家制鱼技艺的一种民间传统厨艺。周氏先辈既是鱼宴厨艺制作人，也是江上打鱼人。松花江盛产各种鱼，周氏先辈就地取材，充分地利用了松花江得天独厚的鱼类资源，在松花江水上人家制鱼技艺的基础上，吸收了满族、朝鲜族传统炖鱼、煎鱼、干鱼和食生鱼做法，以及闯关东而来的中原移民的川鲁菜系鱼宴制作技艺，不断改良和创新，逐渐形成了今天松花江周氏传统鱼宴独特的风味和特点。

---

① 《一口铁锅炖出"非遗"江鱼》，载《城市晚报》，2012年4月24日第B10版。

松花江周氏传统鱼宴，迄今已有120多年的历史。清光绪二十四年(1898)，周氏先祖周含文移居到吉林东局子一带，以打鱼为生，并开办了周氏小鱼馆。其江水炖活鱼，深受周围工人技师和松花江沿岸放排劳工的喜爱。第二代传人周志省于1919年搬迁到丰满，继续开鱼餐馆。他的曾祖母李秋华有着一手好厨艺。她在前辈鱼餐厨艺的基础上创造了汆鱼腹（鱼丸汤)、清蒸鳌花、清蒸白鱼等招牌菜，形成了今天松花江周氏传统鱼宴的雏形。第三代传人周明孚接手曾祖母的鱼餐馆，并在其鱼宴技艺的基础上，开发出生拌鱼皮鱼肚、辣根生鱼片、鱼肉馅水饺等新品种，丰富了松花江周氏传统鱼宴的内涵。第四代传人周重华与祖父共同经营鱼餐馆，并伴随着松花湖旅游事业的发展而进入全盛时期，形成了今天松花江周氏传统鱼宴的风味特色。著名书法家金意庵来此品尝周氏传统鱼宴，并即兴题写店名“万世发酒家”。随后，周氏鱼餐馆便以此为店名，并沿用至今。第五代传人周慧蓬2010年接掌父辈的松花江周氏传统鱼宴厨艺，并使用“万事发”招牌，是进入松花湖景区的第一张旅游餐饮文化名片。

松花江周氏传统鱼宴以松花江、松花湖鱼类为主要食材，精选五至八年生江鱼，配以周氏独家秘制的调料，加上取自江心无污染水域的纯天然松花江江水，真正践行了“江水炖江鱼”的绿色健康理念，以“一鱼多吃”的独特鱼宴风味传承至今。

松花江周氏传统鱼宴的选料为松花江上游自然生长的鲜活野生鲤鱼或草鱼，重量需在4千克以上。其加工制作程序如下。

（1）按照周氏传统秘方配制松花江传统鱼宴老汤调料汁。其中秘制料包由松花江沿岸特产的把蒿等十余种中草药和调料制成，是周氏先辈吸收了满族、朝鲜族传统制鱼配料方法，并结合自己多年制鱼经验，独家配制而成

图2-44　松花江传统鱼宴

的，传承至今已有100多年了。

（2）将鲜活的江鱼开膛去鳃，清洗干净。松花江水上人家有自己独特的捕鱼、杀鱼、制鱼工具，辈辈相传，延续至今。最早可追溯到800多年前的金代冬捕。

（3）将清洗干净的江鱼分解、改刀、装盘。松花江水上人家数百年节俭的习俗在这里体现得淋漓尽致。一条鱼，除了鱼肉外，鱼鳞、鱼皮、鱼肚、鱼子、鱼骨、鱼头、鱼尾都是能用的食材，没有一丝浪费。

（4）按照鱼宴菜谱制作松花江周氏传统鱼宴。全鱼宴既有松花江水上人家传承的鱼鳞、鱼皮、鱼肚、鱼汤做法，也有满族、朝鲜族生鱼、焖鱼和水饺的吃法，更有川鲁菜系红烧、香焖、软炸、拔丝的口味，独具特色，色美味佳。全鱼宴具体包括：红焖鱼头、红烧鱼尾、香焖鱼腹、软炸鱼条、拔丝鱼段、五香鱼排、生鱼片、拌鱼皮鱼肚、荷花鱼丁、香炸鱼鳞、红焖鱼子、鱼丸子汤、鱼肉馅水饺。

松花江周氏传统鱼宴真正体现了“江水炖江鱼”这种回归大自然的健康绿色理念，是松花江传统鱼宴文化与关东满族、朝鲜族渔猎餐饮文化及中原餐饮文化相互融合、相互吸收发展而来并传承至今的一种具有浓郁地方特色的传统厨艺。它强调“食之甘味，回归于自然，来源于自然”的理念，更契合了“绿色天然”的健康理念。其食材选料恪守祖辈传承的“江水炖江鱼”的要求，让食客在品尝松花江周氏传统鱼宴的同时，领略到松花江鱼宴文化的原生态魅力。

二十三、手把肉制作技艺

手把肉，蒙古语音译为“布和力麻哈”，是呼伦贝尔草原蒙古族、鄂温克族、达斡尔族、鄂伦春族等游牧、狩猎民族千百年来的传统食品。

过去，蒙古族制作手把肉比较讲究工序，多选取草原生长的两龄羊（祭祀时通常用公羊），用“攥心法”（此法使羊的心脏骤然收缩，全身血管扩张，能够确保肉质鲜嫩）杀死后，将羊肉（头、蹄、下水除外）切成若干块，白水下锅，原汁清煮，不加调味品，待水滚肉熟即取出，置于大盘中放入席间，执蒙古刀大块大块地割取，蘸以盐面、韭菜花等佐料，吃起来风味极佳，易于消化。因不用筷子，用手抓食而得名。手把肉可以用羊、牛、马、骆驼等牧畜及野兽的鲜肉进行烹制，但通常人们多以羊肉为主料，所以也称之为“手把羊肉”。手把肉是蒙古族千百年来最喜欢、最常吃的传统食

图2-45 手把肉

品。蒙古族人民称肉食为红食，蒙古语叫“乌兰伊德”。这种草原牧区牧民们的传统吃法可以追溯到古代。蒙古族手把肉在元代十分盛行，元代古籍《饮膳正要》记载的各种美味就包括这种游牧民族的食品。而明代《夷俗记·食用》一书称：“其食肉类皆半熟，以半熟者耐饥且养人也。”[①]著名的近代蒙古族民俗资料《蒙旗概观》也描述了手把肉：“食肉在半熟略熟之际，即刀割而食”[②]。

10世纪至12世纪初，我国北方以游牧和狩猎为主的蒙古族已形成了独特的饮食模式与饮食文化。其中，吉林省郭尔罗斯部的蒙古族饮食文化后来受到汉族、满族等民族的影响，具有明显的地域性和民族性特征。“手把肉”及其制作技艺就是其中之一。过去，手把羊肉在郭尔罗斯一直是蒙古族的家常菜。后来，经过厨师的改进，手把肉成为菜馆酒楼中的席上名菜。清代，手把肉曾作为王府每餐必备的菜肴，供王室和贵族享用。随着农业经济的发展，蒙古族人的肉食从主食逐步退居次要地位，但在重要节日或接待宾朋时，手把肉仍是必备菜肴。目前，郭尔罗斯各地制作的“手把肉”，都要在煮好后根据众人口味进行二次加工。通常是将煮好的大块再分解成小块，辅以盐、米醋、花椒、八角、味精、辣椒油、姜丝、葱段等调味作料，进行特殊烹制后食用，其鲜嫩不变，味道更加独特。

---

① 萧大亨：《夷俗记》，8页，北京，中华书局，1991。

② 孔祥哲：《蒙旗概观》，见《中国地方志民俗资料汇编·华北卷》，728页，北京，书目文献出版社，1989。

二十四、锦州烧烤制作技艺

“锦州烧烤”有着悠久的历史。历史上，锦州是契丹、女真、蒙古族、满族等多民族居住过的地方，烧烤食物则是他们共同的饮食习惯，这就使“锦州烧烤”带上了各民族饮食文化的遗传基因。清军攻占锦州后，一位石姓的皇家御厨将烧烤技艺带到锦州民间，但今天的“锦州烧烤”却是在20世纪末形成的。

20世纪80年代中期，锦州在新疆人的带动下再次点燃强烈的烧烤热情，红火时真可谓“村村点火、户户冒烟”，不过那时多为地摊。经过20多年的发展，如今锦州已涌现出“御烧烤”“小国凤爪”“食神烤城”“旺仔烧烤”“军嫂烧烤城”等风味独特的五十多家专业烧烤店，具有一定规模的烧烤店近300家。北京、深圳、沈阳、大连等全国二十几个省、市打着“锦州烧烤”招牌的烧烤店不下1500家。

“锦州烧烤”的一个鲜明特征是品种繁多，几乎所有食物都可以充当烧烤的食材。早期锦州地摊式的烧烤种类单一，基本以羊肉串为主。由于缺少技术含量，从业者越来越多，激烈的市场竞争让一些经营者的生存都成了问题。这时，敢吃的锦州人开始充分发挥自己的想象力，除羊肉串等品种，大胆地把一切能烤的食品都纳入烧烤中来。山上长的、天上飞的、地上跑的、水里游的，简直就是陆海空大集合，品种五花八门，无所不有。现在锦州烧烤已拥有肉类、海鲜、蔬菜3大系列150多个品种。仅鸡肉类就有鸡翅、鸡脖、鸡爪、鸡头、鸡脆骨等五六个品种，日常餐桌上能吃到的豆角、茄子、蘑菇都可以在“锦州烧烤”中找到。

“锦州烧烤”的另一个独特之处是选料精、配料细，原料鲜活、烤法讲

图2-46　锦州烧烤

究、料理复杂、口感独特。锦州烧烤有生烤和熟烤之别，几乎每一家锦州烧烤店都有自己的拿手绝活和特色种类。他们经过十几年的摸索试验，形成了一整套烧烤工艺，小调料多达十几种，不少烤食还进行中草药配制，有的还用自己秘而不宣的独家秘料配方。因为讲究“蘸、刷、撒、烤、翻”，所以质感性强、口感纯正，色泽入目、外形美观，让人食而不腻、食而不厌。由于一些配料大多产自当地，“到锦州品尝正宗锦州烧烤”便成了当地一些旅行社的广告语。[①]

今天，“锦州烧烤”的名气越来越大，有了“中国烧烤发源于新疆，发展于锦州”和“锦州烧烤，全国一绝”的美誉。2002年，台湾中视电视台《辽西走透透》节目组专门对“锦州烧烤”进行了拍摄。2004年，中央电视台12频道《天下美食——吃在大东北》摄制组对“锦州烧烤”也进行了重点报道。“锦州烧烤”成了小有名气的小吃，是外地宾客到锦州必品的美食，沈阳、盘锦、葫芦岛的很多朋友还专程到锦州来吃烧烤。“锦州烧烤”甚至受到韩国、日本、俄罗斯、美国等外国客人的青睐。

二十五、老胡家烧鸡制作技艺

辽宁盘锦田庄台镇的“老胡家烧鸡”始创于清代末年，由回民胡殿伍首创，距今已有100多年的历史，是该镇及周边地区知名的传统名吃。

清光绪二十七年（1901），直隶（今河北）沧州回民胡殿伍随父亲来到田庄台，以开传统小吃果子铺为生，主要经营烧鸡、杠头、清真点心等。笃信伊斯兰教的胡殿伍熏制的烧鸡，讲究精选料、全配料、美造型、准火候。这一整套的功夫下来，老胡家烧鸡以其独特的口味博得了人们的喜爱。当时的田庄台是一个水旱码头，来往客流量较大，人们便把胡家烧鸡携带到各地。从此胡家烧鸡声名大噪，被列为古镇“八大名吃”之首。

老胡家烧鸡采用独特的制作工艺，加工配料精益求精。它选用两岁左右、自家喂养、吃虫子的公鸡（不用肉鸡）做原料；因为二年生的小公鸡，一则肉嫩，二则味鲜，而母鸡膛内脂肪太多，吃起来腻口。从选料到熏成要经过十六道工序，由老师傅念“太斯米”（“奉至仁至慈真主之名”）专业屠宰，速冻排酸，清水洗净、整型后，先置于加好调料的老汤中浸

① 《锦州把小烧烤做成了大品牌》，载《新商报》，2010年5月30日第19版。

泡，然后入锅按顺序摆好，慢火煮两小时，半熟时放盐。选用的优质调料有丁香、草果、砂仁、毛桃、肉桂、陈皮、鲜姜、桂皮、肉蔻等十几种名贵药材和调料。煮至肉烂而连丝时出锅，随后熏烤。先刷上一层香油，再放入带有铁箅子的锅中按顺序摆好，锅底烧至微红时投入白糖。将锅盖盖严，两分钟后将鸡翻动一次再盖严，经二三分钟即可熏好。成品色泽枣红明亮，味道芳香，肉质细嫩，烂而连丝，有较高的营养价值，令食者赞不绝口、回味无穷。

老胡家烧鸡的制作工艺由几代人心口相传，至今仍然保留着“传男不传女”“传长不传幼”的规矩。如今能够熟练掌握熏制技法的只有第四代传人胡志雁和他的儿子胡春松。每天凌晨三点，胡志雁就走进车间，或是监督，或是亲力亲为，为每一道生产流程把关，确保出厂的每一只烧鸡口感醇厚。

胡家信奉伊斯兰教，百年来胡家一代代传人恪守着教义，熏制好的烧鸡，讲究型如元宝、色泽鲜亮、满口盈香，可谓色、香、味、型、补俱全。人们说，老胡家烧鸡最大的妙处在于其味道的穿透力极强。别的烧鸡仅仅是表皮上的美味，老胡家烧鸡的味道则能直接浸到骨头里。按照宗教习俗，几代传承人都固执地用传统的无污染包装袋包装，而做出的烧鸡都是当天加工当天销售，坚决不用真空包装或者添加防腐剂。正因为如此，老胡家烧鸡赢得了一代又一代的美誉。“老胡家烧鸡”是辽宁省著名商标，是辽宁省的老字号、盘锦市的名牌产品。

从第一代老胡家烧鸡日产销三五只的小作坊，到如今每天销售400只烧鸡的加工厂，这其中的过程在于传承，更在于创新。胡志雁接掌老胡家烧鸡后，前往山东考察，引进先进的机器设备，由原来人工每天宰杀100只鸡，

图2-47　老胡家烧鸡

变成机械每天宰杀3000只鸡。如今，胡志雁正在筹划着将老胡家烧鸡发扬光大，取得更大的业绩。

二十六、前郭尔罗斯蒙古族牛肉干制作技艺

吉林省松原市前郭尔罗斯蒙古族自治县是联结东北三省和内蒙古自治区的重要交通枢纽和物流中心。这里聚居着汉族、蒙古族、满族、回族、朝鲜族、锡伯族等民族。这里是国家大型商品粮种植基地，西邻查干湖（全国八大淡水湖之一），东靠哈达山，具备良好的自然条件。前郭尔罗斯这块富饶广袤的土地，其自然优越的地理位置，得天独厚的草原饮食文化传统，长期秘而不宣的民族工艺，为哈萨尔王风干牛肉干的生产提供了举世无双的先决条件。

牛肉干历史悠久，蒙古族先民在森林狩猎时期就有风干牛肉的技艺和习惯。随着游牧生活的出现，草原牧民便有了晾晒牛肉干的生活习俗。早在成吉思汗率领蒙古铁骑征战欧亚大陆时，就用牛肉干来充当军粮。当时大概3斤多新鲜牛肉风干后炸熟，才能制作出1斤牛肉干，相当于古代的压缩饼干。它易于保存，营养丰富，嚼食有味，口感特别好。

牛肉干由蒙古族传统手工技艺精制而成，制作工艺复杂。制作时，牛肉通过切割、腌制、风干、油炸等一系列工序后，被做成低脂肪、高热量，口感香浓、回味悠长、色泽金红、外焦里嫩、营养丰富的牛肉干。由于料精工细，在蒙古族传统饮食文化中，牛肉干被视为珍品，专门用来款待贵客。

牛肉干传承历史悠久，民族特色鲜明，其制作技艺更是选料精良、工序严格、技能繁复，具有鲜明的地域特点，是前郭尔罗斯地区珍贵的非物质文化遗产。如今，牛肉干的美味声名远扬，是草原极具特色的风味食品，不仅

图2-48　牛肉干

受到草原牧民的喜爱，更是餐桌上招待客人必备的特色菜肴。

二十七、牛马行传统牛肉饸饹制作技艺

“牛马行牛肉饸饹铺”是吉林市的老字号，迄今已有120余年的历史。清光绪二十年（1894），一位绰号叫“饸饹杨”的回族人在吉林市开办了“龙须饸饹面馆”。清宣统元年（1909），店铺改名为“牛马行牛肉饸饹铺”。此后历经四代传承，现在由崔玉芬女士接管经营，并更名为“吉林市牛马行牛肉饸饹铺”。

图2-49　牛肉饸饹

牛马行牛肉饸饹的原料主要有两种：红高粱和牛肉。其中，红高粱选用的是一种叫作“歪脖张”的优良品种，这种红高粱是东北特产，品质好；牛肉则选用牛身上优质的“紫盖肉”和“腱子肉”，这种肉细嫩、脂肪少。牛马行牛肉饸饹不用猪肉和其他肉类，并且煮肉和调汤时，除了食盐和酱油之外不加任何调味品，始终保持着传统风味。

牛马行牛肉饸饹的传统制作技艺有20多道工序，其中饸饹条成形包括和面、压面、压条、煮条、捞条、抓条等工序。按照传统工艺所制作的饸饹条软硬适中，柔润而有弹性。

牛马行牛肉饸饹最主要的特征是原汁原味原色，香味醇厚、回味有余，油而不腻。除了香菜、麻酱、辣椒、香油、盐、蒜等常用的调料外，不加任何食品添加剂（连味精都不用），追求绿色、健康的饮食理念。

吉林市是一个多民族聚居的地方，牛马行牛肉饸饹原为回族风味，却由汉族人经营上百年，并不断发展壮大，其中融入了满族、汉族、蒙古族等各民族的饮食文化元素，被各民族共同接受和认可。牛马行牛肉饸饹铺所走过的路程，对于研究当地饮食文化的发展和取向具有重要的价值。

二十八、龙岗山蝲蛄豆腐制作技艺

龙岗山脉位于吉林省东南部的柳河县南部，属温带大陆性季风气候，四季分明，夏季湿润多雨，秋季温和凉爽。境内植被繁茂，水源充沛，山泉、

溪流众多，十分适于蝲蛄繁衍生长，自然构成了蝲蛄豆腐制作技艺产生、完善和世代传承的必备条件。

蝲蛄，也称“石蟹”“长白山小龙虾”，是一种甲壳类动物，形似龙虾，第一对足呈螯状。蝲蛄以细小微生物、虫类等为主食，生长在龙岗山的哈泥河及溪流、河岔里，是山里人爱吃的一种水产品。蝲蛄肉鲜嫩质白，营养丰富，可以采用多种烹饪方法，例如盐水煮、油炸、煎炒、油焖等，吃起来味道都很鲜美。蝲蛄豆腐就是其中最重要的美味之一。

蝲蛄豆腐并不是一种豆腐，而是用蝲蛄的肉和黄做出来的一种荤汤菜。颜色有红（肉）、有黄（黄）、有绿（菜叶），味道鲜美可口，许多人都对它赞赏有加，实为一种乡村美食。龙岗山脉的柳河、通化、靖宇等地的制作技艺各有千秋。柳河县龙岗山区，由于生态优良，水质良好，四季分明，昼夜温差大，蝲蛄产量高、质量好，成为蝲蛄豆腐制作技艺的中心地段，制作技艺最完善，产品的视觉、味觉效果最好。

蝲蛄豆腐属纯天然美味，制作工具粗糙，技艺原始简便，一学即会。先用清水将蝲蛄洗净，然后揭盖去皮，去除内脏，再用石制或木制碓臼将蝲蛄捣烂，成为糨糊状，过滤去渣；将原汁倒进滚开的锅里，蝲蛄汁变成了脑儿，一朵一朵，鲜红的是蝲蛄肉，金黄的是蝲蛄黄，翠绿的是菜叶，白色的是菜梗。可谓鲜嫩可口，令人赞叹不已。在龙岗山区，蝲蛄豆腐几乎家家都会做，是一种很有地域特征的饮食文化，很值得传承和保护。

龙岗山区蝲蛄豆腐制作技艺传承至今，已有上千年的历史。相传，努尔哈赤曾将它作为御宴。如今，柳河县大甸子乡大甸子村的孙吉仁、于文德、王德胜等几位年过八旬的老人，常常提到两段产生于不同历史时期的当地民

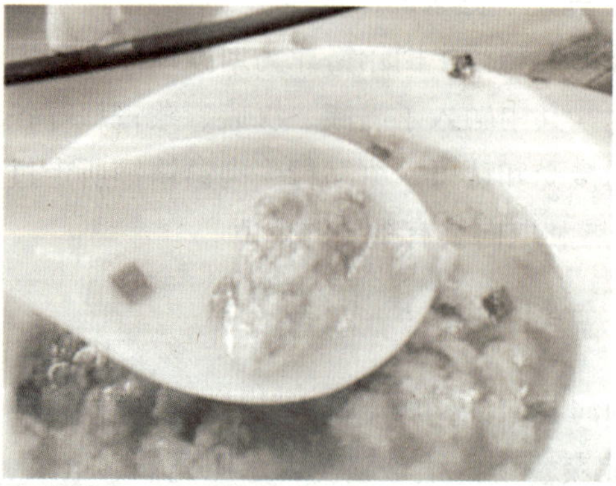

图2-50　蝲蛄豆腐

谣。一段是“龙岗山里有蝲蛄，砸巴砸巴做豆腐。五花汤水冒仙气，谁要吃了谁有福”。几位老人都说：“这是我爷爷的爷爷传下来的。”这样算来，至少要有数百年的传承。另一段是“蝲蛄豆腐实在鲜，抗联来了往上端。要是鬼子进了山，想吃嚼果可挺难……”抗战时期，杨靖宇将军曾在大甸子村吃过蝲蛄和蝲蛄豆腐。王德胜老人说：“我爹就给杨司令做过蝲蛄豆腐。”

如今，龙岗山蝲蛄豆腐已被列入长白山吉菜的菜系之中；但近二三十年来，由于其制作原料蝲蛄的迅速减少，制作技艺也逐渐衰退。蝲蛄豆腐亟须得到人们的重视与保护。

二十九、风味蛸夹子豆腐制作技艺

蛸夹子豆腐是辽宁省营口地区的特色美食，以蛸夹子（也叫芦蟹）为主料制成，风味独特，历史悠久。

图2–51　蛸夹子豆腐

100多年前，营口地区的人们就发明了以蛸夹子为主料的地域特色食用方法。蛸夹子有多种食法，其中老边区路南镇大兴村的风味蛸夹子豆腐最为著名。风味蛸夹子豆腐是一种豆腐状螃蟹羹，原本是专门为老年人制作的食物，《老边轶闻》一书就有关于它的传说记载，其文化底蕴深厚，充分体现了中华民族敬老、爱老的传统美德。目前，老边区风味蛸夹子豆腐的传承人有魏凤阳和田福元二人。

在营口沿海一带，被涨落潮波及的沟溪、芦苇塘等湿地繁殖着一种形体酷似螃蟹的动物，俗称“蛸夹子”。它也横着爬行，也长着八支长腿和一对螯夹，煮熟后也是红色，体内外器官与螃蟹一样不少。外地人如果不注意，很容易误认为是螃蟹。与螃蟹不同的是，它的盖壳略呈长方形，两支大螯上没有绒毛。它习惯在涨落潮的浅滩和河滨打洞栖身。它喜光亮，如果在晚间捉它，只需点上一盏灯笼，它便自动地爬向灯前群而聚之，让你捉个尽兴。如果在白天抓它，可到河叉子、芦苇荡中用一种推网顺着水底推，不消半个小时就能捞上一两水桶。回家后用盐水打点卤，煮熟了吃，味道虽不及螃蟹，但有另一种独特的风味。还有一种吃法，那就是老边区大兴村的风味蛸夹子豆腐，堪称一绝。

人们所熟知的豆腐制法都是“卤水点豆腐，一物降一物”，但风味蛸夹子豆腐却不用加任何添加剂。发明这种豆腐制法的人，据说是一位大孝子。《老边轶闻》记载：

> 很久很久以前，有一名穷苦的农民，上有年逾八十的父母，下有妻子儿女。有一年是荒年，第二年春天家中无半粒粮食，他只好每天和妻子去挖野菜充饥。有一天，在一处低洼的芦苇荡中，他发现了许多蠕动的蛸夹子，于是脱下上衣，抓了满满一大包。他和妻子回家后，准备煮熟了给两位老人吃；可又想起两位老人牙口不好，吃这种壳厚肉少的东西一定会咬不动。怎么办呢？他想了一会儿，忽然灵机一动，有办法了。他找来一口小缸，把蛸夹子洗净后倒在缸里，然后用棒子在里面捣，捣一阵后，把这些连渣带水的碎蛸夹子倒在一细筛里过滤，将滤出的浓汁加一些水放在锅里熬。煮开后放一些盐盛在盆里晾凉，想等不烫时再给两位老人吃。没想到，过了不长时间再看，奇迹出现了，原本是稀糊糊的汤水，却变成了白净净的羹。他用勺舀了一些尝了尝，味道好极了，比豆腐脑强多了，于是马上端给老人吃。二老尝了一尝，连说好吃好吃，问儿子是怎么做出来的。儿子便一五一十地向老人讲了一遍。老人以前做过豆腐，说：“这跟做豆腐的方法差不多，就叫蛸夹子豆腐吧。明天多捞一些回来，还这样做，让堡子里的大人小孩都尝尝。以后咱堡子的人就饿不着了。”

自打那时起，这种富有特殊风味的“豆腐”一直流传到现在。特别是老边区大兴村的风味蛸夹子豆腐名声在外，许多城里人都慕名来大兴村农家品尝这一美味佳肴。

蛸夹子豆腐必须由手工制作，味道才纯正地道。做法比较复杂，大工序7道，需要用时1天，辽河边每家都会做。一袋子蛸夹子放在大缸里养上半个小时，先让它吐净胃里的泥沙，清洗净后捣烂；然后用网布把肉汁挤出来，放点盐，大锅熬，晾凉后就会成豆腐状；最后放在菠菜等青菜汤里，口齿留鲜，回味无穷，大有吃上一回而回味一生的意思。

就这样，这种富有特殊风味且不用任何添加剂的“豆腐”一直流传到现在，成为远近闻名的风味小吃。营口市内及郊区一带的饭店都备有蛸夹子豆腐供食客品尝。

第三章

东北传统食品与调料制作技艺

菽类所占比例大，豆制品多，是东北文化区内不能忽略的又一饮食文化特征。东北盛产大豆，因此在东北地区的传统副食中，豆制品占很大比例。东北的传统豆瓣制作技艺、粉条制作技艺相当发达。大酱及酱制品、酸菜、腌菜是东北地区重要的佐餐食品。东北既是北方少数民族生活的重要区域，又是近代中国对外开放的窗口之一，所以，这里各式各样的美食烹饪技艺、琳琅满目的小吃数不胜数。东北的调味品制作技艺也在九州大地有着良好的口碑。

第一节　豆瓣传统制作技艺

“菽类之王”大豆是北方人民的传统食物原料。菽类植物，例如大豆、小豆、绿豆、豌豆、蚕豆、豇豆、扁豆、芸豆、刀豆、菜豆等10余个品种，既可烧饭、煮粥、裹蒸为主食，也可作为菜肴副食。同时，大豆还可以制作成酱、酱油、豆腐、豆芽、豆浆等食品。东北的豆瓣传统制作技艺品种丰富，誉满中华。

一、满族豆汁制作技艺

作为早已家喻户晓的“中华名小吃”，提起豆汁，人们马上会想起北京的城墙宫宇、老街胡同。豆汁也是国际友人来到北京后必尝的几样名小吃之一。然而，非物质文化遗产保护专家的最新研究结果表明，被认为“京城土产”的豆汁，其实起源于哈尔滨市阿城区的满族豆汁。

满族豆汁产生于12世纪初女真族建立的金上京（今哈尔滨市阿城区），从最早的民间饮品发展成为女真族民俗文化饮食的重要部分。清朝迁都燕京（今北京市），大批豆汁制作者来到这一地区，从此植根于此并不断改良，至清代已广泛流行于京、津、黑、吉、辽等地。据了解，由于制作工艺繁复，本地市场又长期不景气，满族豆汁近年来几乎在哈尔滨市饮食市场消失，如

图3-1　满族豆汁

今仅作为一种“小众化”的民俗文化技艺流传于阿城区料甸满族乡等地区，由少数“祖传”手工艺者继续传承。

传统豆汁的制作配方主要是用小米（或大黄米）与黄豆按照7∶1的比例，用温水浸泡10小时左右，用水磨打磨成粉，再以“水开七分”冲调，最终发酵制作而成。成品为奶状液体，味道微酸甜，营养价值极高。由金上京传至京津后，满族豆汁经过逐步进化改良，最终发展成为如今的中华名吃——豆汁。

二、甩湾子豆瓣酱制作技艺

关于酱的来历，有一个有趣的传说。春秋时期著名的政治家、军事家范蠡是这个传说的主人公。相传，范蠡17岁时在财主家管理厨房。因为他年纪尚轻，经验不足，所以饭菜常常做得不合口味，以至于每餐总是剩下许多。时间一久，这些剩饭便成了酸馊食物。为了防止主人发现，范蠡便将这些食物都偷偷地藏起来。然而，世上没有不透风的墙，这件事最终被财主发现了。财主不仅大骂了范蠡一顿，还要求他必须在10天之内将酸馊食物变成可用之材。聪明的范蠡想出了以下办法：他先将长了绿毛的食物用水多次清洗，然后放在太阳下晒干，再生火用锅炒熟，去异味杀细菌，最后加点温水搅拌成糊喂猪。没想到，这一锅原本酸馊难咽的饭菜竟然成了上好的猪饲料。财主看猪吃得欢，自然消了气。吃饭的时候，有个小长工与范蠡开玩笑，偷偷舀了一勺放到范蠡的饭里，不知情的范蠡吃起来竟然感觉味道鲜美。此时，小长工道出原委，范蠡也从中受到启发，此后多次试验，终于用这种酸馊发霉的食物创制出美味可口的酱。

当然，范蠡制酱仅仅是个传说，不足为信。可是酱在中国的历史上确实是源远流长。汉元帝时的黄门令史游在《急就篇》中记载：“芜荑盐豉醯酢酱。”[①]唐人颜师古对此注解：“酱，以豆合面而为之也，以肉曰醢，以骨曰

① 史游：《急就篇》，135页，北京，中华书局，1985。

麑（ní），酱之为言将也，食之有酱。”[①]从古人的记载和注解中可以看出，豆酱是以大豆和面粉为原料酿造而成的。为何汉代人只用大豆混配面粉做豆酱，而不用其他植物作原料呢？这是因为，大豆富含蛋白质，面粉则含淀粉较多，蛋白质与淀粉同时存在，更适宜多种有益霉菌的繁殖，菌体产生各种酶，使原料中的各种营养成分充分分解，从而酿成风味独特的豆酱。

敦化市江南镇甩湾子广福源酱园作坊创建于清光绪年间。该作坊酿造的大豆酱在吉林将军府、宁古塔一代颇有名气。至民国时期，大豆酱名扬关东，色好、味纯，酱香浓郁，维生素含量多，生吃、熟吃均可。民间于是有“北豆酱香”之美誉。

甩湾子豆瓣酱古老的传统制酱工艺，不仅蕴含科学的营养理念，而且具有独特的技艺和形式。甩湾子“广福源”大豆酱酿造技艺被历代厨师总结为八句口诀，即“人必诚、水必甘、菌必时、豆必实、器必洁、工必细、拌必准、酱必真”。甩湾子“广福源”大豆酱，选取优质的东北大豆及地下矿泉水作主要原料，采用独特配方，经过天然发酵，高温灭菌，传统加工精制而成。工艺采用古法制曲菌，经人工踩坯，入室发酵而成。甩湾子“广福源”大豆酱酿造工艺过程包括：用簸箕选豆，用锅清烀，倒入木槽摊凉以豆合面翻拌，倒入制曲池加曲，入缸、发酵、控制温度等，需要70多道工序，全部都由手工完成。其中，主要工艺有以下几点。

（1）选料煮豆。首先要精选大豆，把碎豆、坏豆、沙土石块等杂质去掉，将精选的大豆清洗后煮熟。用木头、水泥、红砖等材料在锅台上砌起一米高的围墙，以增加大锅的容量。大锅中间放上竹帘，下面放水，上面放大豆，以保证大豆受热均匀，不糊锅。

（2）制曲。甩湾子豆瓣酱要经过20多道工序，才能培育出优质黄曲霉菌种。将煮好的大豆与黄曲霉菌种配以十分之三的白面粉均匀搅拌，放在制曲池里。制曲池中间部位放置竹帘，上面铺10厘米厚搅拌好的大豆，下面空荡处用以通风，给制曲池里通风、通氧。室内温度控制在36 ℃左右（自身增加温度），让黄曲霉菌充分生长，产生大量蛋白质和多种氨基酸。

（3）发酵。经过黄曲霉菌种培育的大豆，需要3~4天后装入缸内恒温发酵，温度控制在50 ℃左右（地炕增加温度），时间为一个月。在这一个月

---

① 史游：《急就篇》，135页，北京，中华书局，1985。

里，倒缸2~3次，让大豆受热均匀，并充分接触氧气，加快发酵速度。

（4）酿酱。传统的酿酱方式是用木制搅拌器人工操作（现在用机器代替），把发酵的大豆磨成糊状成酱。

三、朝鲜族大酱制作技艺

朝鲜族传统大酱是朝鲜族日常生活中的佐餐副食，是制作朝鲜族菜肴的基本调味料之一。酱有清酱、大酱、辣椒酱、汁酱、青苔酱、黄酱等多个品种。中国著名史籍《三国志》曾提到朝鲜半岛的大酱，而日本则称大酱为“味增”，就是“增加味道”的意思。有时烤肉、烤鱼也要抹上辣酱或大酱。酱还可以被用来烧制各类菜肴和汤汁，十分美味。研究结果表明，在各种发酵食品中，朝鲜族传统大酱的抗癌效果最好，肝功能恢复和肝解毒功能也非常好。

从朝鲜时代开始，文献中就有做大酱的具体方法。《救荒补遗方》载，酱引子是用黄豆和大麦来做，与现在的酱引子大有不同。用大豆来做酱引子从《增补山林经济》开始就有记载，是现今做大酱的来源。如今，朝鲜族一般在农历十月制作大酱，制酱的过程如下：先将大豆煮到呈深棕色后，在石臼里舂碾成豆沙状，之后制成酱坯。大酱坯一般制成方块形或圆形，重三五斤，放置在阴凉通风处，风干三五天。然后用稻草等将大酱坯系好，悬挂在房梁上，晾晒40天左右后取下来，再一层酱坯、一层稻草摆放在温度、湿度适宜之处，使其自然发酵。数月后，将酱坯打开、弄碎，将其浸入淡盐水中。如果酱坯漂浮在盐水上，说明盐水的浓度适宜。再用盐水浸泡发酵半个月左右之后，取出已发酵的酱坯，再将深褐色的盐水煮开到一定浓度，便成了酱油。这种酱油兼有甘、咸、微苦等醇厚味道，主要用来调味。而将已发

图3-2　朝鲜族大酱的酿制

酵好的酱坯根据口味咸淡制成糊状，便成了大酱。

制作大酱最关键的就是发酵过程，发酵工艺决定大酱的质量。土木结构的泥草房最适合酱块的发酵，所以，过去农村一直成为酿造朝鲜族传统大酱的主要基地。今天，农村每家每户都要酿制大酱，而大酱的味道已经成为衡量一个家庭主妇饮食制作手艺的重要标准，因而人们都十分重视大酱的酿制技艺。

四、朝鲜族臭酱制作技艺

臭酱又叫清曲酱、清国酱。据说，从前高丽人把煮熟的大豆放在马鞍上随时抓着吃，煮好的大豆正好利用了马的体温，自然发酵成了易吸收的高蛋白食物，这是臭酱的初始形态。1760年出版的《增补山林经济》记载：将大豆清洗干净，与锆石放在温暖的地方会变得黏稠。臭酱与大酱不同，只要经过2~3天的成熟期即可食用，是一种有效吸收营养的大豆发酵食品。

图3–3　朝鲜族臭酱

这种酱与豆瓣酱有些相似，但做法不同，味道也不一样。臭酱的制作方法如下：把大豆挑选洗净后煮熟至很软，放入干净的盆里，上面覆盖洗净的布和能保温的包被，在30~40 ℃下发酵3天后（城市里可用电褥子加热，但上面不能用它来盖），豆的表面拉出白色黏液丝，再加适当的食盐调整咸味，用绞肉馅机加工成豆瓣酱状储藏在陶瓷容器里，或做成小球状，放入冰箱里冷冻备用即可。

制作臭酱有一定的科学原理和工序，特别讲究温度、湿度和微生物标准，必须保障无污染、无任何添加剂。臭酱对人体有诸多好处，因为它有解毒和助消化的作用。臭酱不仅具有大豆原有的蛋白质，还有很多对健康非常有利的生物活性物质，如食用纤维、卵磷脂等。这些物质可以预防动脉硬化、心脏病、糖尿病，还有抗菌和抗癌作用。另外，臭酱还有很好的减肥特效，其中的各种维生素、钙和钾等可以促进新陈代谢，预防肥胖，而且臭酱中的卵磷脂和皂角苷可以吸收人体内的过剩脂肪并将其排出体外。

五、朝鲜族辣椒酱制作技艺

辣椒酱是朝鲜族独特的传统食品，也是很多朝鲜族传统菜肴的必要佐料。在朝鲜族泡菜中，主料可以有白菜、萝卜、樱菜等，但是辣椒酱却是必不可少的。可以说，人们在80%以上的朝鲜族传统菜肴中，都可以找到辣椒酱的身影。辣椒酱的特点是色泽深红，晶莹但不剔透，仔细观察可以看到微小的辣椒颗粒，入口辣且甜，可以说融合了朝鲜族料理主要的两大特点：辣和甜。朝鲜族辣椒酱耐储藏，只要方法得当，可以储藏几年而不变质。

图3-4　朝鲜族辣椒酱

朝鲜族辣椒酱是以精选上等的辣椒加工出的辣椒面为原料，用朝鲜族自古流传的特殊加工法制作出来的。辣椒酱的做法如下。

材料及用量：糯米粉4小斗，豆豉粉4小斗，辣椒粉5小斗，食盐4小斗，麦芽酵母粉1杯。

制作方法：

（1）将糯米粉用开水和面，制成圆饼状，中间穿孔后在热水中煮熟捞出。此时，煮糕的水不要倒掉，将其保管好。

（2）将煮熟捞出的糯米糕放在铜盆中，在其温热时，打至其出现水泡。

（3）如果觉得有点稠硬，可以倒入煮糕的水，做成糊状。

（4）煮糕的水挪到别的碗中，稍凉后放入麦芽酵母勾芡的水，将其发酵。此时，麦芽酵母勾芡的水要在制作辣椒酱的前夜调制。每一杯麦芽酵母粉倒入4杯水，第二天使用上面的水。

（5）将发酵的糕水用筛子筛好，重新煮后冷却，将糊状糕放入盆中。这样糕会变得柔软、松懈。

（6）完全冷却后，放入辣椒粉充分调匀。

（7）其上撒些豆豉粉，将其搅拌均匀。

（8）将辣椒酱放入缸中，并放到太阳下，待其表面干硬时，在上面撒些食盐。如果在辣椒酱表面还未干时就撒上食盐，这样食盐会渗入辣椒酱中，对味道有影响。

辣椒酱具有很好的佐餐效果，是朝鲜族人经常食用的开胃菜。这不仅因其具有可口的味道，还因为它有很高的食用价值。由于辣椒酱属于发酵食品，乳酸菌含量很高，并且能提高人体免疫力，因此可以长期食用以达到良好的防癌效果。今天，朝鲜族辣椒酱已受到越来越多人的喜爱。

六、满族盘酱制作技艺

盘酱（因其多在营盘中食用而得名）是由满族的祖先金代女真人发明的。女真人在行军打仗时身上都带有许多炒熟的豆子，由于多半在树林里风餐露宿，日久天长，没有吃完的豆子就会自然发酵。为防止已经发酵的豆子发霉腐败，女真人便加入适量的食盐继续充当食物。金上京会宁府（今黑龙江省哈尔滨市阿城区）纬度较高，无霜期短，鲜菜奇缺，女真人多用豆制酱蘸干菜或腌咸菜，富贵人家也用豆酱蘸烤肉而食。用酱佐餐之俗沿袭至今。由于文化的融合，不仅满族人做盘酱，汉族人也有做盘酱的。只不过由于喜好不同，口味有所差别罢了。[①]

图3-5　盘酱

盘酱的具体做法是：开春时做酱，一般选择在春节过后的正月里，或者二月初。精选上好的黄豆，用锅文火炒熟。出锅晾凉后，用磨磨成粉（现在都用粉碎机粉碎）。然后掺水搋和，揉至酱中插根筷子不倒即可，最终做成一尺来长、半尺来宽的长方体酱块。酱块不能做得太大，否则容易伤热；也不能太小，否则易失水而发不透，发不透则没有油，将来做出的酱品质也不好。做多少块也有讲究，闰年做单数，平年做双数。

做好后，先放在室内阴凉通风处晾至酱坯外面干燥（约三五日），然后在酱坯外用一层牛皮纸或报纸包好（防止蝇虫腐蚀、灰尘污染等）。再用绳子捆扎好，或挂在房梁上，或在炕梢锅台的犄角找个温暖地方放，等待发酵。块与块之间距离约1寸；人口多的人家，酱块多时可以分层摞起，但以细木条隔开。约一周时间将酱块调换位置，继续贮放如前。发酵到一定的程度，里面都长白毛了才好。

---

① 黄胜君：《辽东地区传统大豆酱制作技艺》，载《中国酿造》，2008（19），75页。

等到农历四月二十八，把发酵好了的酱块洗刷干净，然后掰成一小块一小块的，放在太阳下暴晒，以利于消毒杀菌。酱块发酵好了的话，里面会有油泛出，这时就要准备下酱了。

下酱时，酱块和盐的比例一般都是3∶1，这样咸度正好。把咸盐用开水化成盐水，这时可以把一个包着大料和花椒粒的纱布包放在开水里，溶解出来香味儿。再把酱缸在院子或园子里固定好，刷洗干净。下午四五点钟的时候，先把“酱耙”洗干净放到缸底，倒进酱块，然后把融化好的咸盐水倒进缸里。“酱耙”是用杨木或者椴木做的，一个直杆比酱缸略高一点，另一端安上一个边长10厘米的正方形木板。

下好酱后，用一块白布蒙上酱缸，用绳子绑好。白布上要钉上一个红布条，据说是为了保护酱缸里的酱不生虫，有辟邪的作用。上面再盖上一个“酱帽子”，一般都是铁皮做的圆锥形盖。下酱之后三天内不动酱缸，为的是让酱块里充分融进盐水，将来更容易碎。三天之后开始打耙，就是打开“酱帽子”，开始用手拿着酱耙在酱缸里按一定的方向搅动酱。这是为了让酱块充分溶解，融碎；同时，也会把酱块里的杂质、发酵时长的一些白毛漂浮在上面，以便用勺子把那些沫子撇出来扔掉。盘酱色红味正，比大酱的味道更好。直到今天，在广大的东北农村，满族人家仍然保留着做酱的传统。

七、金斗笠高丽酱酿造技艺

高丽酱是我国朝鲜族人民的宝贵财富，是朝鲜族必不可少的佐餐用品。朝鲜族人在生产生活中对酿造大酱的工艺不断发展和创新，用智慧和勤劳酿制出了具有朝鲜族特色的美食，并流传至今。金斗笠高丽酱的创始人名叫金明姬，是一位朝鲜族女工。

1996年，金明姬和丈夫下岗后，面对上有老、下有小的家庭，开始尝试着创业。金明姬从最初的养殖、产品加工和开朝鲜族饭店开始慢慢探索。在为开饭店做准备时，她发现饭店里需要大量的大酱，便购进了175千克大豆。大酱制作好了，但开饭店的门面还没找到。为了不浪费，她只好把制作好的大酱分给亲朋好友吃，剩下的她就拿到市场上去卖，结果一天下来她的大酱一点儿也没卖出去。遭受挫折的她没有灰心，她把自己生产的大酱免费分给各个饭店和商店的老板品尝。几天后她回访市场时发现，这些客户认可了她的大酱。

经过一段时间的市场调查，金明姬判断，采用传统工艺制作高丽酱的市场前景应该不错。因为传统的高丽酱工艺复杂、成本高，很少有人愿意去生产，加之过去会这门手艺的朝鲜族妇女大都已年迈，年轻的朝鲜族妇女又纷纷走出家门到沿海地区打工，高丽酱传统的制作技法正面临失传。于是，她决定把制作高丽大酱作为创业谋生的手段，并将高丽酱传统的制作技法传承下去。

心里有了谱，金明姬就购买了100个酱缸，辛苦了一个冬天，终于酿造出30 缸高丽大酱。由于质量好，她制作的高丽大酱受到消费者的青睐，销售收入也有了较大增加。

销路打开后，金明姬在酿制过程中遇到了许多技术难题。她先后到延吉、沈阳、长春、天津等地和朝鲜族聚集的农村进行考察学习，从黄豆的选择，辣椒的挑选、粉碎，再到发酵流程都学了个遍。从此，她做出来的大酱越来越地道、越来越精致，并逐步把产品打造成为长白县的一大特产。①

金斗笠酱传统酿造技艺独特，主要包括以下内容。

（1）大豆筛选。用簸箕将大豆中的泥土、杂质簸出，观察大豆有无虫伤。

（2）清水浸泡。将大豆放入大盆中清洗干净，盖上铝盖浸泡6~6.5个小时（冬季8个小时）。大豆通过吸水膨胀，在整料时迅速达到适度变性，同时还可以供给曲霉生长繁殖所必需的水分。

（3）加热蒸煮。将浸泡好的大豆加热蒸煮，起到给原料灭菌的作用，并

图3–6　高丽酱

① 袁长春、李贵德：《靠卖高丽酱“拼”出来的致富路》，载《农产品加工》，2012（1），50页。

使大豆适度变性，使曲霉生长繁殖，产生各种酶。蒸煮时间为4~6小时。焖料时，温度一般控制在110~120 ℃，停气后，保持蒸料锅内蒸汽焖料2~3小时再出锅。

（4）降温。大豆经蒸熟焖料，出锅摊平约10~15厘米厚，自然降温。

（5）制酱坯、烘干。将大豆捣成面糊状，再切成正方形或长方形的坯块。将切好的大酱块放入烘干炉中烘干。

（6）自然接种固体发酵。将烘干的酱块存放在室内吊板或席子上，覆盖一层干净的纱布，让其自然发酵，生长白毛。

（7）调配入缸发酵。加食盐（采用水120千克、食盐15千克溶化），加入酱坯100千克，入缸发酵4个月左右，保温在28~30 ℃（此工序夏季操作）。

（8）成熟研磨。用搅拌机搅拌研磨，形成糊状，色泽呈金黄色。

采用传统的酿制技艺，并以当地无公害、无污染的优质大豆、辣椒、长白山天然矿泉水为主要原料进行酿制，使得金斗笠高丽酱咸、辣、甜三味和谐，色泽鲜艳，味道鲜美，品种多样，现已成为长白县饮食文化的特色产品。

八、长白山满族豆瓣酱酿造技艺

长白山区是满族的故乡，是满族文化的发祥地，其饮食文化独具民族特色和地域特色，其中用大豆酿造大酱技艺及相关的民风民俗浸润着浓浓的乡情，散发出醇厚的清香。

由于长白山区盛产豆而不产麦，所以长白山满族及其先人“以豆为酱”，并根据长白山区的气候、节气、温度、湿度等自然条件，创造出了独特的大酱酿造技艺。《满洲源流考》卷二十载：“女真人耐寒忍饥，不惮辛苦，能食生物……以糜酿酒，以豆为酱，芼以芜荑。”[①]说的是满族先人女真人以黏米酿酒，以大豆做酱，佐以山菜食用。满族说部《尼山萨满》诸多文本均记述尼山女萨满赴阴间为族人寻魂求寿过程中，三碗酱足以让鬼神垂涎，开关让路[②]，可见酱文化在当时满族社会生活中的重要位置。

在漫长的历史进程中，长白山满族大酱的酿造技艺一直在民间延续传承，成为满族饮食文化中的重要内容。

① 阿桂：《满洲源流考》，1777年刻本，卷二十。

② 宋和平：《“尼山萨满”研究》，北京，社会科学文献出版社，1988。

满族大酱是东北菜系的重要佐料，主要经过选豆、烀制、晾晒、下缸、发酵等过程。而制作酱引子、做酱块子、发酵、下酱、打耙等环节有严格的时间要求，与季节相联系。这是千百年来酿酱实践的经验总结，与当时周围环境的温度、湿度、光照相呼应，以保障大酱发酵的温度、速度，保障大酱的品质，使之成为一种独具特色的生活食品。因此，长白山满族豆瓣酱已经成为北方人民必不可少的食品，深受广大百姓的喜爱。

九、黑龙江邵家传统大酱制作技艺

黑龙江省大庆市肇州县的邵家传统大酱扬名东北。创始人叫邵文武，他的母亲有着做酱的好手艺，在街坊邻居中也小有名气，左邻右舍、亲戚朋友都说邵老太太做的酱好吃，你一盏、他一碗都来要。当时的邵文武一心扑在工作上，还没有心思做酱。

1992年，邵文武下岗后，开始做东北大酱。邵文武长在农村，不怕吃苦。那一年他和妻子整整忙了一个春天，十余缸酱做出来了。他骑着三轮车，拉着自己的酱，满怀希望地走街串巷叫卖。就这样，风里来、雨里去，四个月下来，邵文武的酱只卖了25千克。眼瞅着几千块钱的大酱压在手里，本想发酱财的邵文武十分沮丧。恰在此时，邵文武的大儿子要结婚，亲朋好友几百号人都来道贺。邵文武灵机一动，觉得可以请亲友们品尝一下他的大酱，就决定在孩子的婚宴上来一道“东北葱白菜蘸酱”的菜。结婚宴席上蘸酱菜，这在东北还是一件新鲜事儿；可是效果却出人意料地好，婚宴上的鸡鸭鱼肉最后都剩了，而蘸酱菜却极受欢迎，几乎被一扫而光。从那以后，邵文武家的酱就卖得快了。以后在肇州县形成了一个不成文的规矩，谁家办宴席一定要有蘸酱菜，酱还非得用邵家的不可。邵文武的酱在这个小县城渐渐地火了。

图3–7　黑龙江邵家传统大酱

邵家大酱的制作工艺有着自己的独到之处。为了保证产品质量和颜色的纯正，邵文武想出了一个妙法。以前锅底老是糊豆子，稍不注意就糊了，糊了里面就有黑点，但火轻了还煮不烂。后来他想出一个办法，就是用铝。他利用铝不生锈这个特点，把铝片放在锅底下，然后往里捞豆子。豆子与锅底不接触，豆子就不糊了。这是他的一个秘诀。另外，邵家大酱不仅味道好、颜色纯正，而且特别干净。做过东北大酱的人都知道，这酱是好吃难做，最难防的就是苍蝇、蚊子。为此，邵文武专门做了一张防护网把这些酱缸封起来。但即便如此，也难免带进一些虫子。后来邵文武又想出一个办法：在旁边搁一小缸酱，不加盖，用这个方法吸引那些虫子，这样苍蝇、蚊子就不去污染别的酱缸了，从而起到保护大多数酱缸的作用。①

如今，邵家大酱的名气早已走出县城，并畅销大庆、哈尔滨等地，成为东北大酱的一大名牌产品。

十、横道干豆腐制作技艺

干豆腐是我国古人发明的日常生活副食品，它的制品主要有百叶、千张等。干豆腐营养丰富，清香可口，易于烹调，一直以来深受人们的喜爱。干豆腐制作工序十分烦琐，制作一张美味的干豆腐要经过泡豆、磨浆、煮浆、上榨、起张、成型、包装等多道工序，然后才能到达消费者的餐桌。

横道是小说《林海雪原》故事的发生地。这里不仅拥有林海与雪原，还有驰名中外的横道干豆腐。横道干豆腐色泽金黄，薄如蝉翼。若把横道干豆腐铺在有字的纸上，可以清晰地看到纸上的字，因此备受广大人民群众的喜爱。横道干豆腐颜色金黄，但绝不含色素；有弹性且不含任何添加剂；采用传统工艺，用天然山泉水加工而成。如今，横道干豆腐已成为牡丹江一带的品牌食品，很多中外游人都慕名而来品尝。

图3–8　横道干豆腐

① 乌日娜：《发酱财》，载《致富之友》，2005（4），24页。

十一、姜家沟干豆腐制作工艺

姜家沟干豆腐是辽宁省沈阳市康平县西关乡的特产。姜家沟是康平县陵山山坳里的一个小村子，全村有豆腐作坊50多家。姜家沟干豆腐以本地的优质大豆、清澈甘甜的山泉水，经传统工艺制作而成。其中姜家沟“绿竹”牌干豆腐以“干、薄、细”扬名东北。“干”是指豆腐压得实、干爽；“薄”是指每张豆腐皮薄如纸，几近透明，甚至敷于报上，能够清晰阅读文字；“细”是指干豆腐里不含豆渣，口感柔和。今天，姜家沟干豆腐已成为沈阳市康平县的一张名片，享誉辽东。

图3-9　姜家沟干豆腐

十二、海城小码头干豆腐制作技艺

早在20世纪初，海城小码头干豆腐就以秘方祖传、手工制作、口味独特而闻名遐迩。多年来，小码头村由于其独特的水质条件，在这里加工干豆腐的人家多，加之传统工艺，出产的干豆腐质地优良、口感纯正，因而得名小码头干豆腐。传说早在清代时，皇家贵族对小码头干豆腐非常青睐。此贡品是皇家贵族的专利，平民百姓根本享用不到。

海城小码头干豆腐以“干、薄、细”著称。“干”是指豆腐压得实、干爽；“薄”是指每张豆腐皮薄如纸；“细”是指豆腐里不含豆渣，口感柔和。它的制作加工非常烦琐，程序有10多道，包括：洗、选、泡、磨、熬、点、搅、泼、压、起、切、装。制作干豆腐的器具包括：缸、电磨、铁锅、千斤顶、板子、刀等。

图3-10　小码头干豆腐

百年品牌小码头干豆腐历史悠久，质地薄、味清香、口感好，已成为辽宁地区的经典品牌，是老百姓喜爱的地方风味食品，有其特有的历史价值、经济价值和文化价值。

十三、亮中桥干豆腐制作技艺

亮中桥干豆腐闻名遐迩，是辽宁省昌图县的特产，从清光绪十四年（1888）到现在已有130多年的历史。亮中桥干豆腐因具有豆质纯正、香味宜人、色泽光亮、薄如纸张、韧性极强等特点而远近闻名。亮中桥干豆腐铺在书上可透字，十千克秤砣压不坏，无论生熟都是餐桌上的佳品。凡南下京津沪和北上辽吉黑等地的过往车辆，无不带些亮中桥干豆腐作为礼品馈赠亲友。亮中桥干豆腐品牌经久不衰。

亮中桥镇豆制品加工历史悠久。据考证，“亮中桥干豆腐”在光绪十四年（1888）始出于亮中桥街内李家二媳妇的手工作坊。李家二媳妇赵氏当年16岁，因小叔子做一个月干豆腐后与其老婆吵架出走，赵氏决心利用现有设备试一试。结果质量好于小叔子做的干豆腐，受到大家的认可，从此开始了她70多年制作干豆腐的生涯。赵氏的干豆腐选用辽北大豆，采用“生子”开水汆，500克大豆仅加工出干豆腐175~200克。当时干豆腐坊仅此一家，故起名为亮中桥干豆腐。当传到赵氏儿子李景春后，李景春又传给二女儿李淑坤。130多年来，亮中桥干豆腐一直保持原貌，已成为全国的名牌产品。①

十四、建昌水煮干豆腐制作技艺

建昌水煮干豆腐产于辽宁葫芦岛市建昌县要路沟乡田杖子村王杖子村民组，代表性传承人是果柏成。

图3-11　建昌水煮干豆腐

果氏家族原籍河北省青龙县甘沟乡冰沟村，早在清光绪年间就有粉、豆两坊生意，在当地小有名气。为避战乱，果家先祖果世明于清光绪十二年（1886）来到建昌县要路沟乡，凭祖传的手艺开起南岭下第一家粉坊和豆腐坊。1944年，果柏成的太爷果万全关闭了粉坊，专门做干豆腐、水

① 王明德：《昌图年鉴》，448页，沈阳，沈阳出版社，1995。

豆腐和水煮干豆腐。中华人民共和国成立后，到果柏成的爷爷果全兴时，豆腐坊专做水煮干豆腐。

果柏成是第五代传承人，其水煮干豆腐看上去薄而细嫩、微黄，吃起来咸淡适宜、味觉幽香。为了保证质量，每天只做25千克，曾远销到上海、广州、深圳，并被朋友带出国门，上过美国、日本、新加坡等外国人的餐桌，现已成为建昌县名气响亮的地方特产。

水煮干豆腐是辽西特有的美味食品，采用传统手工制作工艺加工而成，做豆腐的水采用农家院内提取的清甜地下水。此工艺传承至今已有近200年的历史，现在味道更加鲜美，口感更加细腻、筋道。

十五、虹螺岘靠山屯干豆腐制作技艺

虹螺岘是辽宁省葫芦岛市的一个镇，位于葫芦岛市东部，与锦州接壤。坐落在虹螺山脚下的虹螺岘镇靠山屯盛产干豆腐，名噪东北三省的虹螺岘大集，客商如云，购销两旺。来虹螺岘赶集的人，每次都要吃上一顿虹螺岘干豆腐。

关于虹螺岘干豆腐，当地还有这样一个传说：清光绪年间，有一户人家在山脚下开了一个干豆腐作坊，父亲做，儿子卖。父亲技术非常好，能做出超薄的干豆腐。干豆腐每张大小都是一样的，当地有一个不成文的标准，0.5千克超过18张算合格，达到20张为上品，22张以上为精品。他家作坊里做出的干豆腐都是22张以上，并以“干、薄、细、香”为特色而远近闻名。干豆腐品质好，生意当然红火。除了在虹螺岘大集卖以外，儿子隔三岔五还要推着车到连山（今葫芦岛市连山区）和锦州去卖。生意好了。父子俩就想扩大生意，把他们的干豆腐卖到城里去。那时交通不便，卖东西全靠手推车。父子俩商量来商量去，决定让儿子到锦州城附近开一个同样的作坊。说干就干，一个新的干豆腐作坊很快办起来了，儿子高高兴兴地当起了小老板。可是儿子做出的干豆腐无论是味道还是厚薄都比在家做的差得多，试了多次都是如此。儿子只好回去向父亲请教。父亲猜想是儿子的技术不过关，于是

图3–12　虹螺岘干豆腐

就赶赴新作坊，亲自动手做。结果，他做了好多次也都和儿子做的一样。父亲反复琢磨着，看来不是技术问题。到底是什么原因呢？父子俩分析之后得出结论：是水的缘故。于是，父子俩又回到了虹螺山脚下。

一方水土养育一方人，虹螺岘的干豆腐“绝”中之“绝”缘自于水。100多年来，虹螺山的水滋润、哺育了虹螺儿女，也沉淀、培育了百年品牌——虹螺岘干豆腐。虹螺岘镇位于女儿河一带，女儿河水质清澈，不含酸碱，pH值是7。豆腐是大豆蛋白和脂肪在卤水的作用下凝聚而成的，它是有机的化学反应。因此，中性水就有非常重要的作用，它能把溶质变为溶液，参与豆腐制作的全过程后再流出去，不致因水中含有酸碱物质产生其他杂物而影响质量。这样，制作出来的豆腐纯度高、质量好。

虹螺岘干豆腐已经有了100多年的历史。能够做出正宗虹螺岘干豆腐的，只限于虹螺岘镇的下河洼、西菜园、靠山屯等方圆不到几千米的地方。虹螺岘干豆腐的传统制作工艺包括：用山泉水泡黄豆、用大缸过滤豆浆、毛驴拉石磨、铁锅熬豆浆、手工泼脑等10道工序。

世世代代早已将干豆腐做得无可挑剔的虹螺山人，正在努力把这一老字号土特产打造成全国干豆腐行业第一品牌。

十六、普兰店安波卤水豆腐制作技艺

卤水豆腐，又称老豆腐。所谓卤水豆腐，顾名思义，其成形剂就是卤水。为了与以石膏为成形剂的南豆腐相区别，也有人称卤水豆腐为北豆腐。相比于南豆腐，卤水豆腐水分少而硬，口感也更为绵韧。在大连，更多的人喜欢吃卤水豆腐。大连市普兰店区安波镇的卤水豆腐，已被认定为大连市非物质文化遗产。

图3-13　安波卤水豆腐

安波镇位于普兰店区北部，东邻碧流河，西滨复州河。安波的鸡蛋、猪、豆腐、血肠、水果等农副产品都很出名，其中尤以安波卤水豆腐最受人喜爱。

安波的卤水豆腐已经有百余年的历史了，现已传至第七代，传承人是王海斌。安波的卤水豆腐需要经过选豆、水泡大豆、豆磨成浆、渣浆分离、烧浆、点卤水、压脑滤水成豆腐等7大步骤，方能制作出具有特殊香味、口味极佳的卤水豆腐。与石膏豆腐相比，安波的卤水豆腐更注重本土和原貌，更有一种特殊的气味，口感极佳，深受大众喜爱。

第二节　粉条制作技艺

粉业加工在中国有着悠久的历史。民间有孙膑发明粉条的说法，但因为没有史料记载，不可作为依据。实际上，现在很难考证出究竟是谁发明了粉条；但可以肯定地说，它是我国广大劳动人民在生活实践中不断总结、不断改进、不断完善而逐步发展起来的。利用淀粉加工粉条，在我国至少有1400年的历史。

北魏贾思勰所著的《齐民要术》记载“粉英”（即淀粉）的做法是“浸米”“淘其醋气”“熟研”“袋滤”“杖搅”“停置”“清澄”。宋代陈达叟在《本心斋疏食谱》一书中写道：“碾绽绿珠，撒成银缕。”形象地描述了绿豆粉条的制作方法。明代李时珍所著的《本草纲目》记载：“绿豆处处种……磨而为面，澄滤取粉……荡皮搓索，为食中要物。”这里说的“搓索”就是做粉条。

至于人们何时开始探索把马铃薯（土豆）变成粉条也是一个谜。一般认为，土豆粉条源于明朝宫廷，明亡后传入民间。马铃薯在明代传入中国后，成为我国四大主粮（其余三种为小麦、玉米、水稻）之一。东北地区因其独特的气候和地理条件，是我国大面积种植马铃薯的主要地区，因此以马铃薯为主要原料的粉条制作工艺成为东北饮食文化中一道亮丽的风景线。

一、洮南万宝乡粉条制作技艺

吉林省洮南市万宝乡位于长白山余脉延伸而成的沙性黑钙土台地，土质疏松肥沃，特别适宜土豆的生长。所以，这里的农民一直沿袭着种植土豆的传统，加工土豆粉的作坊也比较集中。乡里有个倪家粉坊，是一个做粉的“百年老号”，名气很大。倪尔忠是粉坊的第二代传人，1925年时4岁的他跟随父亲和叔叔从辽宁瓦房店移居到吉林，在万宝乡落了脚。

后来，倪尔忠讨了当地曲姓人家的闺女做媳妇。曲家跟倪家一样，都是辽宁移民，并且是制粉世家，经营着十里八村有名的粉条生意。成亲后，倪尔忠整天泡在粉坊里。他不会制粉，但心灵手巧，帮粉坊做了很多石磨、粉瓢、把勺子之类的物件。岳父曲伯胜看这个女婿为人踏实肯干，打心眼里喜欢。一天，爷俩坐在院里的磨盘上喝酒，曲伯胜借着酒劲说："曲家的制粉手艺原本不传外姓人，但我看你小子是这块料。想学不？"倪尔忠机灵，扔了酒盅就给老丈人下跪磕头，拜了师傅。

倪尔忠就这样正式成为粉坊的一员。他边学边干，不惜力、肯吃苦，哄得曲老爷子整天乐呵呵的。那年月，曲家的粉条虽然好吃，却卖不出钱来。周围十里八村都是穷苦人家，谁也舍不得现钱买这口吃的。粉坊加工的粉条不少，都换了粮食或者其他家用。日子虽不富裕，但也吃喝不愁。

中华人民共和国成立后，倪尔忠加入了生产队，手里的活儿没什么变化，还是整天跟粉条打交道。1983年，农村落实家庭联产承包责任制，倪尔忠抓住时机，开始独立经营粉坊。倪家粉条继承曲家工艺，名号越叫越响。黑龙江的老板赶车过来拉粉，点名就要倪尔忠来做。

制粉一辈子，上了年纪的倪尔忠逐渐退居幕后，"粉把式"的交椅传给儿子倪承顺来坐。从曲伯胜开始算，倪承顺是第三代传人。儿子毕竟年轻，倪尔忠最初不太放心，就跟倪承顺"约法三章"：第一，手艺不能丢，再难也得传下去；第二，老招式不能丢，机器多了，粉的味道就会变；第三，良心不能丢，务必货真价实，万不可砸了倪家粉坊的牌子。倪承顺牢记父亲的教导，至今倪家制粉工艺还是传统的一套：土豆粉在大缸里手工和成粉团，上了光，不粘手才放到漏勺上漏粉；出来的粉条直接落入滚开的水里，粉条在开水里打着滚；漂浮上来的熟粉顺着石槽流进冷水锅里，洗这么一个"凉水澡"；晒干之后才能不粘连。

图3-14　万宝乡粉条

洮南万宝乡粉条采用本地所产土豆加工提炼的淀粉制成，工艺传统，历史悠久，其制作技艺极具地方特色。首先，选取当地盛产的优质土豆，将土豆清洗干净，用专用的叉子将土豆叉成碎块，将叉成碎块的土豆上磨，用石磨将土豆磨碎。其次，将磨碎的土豆去渣过滤取出淀粉；将淀粉用水浸泡，漂洗后放在炕上加热，并加入一定量的明矾，人工将淀粉搅匀。再次，将搅匀的淀粉放入粉瓢，粉瓢内淀粉成条状漏入沸水锅内，捞出后用冷水冷却。冷却的粉丝入粉窖，冷冻后去掉冰碴、水泡，扎成把儿（小捆状）。最后，放在通风处晾干。

通过这一系列复杂而传统的手工技艺所制作的粉条，质量上乘、色泽明亮，用其做出的菜肴透明筋道、口感极好。它作为东北大众化食品深受群众的喜爱和欢迎。

二、林口县粉条制作技艺

黑龙江省牡丹江市林口县奎山乡马铃薯种植具有悠久的历史，素有“马铃薯之乡”“优质粉条第一乡”的美誉。从生长条件上看，该地土壤肥沃，资源丰富，全乡坡耕地中砂壤土面积为2000公顷，适宜种植马铃薯的条件非常优越；从气温上看，全年积温在23~24.8 ℃之间，年平均温差为2.9 ℃，昼夜温差在10 ℃上下，昼夜温差大，非常适宜种植马铃薯。奎山乡有着近百年加工粉条的历史，产品久负盛名。如今的传承人陈良辉追溯历史时说，早年他的父亲从安徽迁往北大荒，将安徽的制粉技术带到了这里。陈良辉从小跟父亲在一起，耳濡目染，经过20多年的奋斗，他家的粉坊从一个名不见经传的小作坊发展到现在每年总加工量达25吨的颇具规模的加工厂。

奎山粉条是东北地方的名优特产。林口县有“三宝”，奎山粉条便名列

图3-15 林口县粉条制作

其中（其余两种分别为古城白酒、柳树大鹅）。从土豆种植到手工制成粉条成品，奎山粉条的整个制作过程都不施加任何农药和化学添加剂，是名副其实的绿色食品。奎山粉条具有晶莹剔透、柔软圆润、爽滑可口、筋道、久煮不糊、味道鲜美等特点，适合煮汤、涮火锅、炖菜、凉拌、热炒等多种食用方法。

三、三青山粉条制作工艺

吉林省松原市长岭县三青山镇有着“粉条之乡”的美誉。这里的粉条生产已有160多年的历史，经历了原始方法生产、手工作坊生产、现代化机械生产三个阶段。

清咸丰四年（1854），兰氏家族千里迢迢闯关东，来到此地（现在的兰家粉坊屯），但见伏龙横卧、沃野千里，呈祥瑞之气，便在此安家落户，开荒种植马铃薯，操祖传漏粉业。将洗净的马铃薯剁碎，放到马拉的石磨上磨成浆，倒入缸中提取淀粉，一年只能加工粉条550千克左右，品种只有菜粉和马莲粉两种。就这样，当地很多人跟着开起了粉坊。

如今，制作三青山粉条要经过土豆清洗、磨碎、浆渣分离、淀粉沉淀、掉兜晾晒、制芡糊、和面摅揉、漏粉成型、煮粉糊化、冷却捞粉、切断上挂、晾晒干燥等一系列复杂、传统的制作工艺。凭借当地优质的天然水和具有地域特色的马铃薯原料，所制作的三青山粉条色泽洁白、晶莹透明、柔韧滋润、清香耐炖、鲜香可口、风味独特，因而闻名遐迩、经久不衰，享誉东北乃至全国，成为广大消费者餐桌上的美味佳肴。

四、长白山土豆粉条漏制技艺

猪肉炖粉条是东北的一道特色菜，可菜里粉条的原料怎么选制、需要怎么加工，却有极大的学问。漏制粉条技术，“煮”是最关键且正面临消亡的手工技艺。吉林省辽源市东丰县人齐显亮坚持用手工漏粉，把这项技艺传承了下来，到如今已经有100多年的历史。

长白山气候寒冷，无霜期短，唯有种土豆能得到好收成，因此土豆成为庄稼人的“半年粮”。由于独特的地理因素、民族因素和饮食习惯，东丰县形成了独特的长白山土豆粉条漏制工艺，制作出的土豆粉条筋道、爽滑，明显区别于现代的工业粉条。吉林省辽源市东丰县盛产土豆，有多家粉坊，齐显亮家的粉坊是其中的杰出代表。

图3-16　土豆粉条漏制工艺

齐显亮家世居东丰县，迄今已有100余年。子承父业，将这门技艺传承下来。齐显亮的祖父齐才厚生于1903年，曾在粉坊跟师傅学得漏粉技艺，并传给后代。齐显亮是第三代传承人。齐显亮的儿子齐辉，已学会全套漏粉技艺，并决心将此传承下去。

土豆洗完后要长时间浸泡。伏天沤土豆沤得快。沤好的粉浆子是粉红色的，属上等，出粉面子多。过好包的粉浆子在大缸里沉淀成土豆淀粉。漏粉时，拍瓢粉匠有节奏地拍瓢，漏出的粉也有节奏地往下落。粉漏进锅里，翻锅粉匠用翻棍不停地翻动漏下的粉，不让粉黏成坨。瓢里的芡粉快漏完时，拍瓢粉匠连拍两声瓢，填瓢粉匠马上把准备好的芡面子倒进瓢里。粉做好后，放到粉架子上控水，水控干了再拿到外面的粉架子上晾干。

目前，这门手工漏粉技艺已成功地申报为吉林省非物质文化遗产，齐显亮也成为长白山地区土豆粉条传统漏制工艺的代表性传承人。

五、朝阳县传统漏粉技艺

“漏粉”是农耕社会的产物，在辽宁省朝阳县有着悠久的历史。“文化大革命”前，几乎每个乡镇都有粉坊，当时称“瓢漏”，规模很小，以家庭为单位，参与人员仅限2~3人，每天漏粉最多几十千克，大部分在本地区出售，有一定经济收入。20世纪80年代后，逐渐由“瓢漏”发展成“盆漏”。朝阳县“漏粉”原料主要是地瓜，将其打碎晾晒成地瓜粉。最有影响的是六家子镇的官粮窖村粉条、黑牛营子乡粉皮，远销河北、天津等地。

图3–17　朝阳县传统漏粉技艺

朝阳县粉条以薯类为原料。传统技艺制作流程是：先烧一锅开水，再称1千克地瓜淀粉放在粉盆里，加开水用力搅成芡，俗称“打芡”（就是搅成糊状）。再称25千克地瓜淀粉和打好的芡和匀。和匀后，如果制成粉条，就放在粉瓢里匀力拍打，使和好的淀粉从粉瓢露眼处均匀地漏下，漏进开水的锅里，过淋以后再用手导入冷水锅里，穿在粉杆子上挂起。夜间把挂起的粉条拿出去泼水速冻，冻透以后，用温水化开，晾干绑起。成品粉条呈淡黄褐色，分为宽粉、细粉、粉丝、粉皮，端上餐桌后具有味道鲜美、耐炖、口感柔软、有韧性的特点。其制作工具包括：粉盆、粉缸、粉瓢、芡耙、大铁锅两口、粉杆子等。

六、北票龙潭粉丝制作技艺

龙潭乡位于辽宁省北票市西北部，处于北票、朝阳、赤峰三市交界处。该地区是丘陵地貌，土壤以沙壤土为主，十年九旱，日照时间长，昼夜温差大，特别适宜抗旱耐瘠作物的种植和生长。因此，北票及周边地区的绿豆种植历史悠久，绿豆年产量在万吨以上，不仅数量多，而且品质优良。这为龙潭绿豆粉丝的生产提供了良好的物质基础。

龙潭绿豆粉丝的制作要经过选料、清洗、浸泡、磨浆、自然发酵，去渣、过滤、沉淀、碎粉、兑芡，揉面、漏制、熟化、冷却、搓粉、冷冻、砸粉除冰，自然晾晒，分级、包装等几十道工序。这几十道工序除磨浆用石磨或电磨外，其他全部是手工操作，有些关键工序只能凭经验和师徒口耳相传去领悟，外行人是难得真传的。据传承人许世仁介绍，他家的祖上就是做粉丝的，而他继承了祖辈的技艺。如今，在龙潭镇真正掌握全部工艺流程的也

图3-18　龙潭粉丝制作技艺

不过10人左右。

龙潭绿豆粉丝是辽宁省北票市特产，历史悠久，选用纯天然绿豆做原料，佐以优质的龙潭山泉水，经专家精心研制，由传统粉丝生产工艺和现代技术精制而成。产品丝条均匀、色泽洁白光亮，筋大耐煮，不化汤、不发黏，味美爽口，富含多种维生素，营养价值丰富，既是上等食品，又是医疗佳品，具有消毒、消炎、消暑去火功能，素有"华夏第一粉"之称。2006年被清华大学定为特供产品，2008年11月又被钓鱼台国宾馆定为特供产品。产品畅销省内外，并远销德国、美国、韩国、日本等国。

第三节　小吃类制作技艺

一、克东腐乳制作技艺

腐乳又名豆腐乳、乳腐，也称酱豆腐。它是以大豆为主料，经加工磨浆、成坯、长霉、腌坯、发酵而成的一种口味鲜美、风味独特，营养丰富、价格低廉，深受广大消费者喜爱的调味佐餐佳品，在我国已有悠久的酿造历史。

克东地处黑龙江省松嫩平原，历史上虽然开发较晚，但早在金代，女真人就曾在距离两克山5千米之遥建立过北方军事重镇"蒲峪路"。克东县拥有丰富的物产资源和得天独厚的自然条件，自古以来就以盛产"赛珍珠"（即

图3-19 克东腐乳

东北大豆）而闻名北大荒。从过去到现在，盛产的“赛珍珠”及其制品因品位高、质量好而经久不衰，古代时曾成为宫廷贡品。现在，国家已将克东定为大豆出口商品粮基地。由于克东腐乳一直选用当地无任何污染的优质大豆为主要原料，并采用独特工艺，自然发酵“微球菌”酿造，因此在制作腐乳的豆腐坯上围着一层绒绒的金黄色菌衣，具有极强的分解蛋白的能力。这种菌衣肉眼看上去薄而不露，故被雅称为“豆腐裹金绸”，且唯克东腐乳独有。

长久以来，人们在赞美克东腐乳的绝妙之处时，一直流传着这样几句民谣：“豆腐裹金绸，取水岩中流。宝方宫廷传，菌群罩在头。”克东腐乳配方带有神奇色彩，虽然有过不少传闻，但说法不一。根据当地史志和有关资料以及搜寻历代传人的记忆，克东腐乳配方的传奇可以追溯到很远的历史。

相传，在金天兴（1232—1234）年间，位于现今克东境内的北疆军事重镇蒲峪路（此故城遗址已被国务院列为国家级重点文物保护单位），要恭迎哀宗（完颜守绪）到府巡查。蒲峪路节度使命膳部庖人武友印精心制作腐乳以迎接皇帝。武用当地大豆，取山泉之水，废寝忘食，精工细作，数天内做出四五种。他因昼思夜想，身心交瘁，结果胃疾复发，无奈去药铺向郎中述说。郎中给其开了砂仁、紫蔻、良姜、丁香等九味中草药嘱其服用。武回至厨房，将药放在了调制腐乳的配料旁边，因体力不支，求庖夫乔明云（一作乔朋云）代劳煎之，自己便去歇息了。乔明云调制完豆腐乳再去给武煎药时，才发现武治病的中药已被其误做了调制腐乳的配料，十分焦急，立即把实情告诉武友印。武惊恐万状，大汗淋漓，一声哀叹，撒手而去。乔隐事在心，佯装悲痛，并告假送武回关内老家处理后事，一去不归。数日后，哀宗到蒲峪路宴请群臣，庖夫怀着忐忑之心献上了经过长期发酵的腐乳。哀宗一见此地腐乳身裹金绸，细腻润滑，芳香扑鼻，匠心独具，大加赞叹，随即钦定为宫中贡品，并将腐乳的调制者乔明云调任宫中膳部郎，限期到任。乔闻讯后不敢违旨，到药铺记下了武友印用过的药方，后起程赴京城就职。乔明云在宫廷中干了一生，所做的腐乳九州闻名。晚年他告老回到家乡山西，并将他的技艺一代一代地传了下去。

可惜这只是民间传说而已。金代末年，北方领土已经悉数落入蒙古人之手，哀宗终生未能踏入东北半步，所以不可能有此事发生。不过这个传说或许应该是在金世宗（1161—1189）在位期间发生的，因为金世宗在位晚期确曾到过东北，并滞留了一年之久。

事实上，今天的克东腐乳起源于1915年，为黑龙江传统的地方特产，在腐乳之林中独树一帜，在全国也享有盛名。其生产工艺以细菌型而独具特色。它采用微球菌（滕黄球菌）生产工艺，该工艺以传统技艺与现代科学技术相结合，采用地产A级绿色大豆为主料，经过29道复杂工序，长达180天发酵。该产品色泽鲜艳、味美清香、质地细腻、柔软适口、韵味绵长、营养丰富，富含蛋白质及18种氨基酸，其中人体必需8种氨基酸种类齐全，也富含维生素B_1、维生素B_2、维生素C及钙、铁、锌、硒等微量元素，是老少皆宜的高档佐餐佳品。产品远销东南亚、日本、韩国、美国。产品亦有健脾补阳、温中散寒、开胃止胀、解膻去腻、增进食欲、帮助消化等特点，是国内唯一特许以中草药配方的腐乳，堪称腐乳家族的一朵奇葩。[①]

二、锦州小菜制作技艺

辽宁省锦州小菜原名“虾油小菜”，在历史上曾享有“海味佳品”之誉。传统的锦州“什锦小菜”采用小黄瓜、油椒、豇豆、芹菜、小茄子等10种鲜嫩蔬菜，经特殊生产工艺加工后，用优质虾油调制而成。它创制于清康熙年间，距今已有300多年的历史。

清康熙初年，锦州城南渤海湾一带有个叫硝盐锅的村子，住着一户姓李的人家，靠打鱼捕虾为生，历年在“小满”前后，在二界沟附近捕捞鱼虾。因为这一带是个漫滩，是海水与河水的汇合处，所以这里产的乌虾（俗称大麻线）皮薄肉厚、肥鲜、味浓、无腥味。他打回来的鱼虾都担到锦州来卖。有时剩点虾就倒在缸里，怕坏了就加点盐，久而久之，缸里的虾越积越多，并经过日晒自然发酵，变成黏稠状的虾酱。每到吃饭时就舀一点下饭，并送给左邻右舍品尝，凡吃到的人都纷纷赞扬味道鲜美。以后经他细心管理，增加日晒和搅拌，虾酱味道更加鲜美，遂取名为“卤虾酱”。

后来，他又发现浮在上边有一层油，吃起来比虾酱味道更鲜美。为了多

① 辛茂龙：《克东腐乳生产工艺简述》，载《今日科苑》，2007（16），203页。

一些虾油，他不用勺取上面的油，改为用装筷子的笼子插在虾酱中，过一会儿，笼子里贮满了清鲜的虾油。油多了就用油腌菜，一开始腌些黄瓜条、芹菜，以后改为用整个小黄瓜，腌后花不落，刺不掉，吃起来更清脆鲜嫩。逐渐又增加细嫩的豇豆和辣椒浸泡于油内，数日后品尝，其味道与虾油同，其色不变，于是"虾油小菜"便由此而生。后来便开始拿到集市上卖，颇受人们欢迎，销路日增。自家产的小黄瓜不够用，就到附近村屯去收购，买卖越做越大。李家的"虾油小菜"在东海口一带逐渐传开。

清康熙九年（1670）秋，庄主带此卤虾酱一坛奉献朝廷。恰逢康熙帝食欲不佳，品尝后顿觉胃口大开，特大加赏赐，从此卤虾酱称"原封贡虾"，年年进贡。清康熙二十一年（1682），康熙帝东巡祭祖，锦州府尹专程取两"狗头坛"虾油小菜贡奉。康熙帝尝后觉其气味荤香，清脆爽口，愈加赞美，并钦定为进贡珍品。乾隆年间，乾隆微服私访至锦州品尝后，深为其余香所诱，赞不绝口，欣然题联曰："名震塞外九百里，味压江南十三楼"。横批："什锦小菜"。至此，锦州小菜更是名声大振。

清同治九年（1870），李家后代李广春继承祖业，在村里开设一小作坊。他把捕来的虾放入缸里，通过发酵制成虾酱，每年要糟20多缸，然后取出虾油，专门腌制虾油小菜。不久随着入城做买卖的潮流，他索性来到锦州，与侄儿李棠一起，在城内钟鼓楼东北角，以"玉和成"为字号，开了个小菜铺，生意很是兴隆。不少人也跟着效仿，相继出现了"同盛居""兴聚号"等几家小菜铺，互相竞争。李广春意识到要想在城里站住脚跟，就得占领市场，扩大营业。要做到这一点，就必须提高小菜的质量，增加花色品种，以质取胜。他经过试验，先后在虾油小菜里投放了菱形苤蓝块、螺旋形小地梨、杏仁和姜丝，使小菜的品种达到8样。同时他又改进了小菜的制作技术，先把鲜菜用盐水浸泡，使水分排出，然后卤制，保证小菜色泽协调、清香适口、风味经久不衰。由此，虾油小菜更加远近闻名。从此，"虾油小菜"又冠以"锦州"二字。锦州小菜由于色鲜味美，逐渐被人们所认可，成为冬令佐食佳品。这就是锦州小菜的由来。

锦州靠近渤海湾，有气候温和、雨量适宜、夏季高温多雨、日照好、无霜期长的良好自然条件，为锦州小菜的原料种植和收购提供了优越环境。李家每年春季都从城边一带的渤海收购大量的乌虾，按照传统工艺自行酿造虾酱，并用自己酿造的虾酱生产优质虾油，作为小菜生产的主要原料。小菜生产所需的小黄瓜、油椒等，也是自己繁育的优良种子，自己落实种植基地，传授种植技术，按标准进行收购，并按严格特殊的生产工艺加工腌制。优质的原料，加之传统与现代科技相结合的生产工艺，使锦州小菜加工精细、菜码整齐、色泽碧绿、清脆爽口、食之解腻、气味荤香、营养丰富，堪称食林一绝。

图3-20　锦州小菜

现在锦州小菜已发展为100多个品种，除仍保留传统工艺和独特风味外，还不断有美味可口的新产品推出，酸、甜、辣、鲜，口味俱全，而且产品包装款式多样、设计精美，形成了系列化、礼品化，满足了不同层次消费者的需求。目前，锦州小菜作为海味佳品已畅销海内外，深受广大消费者的喜爱。[①]

三、高桥小菜制作技艺

高桥小菜产于辽宁省葫芦岛市南票区高桥镇，距今已有近百年的历史，始创于清光绪年间。它也是早年向宫廷馈赠的佳品。

高桥小菜的创始人是刘云献，祖籍河北，1893年出生，1902年随父举家迁居现葫芦岛市连山区高桥镇大四方台村（当时地名为“连山高桥铺”）。12岁时，刘云献在读了3年私塾之后，由于家庭困难无力支付学费，就开始和父亲制作咸菜。当时条件很差，是家庭式小作坊，靠腌制的小菜四处变卖来养家糊口。高桥大四方台村距西海口有几里之遥（现在的西海口已建成锦州港），西海口是渤海岸边的一个小渔村，也是清代的一个小码头。当时，全国各地的商船、商人经常来这里交易，互换商品，尤其赶上初一、十五大潮时更是热闹。刘云献时常跟随父亲把自家的咸菜拿到西海口叫卖，去的机会多了，接触的也就多了。当时有一位来自山东的老客，带有一种叫鱼露的东西，引起了刘云献父亲的注意。这种东西既有腥味，又有鲜味，食之有味，弃之可惜，对方说这是捕捞的鱼一时吃不完，时间一长在容器中溢出的

① 荀凤英：《锦州小菜史话》，载《兰台世界》，2002（11），40～41页。

液体。这件事触动了刘云献父亲的灵感。

原来渤海每年早春开海时盛产一种银白色的小虾和细线一般的乌虾。银白小虾炒后制作虾皮，而乌虾只能做饲料。当时17岁的刘云献看到海边弃掉的乌虾，索性搜集起来，回家后像腌咸菜一样把它腌起来。刘云献从小养成勤劳、吃苦、心细、什么东西都好琢磨的性格。他每天都去观察腌制后的乌虾，有时他还用酱耙（农村老太太打酱的耙子）打几下，过了一段时间，果然生成了一些液体，用手指一蘸品尝一下，很是鲜美，爷俩为之一震，如获至宝，非常高兴。后来，刘云献收购乌虾，而且从几缸到几十缸地腌制，采集的油存放起来，放一段时间味道更鲜、更美。最后爷俩给这个油取了名，叫虾油。偶然的事情，成就了以后的一番事业。

1913年，刘云献的父亲为了扩张自己的酱菜，在连山大街设立了店铺，字号为“义发祥”。当时店铺不大，总面积为510平方米，营业面积为376平方米。作为一个窗口，第一次把刘氏酱菜发展到了城里。此时的刘云献用自己腌制的虾油替代了用盐腌制本村种植的小黄瓜、地梨、芹菜、芸豆、豇豆。经过虾油泡制的菜具有鲜、脆、爽的特点，一改盐制菜苦、咸的口味。虾油小菜很适合东北人的口味，刘氏酱菜生意由此也就火了起来。针对市场情况，在征求大家的意见后，刘云献开始琢磨将散装换成包装，这样有利于市场流通，方便携带。开始是几种菜无序包装，逐步到有序包装。由于当时没有化验能力，小菜的质量靠的是经验，靠的是品尝，靠的是用户的反馈。随着时间的推移，海鲜小菜越来越受欢迎，得到了更多人的认可。充满商品意识的刘云献意识到，商品发展到一定程度必须有自己的字号和特点，否则就会出现鱼目混珠。经过潜心琢磨，他最后精选小黄瓜、小芸豆、油椒、苤蓝、地梨、杏仁、小茄子、姜丝、芹菜、豇豆，实行计量包装。这就是延续到现在的什锦小菜。包装选择条编小篓，而且猪血加毛头纸封口（毛头纸是清代用麻加纸浆制造的纸，拉力很强），这种古老的包装至今该厂还在使用。1913年底，以刘氏冠名的篓装海鲜小菜出现在市面上。据史料考证，当时清朝宫廷的御桌上也少不了海鲜小菜。轰动朝野上下的海鲜小菜成了百姓心目中的品牌。

作为第一代继承人，刘九奎是刘云献的长子。刘九奎生于1925年，13岁起从事父业。1956年公私合营改造，刘云献创办的义发祥连同德发源、春源勇、万丰酱园、大生酱园、荣誉酱园等6家合并成立锦西县公私合营酿造厂。当时刘九奎的二弟刘九文在锦西县公私合营酿造厂，而31岁的刘九奎则回高桥镇大四方台村，继承父业，延续刘氏酱菜。为了秉持父业并将其事业延续下去，刘九奎除了继续制作海鲜小菜外，还开始研制虾油系列小菜。同时精制的虾酱、原浆虾油都已陆续上市。“文化大革命”期间，企业断断续续，生产、经营一度受到了影响。从1972年到1984年的10多年时间，受各种因素的制约，刘氏小菜的发展受到了限制。

1985年，在高桥镇党委和政府的支持下，刘九奎老先生在镇上重建酱菜厂。靠着创业的雄心，凭着艰苦奋斗的毅力，小厂从小到大、从弱到强。1986年高桥小菜厂生产的海鲜小菜得到了专家、技术监督部门、用户的认可，通过了市级技术鉴定。同年4月海鲜小菜向国家工商总局申请，注册了“锦港牌”商标。1987年，海鲜小菜参加全省组织的行业评比，经专家评议、产品检测所检定、用户评定，该厂的海鲜小菜被辽宁省政府授予省优质产品称号。1988年，农业部组织评比，海鲜小菜代表辽西特产参加评比，它以优良品质被农业部授予部级优质产品。刘九奎老先生膝下无子女，如今，高桥小菜的传承人是刘九奎老先生的助手刘恩平。

高桥小菜的主要特点：保存了新鲜蔬菜原有的营养成分，味道鲜美，具有清口开胃、消暑解腻、杀菌强身、保存时间较长等特点，对于促进食欲、帮助消化吸收、增进健康有一定的作用。虾油是高桥小菜的主要调味品，经过虾油泡制的精选小黄瓜、小芸豆、油椒、苤蓝、地梨、杏仁、小茄子、姜丝、芹菜、豇豆，具有鲜、脆、爽的特点，一改腌制菜苦、咸的口味。虾油小菜的问世极大地满足了东北人的口味，这就是延续到现在的什锦小菜久盛不衰的原因。

四、朝鲜族咸菜制作技艺

朝鲜族咸菜是我国朝鲜族的一种特色饮食，是伴随着朝鲜人的迁入而进入中国东北地区的。17世纪末，朝鲜人已开始从邻国朝鲜陆续迁入中国。到19世纪中叶，尤其是1869年朝鲜北部遭遇大饥荒，朝鲜人更是大批北迁。1910年，日本吞并朝鲜半岛，又有大批朝鲜人迁入中国东北各地。东北的朝鲜族咸菜尤以吉林省前郭尔罗斯一带最负盛名。

吉林省前郭尔罗斯的朝鲜族居民于19世纪初为谋生计而迁来，曾散居在套浩太、吉拉吐乡等地，现主要聚居在鲜丰、灯笼山等村屯。百余年来，朝鲜族与蒙古族、汉族各族人民共同开发建设了富饶的前郭尔罗斯，其独特的饮食文化对其他各族群众的饮食文化产生了一定的影响。如今，在城乡各地

图3-21 朝鲜族咸菜

随处可以见到朝鲜族风味的餐饮店铺。作为佐餐食品之一的朝鲜族咸菜，是这个民族日常不可缺少的菜肴，已经成为广大群众喜爱的特色食品之一。

咸菜是朝鲜族饮食中最具特色、闻名世界的一种菜肴，也是朝鲜族群众主要的过冬蔬菜。每到秋天，家家户户都要整修存放咸菜的地窖、大缸等，适时腌制白菜、萝卜等各种蔬菜，装满院子里和地窖内的多口大缸，景象非常热闹。朝鲜族咸菜做工精细，讲究卫生，且种类多、味道好，又香又辣还带甜味，是朝鲜族家庭入冬后至第二年春天的常备菜肴。主要品种有酱腌小辣椒、酱腌紫苏叶、辣酱南沙参、咸辣桔梗、酱牛肉萝卜块等。在前郭尔罗斯，朝鲜族咸菜的加工制作也受到农业生产、气候变化及饮食习俗等方面的影响，多以白菜、萝卜、桔梗、黄瓜、芹菜等为原料，切成片、块、丝，用盐卤上，再拌以芝麻、蒜泥、姜丝、辣椒面等多种调味品，吃起来清脆爽口。

朝鲜族咸菜的主要种类有辣白菜、酸辣萝卜、甜辣小黄瓜等，其中最主要的是辣白菜，朝鲜语叫“吉木其”，一年四季皆可制作，是朝鲜族咸菜中的上品。朝鲜族咸菜的主要制作方式是：将上好的白菜、萝卜、黄瓜、茄子等放在淡盐水中发酵或直接晾晒洗净，然后加入辣椒、姜末、白皮蒜、香菜籽等调料，腌制后放置在地窖、冰箱等较为阴凉的地方，数日后即可食用。

除了吉林省前郭尔罗斯地区的朝鲜族咸菜外，鞍山朝鲜族泡菜（酱菜、拌菜）制作技艺也有近百年的历史。鞍山朝鲜族泡菜（酱菜、拌菜）以发酵为主要制作工艺，具有解腻解酒、助消化、增强食欲的功效。

五、朝鲜族泡菜制作技艺

泡菜是在用盐腌过的白菜上添加辣椒粉、蒜、姜、葱、萝卜等调味品，并使之发酵的一种朝鲜族传统饮食。从广义上讲，朝鲜族泡菜包括泡菜、小咸菜、酱腌咸菜，其中最常见的是以白菜为主料腌制的咸菜。在朝鲜族的日常生活中，泡菜是一日三餐不可缺少的佐餐副食，而且腌制泡菜成为家庭妇女必学、必会的手艺。在老一代朝鲜族妇女中，不乏腌制泡菜的能手，她们在原料的选择、食盐的处理、作料的调制等方面都有独到之处。

朝鲜族的泡菜具有悠久的历史。在朝鲜族的传统饮食中，泡菜是最有代表性的食品，无论是粗茶淡饭还是美味佳肴都离不开它，它已成为朝鲜族的象征。

朝鲜族的泡菜有1300余年的历史，在古代被称作“菹”“渍”“沉菜”，均有“浸泡的菜”之义。古代的泡菜用咸盐或醋腌制，现代的泡菜则形成于16世纪中叶辣椒传入朝鲜半岛以后。人们将辣椒、大蒜、生姜等调味品应用于腌制泡菜的作料之中，使原来只有咸味或酸味的泡菜变成具有辣、咸、甜、酸等多种味道，而且营养也更加丰富。泡菜的主要原料是各种蔬菜，泡菜中维生素及钙、铁、磷等矿物质含量丰富，在泡制过程中，蔬菜的温度一直保持在常温下，蔬菜中的维生素C和B族维生素不会受到破坏，因此，泡菜比起炒菜来营养价值更高。泡菜富含乳酸，可刺激消化腺分泌消化液，帮助食物的消化吸收。常吃泡菜可以增加肠胃中的有益菌，抑制肠道中的致病菌，降低患胃肠道疾病的概率，增加身体抵抗力。

朝鲜族泡菜品种多样，可分为泡菜类，如辣白菜、小白菜泡菜、包馅泡菜、豆芽泡菜、豆角泡菜、水泡菜、萝卜块泡菜、英菜（又名胡椒菜）泡菜、芥菜泡菜等；咸菜类，如萝卜丝咸菜、黄瓜咸菜、寒草咸菜、苏子叶咸菜、蒜薹咸菜，香葱咸菜、茄子咸菜等；酱腌咸菜，如酱黄瓜、酱辣椒、酱沙参、酱黑豆等。

朝鲜族泡菜的腌制主要包括处理原料、初渍、调制作料、涂抹作料、发

图3–22　朝鲜族泡菜

酵等过程，并在原料的选择、食盐的处理、作料的调制等方面都有其独到之处，这使得朝鲜族泡菜成为风味独特、受人欢迎的民族食品。

六、小万庄酱菜腌制技艺

在东北有一种食品，带着浓重的乡土气息，它朴实无华、貌不惊人，却又让人难以忘怀。在一坛坛巨大的酱缸中，腌制着纯绿色的蔬菜，这种食品的味道曾伴随着庄稼人度过了一个个寒冷的冬季，它就是历史悠久的敦化特色酱菜——小万庄酱菜。

小万庄是位于吉林省延边朝鲜族自治州敦化市经济开发区工业园区的一家食品有限公司，一个“庄”字，带出泥土气息，体现了其田园绿色的特点，让人很自然地联想到乡村的场景，有一种说不出的亲切感。

小万庄腌鲜酱菜技艺创始于清乾隆三年（1738），距今已有200多年的历史。乾隆初年，清政府在敦化额穆设立了赫索罗打牲乌拉。作为专门给清皇室采集贡品的部门，赫索罗打牲乌拉每年都需要数次进贡皇宫土特产品。在进贡的产品中，山野菜蕨菜、黄花菜及种植的青菜芹菜、黄瓜等在盛夏季节难以存放，人们冬季又难吃到北方蔬菜，为此有一位名叫刘长青的人研制出了小万庄腌鲜酱菜。

相传，在清乾隆年间，菜农刘长青在长白山下以种菜谋生，勤于耕作，收获丰厚。当时由于气候的原因，无法让蔬菜四季保鲜。于是，他开始研究腌制酱菜的方法。日复一日，年复一年，终于功夫不负有心人，他腌制出了一道道家乡下饭小菜，并获得了左邻右舍的交口称赞。此后，刘长青以其独特的配方开始经营酱菜作坊——小万庄。直到清末，由于战乱，酱菜作坊被迫关闭。20世纪80年代，刘长青后人刘东伟在一次维修祖屋的时候发现了祖辈留下的秘方和遗愿。于是他按照此秘方逐一摸索，终于复原了“小万庄”的传统口味。

图3–23 小万庄酱菜

如今的小万庄酱菜选用长白山区大山里的山野菜，即蕨菜、大叶芹、刺老芽、刺五加、柳蒿五种山珍美味，以及经过严格挑选的黄瓜、辣椒、辣菜、甘露等为原材料，采用38

道传统工序，大缸酱制56天，没有任何添加剂，既保证了山野菜等原材料的原汁原味，又确保了酱菜中的亚硝酸盐成分完全消失，产品17项内含指标全部通过国家及吉林省农业深加工产品质量监督检验中心的产品质量合格检验，并荣获“延边州知名商品”称号，其传统酱菜制作工艺被收录到《吉林省第三批省级非物质文化遗产名录》。

七、秋林糖果制作技艺

秋林糖果是秋林里道斯系列产品之一。秋林酒糖源于俄罗斯，一块糖要经过灌糖、扫糖、涂巧克力外衣等诸多工序，号称“糖中之王”。

图3-24　秋林酒心糖

哈尔滨秋林里道斯食品诞生于1900年，当时由俄罗斯人亲自教授制糖工艺。20世纪30年代前后，秋林俄式糖果已经成为哈尔滨文化的一个烙印。

为了保留正宗的俄罗斯口味，秋林糖果保持着原始的生产方式，整套制糖工艺都是纯手工操作。如今，秋林里道斯已成为哈尔滨百年老字号中唯一无外资介入的民族品牌，“秋林巧克力酒心糖”“秋林大虾糖”等传统风味糖果始终保持俄罗斯传统工艺和特色，久负盛名，畅销不衰。例如，传统产品秋林牌大虾糖，采用特级优质东北白砂糖、优质山东花生，伴以传统生产工艺精制而成。该糖的选料精、做工考究，线条清晰、形似大虾，皮薄馅酥、香甜不腻、松酥可口，具有高营养、高热量食品的特点，曾荣获中国首届食品博览会银奖和商业部及黑龙江省优质产品称号，素有“双优”产品之雅

图3-25　大虾糖

称，并于1992年被评为省、市名牌产品，是馈赠宾友、老少皆宜之佳品。

八、刘家果子制作技艺

辽宁省盘锦市大洼县田庄台是我国回民较为集中的聚居地之一。回族饮食文化丰富多彩，“老刘家果子铺”就是其中之一。刘家果子铺做出来的糕点别具风味，在镇内很有名气，称得上盘锦地区的一种名产，在民众中享有很高的声誉。刘家糕点选料十分考究，做工异常精细，糕点中有用菜油、冰糖、玫瑰花瓣、核桃仁、青丝、芝麻、蜂蜜配制的糖馅，也有用红枣、红豆等制作的枣泥馅和豆沙馅。甜品类有佛手、白皮、桃酥、炉果、蛋糕、芝麻饼等。

刘家果子制作技艺距今已有100多年的历史，蕴含了独特的回族饮食文化。早在1910年，一个名叫刘忠喜的年轻人到一家糕点铺当学徒，经过5年多的刻苦钻研，在名师的传授下，终于掌握了各种糕点的加工制作技术和配料方法。回到家后，刘忠喜开始摆小摊卖糕点。刘忠喜年老后，店铺由其子刘丕贤经营。刘丕贤为人忠厚，又善于经营，为提高糕点的质量，他特意聘请有名的糕点师为技术指导，在原有的基础上，又融合了回族群众在传统节日中专门制作各种甜食的技巧，从而做出了极富民族特色的精美糕点。

刘家果子的选料十分考究，做工尤为精细。刘家果子中最出名的当属“老八件”：牛舌饼、风车、蝴蝶、帆船、青蛙、荷叶、花瓣、昆虫。“老八件”是指用八种不同的馅料做出的不同口味、不同形状、不同颜色的八样点心。每逢年节，刘家果子都成了居民探亲访友的馈赠佳品，在同行业中独占鳌头，名扬古镇。

图3-26　刘家糕点

九、奶食品制作技艺

饮食文化具有依赖性，其形成与自然、地理、气候以及所从事的经济形式密切相关。蒙古族饮食是与蒙古族地区游牧文化的历史条件紧密结合而形成的独特形式。蒙古族食物可分为“肉食”和“奶食”。清代，蒙古族学者松筠曾在《绥服纪略》中描述蒙古族的生活：“大漠积沙缺水之地，居人凿井而饮，赖天雨以生草畜牧，谓之瀚海。”“衣其皮，食其肉，饮其奶”也是对蒙古族生活习俗的概括。蒙古族称奶食品为“查干伊德”，即白食，源于奶食品的白色。每逢喜庆宴会或节日聚餐，蒙古族人招待宾客都要先请品尝奶食品。

蒙古族奶食品有黄油、奶皮子、奶酪、奶豆腐、奶油、乌鲁莫、酸奶、奶渣、奶糕等。其制作技艺具有浓郁的草原特色和民族特点。如制作奶豆腐（也称奶干），要将鲜奶用纱布过滤，盛入器皿，经数日发酵后，再倒进锅里熬煮，榨去乳清，留下凝乳稠，然后用木具加以反复揉搓，使之黏糊，装入刻有各种图案的木模，放置通风处晾干即成。

千百年来，奶食品一直是蒙古族最传统、最具代表性的食品。其饮食价值和制作方法远近闻名，是蒙古族饮食中的一绝。蒙古族的各种奶食品在元代的《饮膳正要》中多有记载，其中“奶皮子属性清凉，有健心清肺、止渴防咳、毛发增色、治愈吐血之能”。过去，奶食品是蒙古族人赖以生存的食粮，也与蒙古族人的精神生活息息相关。吉林省前郭尔罗斯蒙古族视奶食品为食品中的极品，是吉祥、安康、福泰的象征，常把各类奶食品当作祭祀、祈祝或相互馈赠之佳品。从古老的氏族、部落开始，郭尔罗斯蒙古族世代传承着奶食品制作技艺，体现了古老、灿烂的饮食文化特色。

奶食品制作技艺是蒙古族世代传承的民间手工技艺，在千百年的传承中不断改进制作技能和手法，现在，全国各地已经有许多乳品企业进行现代化

图3-27　奶食制品

的规模生产，市场销售也较多。而在前郭尔罗斯，传统的奶食品制作技能在民间一直普遍流传，虽然没有明确的传承谱系，但在查干花、乌兰敖都、乌兰图嘎、浩特茫哈、东三家子、海勃日戈、乌兰塔拉等蒙古族聚居地，许多蒙古族家庭都十分喜爱制作各类奶食品。

蒙古族的奶食品可以分为食品与饮品两类，以鲜奶为原料，主要有奶皮子、奶酪、奶豆腐、黄油等。主要制作方法如下。

（1）奶皮子。蒙古语称奶皮子为“乌日莫”，分为生、熟两种。以牛奶为原料，制作方法通常有两种。其一是将鲜奶存放1~2天发酸后，表皮就会形成薄薄的一层奶皮，蒙古语称之为“图黑乌如木”，即“生奶皮子”。这是提炼黄油的主要原料。其二是将微火煮沸的鲜牛奶反复用勺子扬撒，直到起泡沫为止。到次日，冷却，表层凝结出厚厚一层奶脂，即熟奶皮。奶皮子是奶食品中的佳品，味道甘甜，且具有食疗作用。

（2）黄油。蒙古语称为“希日陶苏”，是“奶食之上品”。制作方法是将鲜奶发酵凝固成老豆腐状，用勺子撇去凝结表层奶脂，储存在器皿中。当有一定存量后，用木棒向同一方向搅动，直到出现颗粒状油块（白油）时，再将其放入锅中微火熬制，分离出黄油。提炼黄油后锅底残留的颗粒状物，蒙古语称作“楚其格伊”，微带酸甜味道，可现吃或拌炒米吃。

（3）奶豆腐。蒙古语称为“呼日达”。制作时，将鲜奶用净纱布过滤盛入器皿。待几日凝结后，倒入锅里用温火煮。同时，慢慢选取出乳清，只留下凝乳稠，用小勺反复揉搓，直到凝乳稠形成一体的黏糊，再放进木模中轧实。最后，取出晒干即可。揉搓时加进糖料。

十、皓月手撕风干牛肉干制作技艺

长春皓月清真肉业股份有限公司生产的皓月手撕风干牛肉干，采用当今肉类行业最先进的酱卤加工工艺，精选皓月优质牛肉，辅以食盐、白砂糖、味精、花椒、川椒、大葱、生姜、生抽等多种辅料，并且加入精心熬制的老汤，通过长时间调味酱制而成。产品色泽光亮，酱香味浓郁，风味独特，口感细腻，而且包装精美，方便携带。

图3-28　皓月手撕风干牛肉干

十一、凤城满族传统小吃制作技艺

辽宁省凤城市约70%的居民是满族，这里拥有多种满族传统小吃，代表性的主要有黏火烧、苏叶饽饽、糖三角、香煎土豆、玉米饼、酸汤子和杀猪菜。

黏火烧是满族小吃的代表。它以黄米为主要原料，挤压成饼后，在中间加入小豆或豆沙。先烙熟，后存放于仓房大缸之中，待食用时，取出，在锅中馏一下即可。每逢春节，黏火烧更是必不可少的美味。

苏叶饽饽的独特味道几乎是每一个凤城人的记忆，从孩童到耄耋无一不爱。而这独特的味道就来源于苏叶本身，味道清凉爽口，有一种药材的感觉，但是作为食材绝对是上品。糯米包裹着小豆馅，再配上紫苏叶，就成为最完美的满族甜点。

糖三角也称粉饺，是凤城餐桌上较为常见的点心，常见的有三角饼和三角包，馅料一般有红糖和白糖两种。

香煎土豆，一道你只能在凤城乡村吃到的美食，先将土豆蒸熟，然后加入秘料煎制，这其中火候尤为重要，时间只要长一点就会焦；时间稍短，又不会达到外焦里嫩的效果。

玉米饼也是一种常见于东北农家的主食，虽然普通，但是融会其中的却是深深的东北文化，可以说，许多东北人都是吃玉米饼长大的。

图3-29　香煎土豆

十二、马家焖子制作技艺

“焖子”主要流行于环渤海地区，辽宁、天津、山东一带时常见其踪

图3-30　马家焖子

影。在天津静海，每年的农历二月二，龙抬头，还有吃焖子的习俗。

焖子已有数百年的历史。相传，清代时登封名人、礼部右侍郎加礼部尚书衔的景东扬幼时家贫，过年时，其母亲在煮好的骨头汤里加入粉芡，并加入肉末、粉条、五料，遂熬制而成了焖子这种美食。如今的焖子以粗制地瓜淀粉作原料，将淀粉加水、加热凝结，将凝冻儿切成若干三四厘米长的小块，用锅煎到外边成焦状颜色，由白变透明，并佐以酱油、芝麻酱、蒜泥等调料上桌即可。焖子呈透明状，吃起来喷香、润口、筋道、有嚼头。

东北焖子主要以大连焖子和丹东焖子为代表，辽宁省丹东市元宝区的马家焖子便是丹东焖子的佼佼者，以其自制的辣椒酱而独具特色。

十三、长白山叶裹食品制作技艺

长白山叶裹食品制作技艺很早便流传于长白山地区，并一直延续至今。其中，生活在集安市所属的头道镇腰营村和东村一带山村中的人们，对此传统饮食倍加喜爱，几乎家家会做，人人爱吃。

过去生活在长白山区的人们以玉米、高粱米、小米、荞麦为主食，现在以小麦、大米为主食，其品种丰富，有饽饽、煮饽饽（饺子）、米饭、秫米水饭、高粱米（秫米）豆干饭、豆擦糕、酸汤子等。其中最有特色和最受欢迎的便是饽饽，也就是最原始的叶裹食品，包括苏叶饽饽（苏耗子）、波罗叶饽饽、蚂蚱菜干粮、苞米包儿、榆树钱发糕等。

图3-31　车轱辘菜

制作裹叶的天然植物主要分布在长白山山脉的原始森林中，分为可食用和不可食用两类。可食用的有菜叶、草药叶、树的果实等，不可食用的有树叶、植物果皮等。所以，根据裹叶的可食性，可以将叶裹食品分为叶可食和叶不可食两种。叶可食的叶裹食品主要是苏叶干粮（苏耗子）、车轱辘菜干粮、榆树钱发糕（散装）等；叶不可食的叶裹食品叫树叶干粮，有柞树叶干粮（波罗叶饽饽）、苞米窝干粮、葡萄叶菜饺子等。这些裹叶主要起到了代替裹布和增加味道的作用。

长白山区先民用自己传统独特的方式，选择各种各样的裹叶，制作出五彩缤纷、形状奇特、香醇可口，并具有一定保健、祛病功效的叶裹食品。如今，掌握了这项传统技艺的人们，在传统的叶裹食品制作技艺的基础上，从造型、色泽、品味、文化内涵、营养搭配等方面进行了更加深入的思考与研究，使得长白山叶裹食品制作技艺得以更好的传承与发展。

十四、老鼎丰中式糕点制作技艺

老鼎丰本是南派糕点。清乾隆帝二下江南，在古城绍兴巡访时，一次品尝一家果匠铺的点心，觉得风味独特，欣然提起御笔，钦赐“老鼎丰”三个大字。意思是，锅里总是有许多好吃的。自那以后，老鼎丰点心便成了贡品，并以南味正宗名点传遍大江南北。

1911年，绍兴人王阿大、许欣庭二人背井离乡闯关东来到松花江边谋生活。“老鼎丰”成为他们的选择，他们共同投资2400两银子，合伙在哈尔滨道外正阳三道街（今靖宇街）创办了一家糕点作坊——老鼎丰南味点心货栈。货栈是传统的前店后厂，商店主要经营南方风味的干鲜食品和地方名产，工厂则小批量生产南味点心，在自家店铺销售。当时，哈尔滨的糕点作坊都是吊炉烤制食品，而老鼎丰却把南方通行的手提炉引进到了哈尔滨。这种手提炉烤火均匀，烤出的点心色泽好、质量高，但因炉盘体积小，只适合烤制小批量精细食品。老鼎丰开张时只有两座手提炉，每炉一次只能烤三五斤月饼或四五两[①]饼干，一天下来也只能出一二百斤糕点。

图3-32　老鼎丰中式糕点

当时哈尔滨市民还不大习惯吃南味点心，市场上尽是西式和京式点心。王阿大和

① 两为非法定计量单位。1两=50克。下同。——编者注

许欣庭二人没有急于扩大南味点心的产量与京、西糕点竞争，而是坚持做精细、高质量的南味点心，小批量投放市场，以便使哈尔滨市民逐步了解、习惯南味点心。渐渐地，老鼎丰的月饼、槽子糕、长白糕有了名气。

20世纪30年代初，老鼎丰逐渐发展。东北沦陷后，老鼎丰经营异常艰难，王阿大、许欣庭被迫离开，老鼎丰留给了王阿大的女婿张毓岩。后因经营不善，老鼎丰被转卖给商人张启滨。直到1946年公私合营，老鼎丰才从历史深处走出来，重振炉灶。在老鼎丰发展史上有一位亲历者与见证人——徐玉铎。徐玉铎是哈尔滨老鼎丰的第三代传人。1932年，徐玉铎生于山东招远县农村，10岁时逃荒到哈尔滨，14岁进入老鼎丰，从学徒工做起，凭借自己的努力一步步做到厂长。他坚持创新，使老鼎丰糕点、月饼的花色品种从1980年前的140余种，发展到现在的500余种1000多个花样，仅月饼就达66套200多个品种。徐玉铎用半个多世纪的心血，保留并发扬了天下独此一家的“老鼎丰”商号，他也因此被评为国家糕点行业独一无二的高级工程师，也是我国糕点行业唯一一位享受国务院特殊津贴的专家。[①]

十五、福源馆糕点加工技艺

吉林福源馆诞生于明崇祯元年（1628），坐落于长白山脚下、松花江畔的吉林市。具有300多年历史的福源馆是中国历史最悠久的食品企业之一。

明崇祯元年（1628），有位人称“茶水张”的老汉和女儿及其解救的山东骏县书生赵青，共同在松花江边的码头附近，开办了一个卖茶水、油茶、江米条等糕点的食杂小铺。因得水旱码头之地利，以香茶待客，用美食邀宾，生意渐隆，始立字号“埠源馆”。

图3-33　福源馆糕点

清康熙二十一年（1682），圣祖康熙帝东巡吉林。据传，一日康熙乘龙舟出游。午时，侍从奉上备好的埠源馆糕点。饮食之间，圣祖惊喜：“此糕点做工细腻，清香四溢，为宫中罕见。”即兴挥

① 王仪：《“老鼎丰”：见证历史200年》，载《东北之窗》，2007（10），60～61页。

毫，作《松花江放船歌》流传于世。埠源馆因此名声大振，字号传遍关东内外。清雍正六年（1728），埠源馆已是远近闻名的百年老字号。当时，百姓中流传一句顺口溜：“埠源馆，宴神仙，神仙宴后懒为仙。”清乾隆十九年（1754），乾隆帝携太后、皇子及诸臣往吉林祭祖。据传，所带供品因长途跋涉已发霉，乾隆帝传旨：“所需供品由埠源馆承做。”相传，祭天之时，忽见对面山中紫气东来，恍若星云，遂封赐山名叫“朱雀”，后人至今谈此仍津津乐道。清道光三十年（1850），一位人称“俊六大人”的京城富商看中了埠源馆，遂出资入股扩大经营。为使财源永续，取“福之源”之意，改“埠源馆”为“福源馆”，并扩大前店后厂规模，生产满、汉、京、浙等各式糕点，兼营香肠、火腿、酱菜、名茶、瓜果、山珍、参茸等，开创了下帖子订货，上门送果匣子、寿桃等生意形式，后又在吉林开设了两个分号。

正月初卖元宵，福源馆热闹非凡。门两侧一副大红对联：“福生福地福源馆，元月元宵圆岁长。”店内高朋满座，文人墨客佳句频出，妙语连珠。店外则高搭席棚，悬灯结彩，大师傅们支起面案，摆出大箩筐，在众人面前摇制元宵，边做边卖。元宵刚刚摇好，就被围观等候的人们抢购一空。

吉林早有“吃状元粽，中状元”的说法。清同治年间，有一李氏书生满腹经纶，却因家境贫寒无力赴京赶考，福源馆的掌柜闻讯后将其接至店中，不仅资助了赶考盘缠，还为他专门配制一糕点，起名为“状元粽”，希望他吃了这粽子应试有成。据传，一年后的当科状元正是这个青年。

“中秋月亮圆又圆，福源馆月饼香又甜。”福源馆的月饼技艺精湛，种类繁多，配方独特，用料考究，品质上乘。每年中秋佳节前夕，从关东内外到宫廷王府，从平民百姓到皇亲国戚，都纷纷专程来到福源馆，争先恐后买月饼。这个传统习俗一直延续至今。

日本帝国主义侵占东北时期，对糕点、糖果、酱业、餐饮、造酒、粮油等产业实施专制，国破家亡，民不聊生，福源馆多次濒临破产。国民党统治时期，因加剧掠夺和苛捐杂税，百姓的生活更加萧条。福源馆曾被抢掠一空，勉强维持生计，百年老店已是名存实亡。中华人民共和国成立初期，国家对民族工商业实行公私合营，吉林许多食品企业都合并到国营食品厂。福源馆因是著名的老字号企业，仍以“名优老店”的名义独立自主经营，既体现了党和政府对福源馆的特殊关怀，也反映了这个300多年的老字号在人民群众心目中的地位。

“文化大革命”期间，福源馆遭受了巨大的磨难，不仅生产经营无法正常进行，就连店名也遭到了侮辱。1966年8月27日的《人民日报》中报道：吉林市300多年老字号福源馆的那块有着数百年历史的老牌匾被红卫兵以“破四旧”的名义砸烂。

20世纪90年代后期，福源馆受经营体制及市场经济等影响，经营不善，资不抵债，陷入困境。1999年，吉林杰出的女企业家宋亚坤临危受命，成为福源馆新的一代掌门人。从此，百年老店焕发了新的生机和活力，迅速成为中国食品行业的著名企业，掀开了福源馆历史新篇章。

福源馆点心的配方、上料、烤制都非常讲究，其中包含着大量的营养，老百姓常说“病人吃了止痛，好人吃了增寿”。福源馆的绿豆糕用褪了皮的绿豆制成，油茶里的芝麻去皮用油炸，故其月饼、面包、蛋糕、汤圆、中式糕点等多项产品成为行业名牌。好产品来自全国各地的好原料，即广西的白糖、山东的面粉、沧州的金丝小枣、天津的果脯、广东顺南的莲蓉、长白山的天然果料等。

现在，福源馆已由过去的一个前店后厂、小作坊式的“小馆子”，发展成为一个有品牌、有实力、有规模的大型现代化企业集团。

十六、沈阳稻香村传统糕点制作技艺

在沈阳城内中街路南“光陆”电影院对面，有家以名糕点著称的食品老店——稻香村食品店。沈阳稻香村始建于清末，距今已有百年历史，是沈城食品行业中唯一一家“中华老字号”国有企业。沈阳稻香村的出现与京津地区的稻香村有一定的历史关联。

“稻香村”本是南味糕点，最早出现在乾隆年间的苏州地区。《清稗类钞》记载：“稻香村所鬻，为糕饵及蜜饯花果盐渍园蔬食物，盛于苏。”至于

图3-34　稻香村糕点

为何食品店要取名“稻香村”，说法不一。一说缘于诗词，例如“一畦春韭熟，十里稻花香”“稻花香里说丰年，听取蛙声一片”“新城粳稻，五里闻香”。将“稻香”二字用作食品糕点铺的铺名，形色味兼备，的确妙得很。另一种说法则颇有些神话的味道。相传数百年前，江浙一带有一家卖熟食的小店，生意清淡。一天晚上，店里忽然来了一个讨饭的瘸腿汉子，老板见他残疾可怜，就送了些东西给他吃，又见天色已晚，便在店内一个角落里铺上稻草，留他住宿。第二天，瘸腿汉子不辞而别，老板便把他睡过的稻草拿去烧火，没想到煮出的肉香味扑鼻。于是，他大肆宣扬，说瘸子是“八仙”之一的铁拐李下凡，还将店名改为“稻香村”。从此，他的生意逐渐兴旺，其字号也被争相使用。相传，乾隆帝下江南，于苏州品食稻香村糕点后，赞叹为“食中隽品，美味不可多得”，并当即御题“稻香村”匾额，由此苏州稻香村名扬天下。清光绪二十一年（1895），握有苏州稻香村食品制作绝技和经营谋略的金陵人郭玉生带着几个伙计来到北京，在前门观音寺打出了“稻香村南货店”的字号，自此，稻香村落户京都，名声日振。稻香村前店后厂（又叫“连家铺”），自制各式南味糕点、肉食，既好看又好吃，不但花样翻新，而且重油重糖，存放数日不干，在气候干燥的北京很受欢迎。食客络绎不绝，上到名人达官，下到平头百姓，都十分喜爱这一糕点。不久后，在京城附近的天津也出现了森记稻香村，前店后厂，也经营南味食品，且地处商业繁华区，生意颇为兴隆。

沈阳一些经营糖果糕点的商人眼看北京、天津相继开办了“稻香村”而发了财，就也想借用这一字号。于是，从1916年到1927年，沈阳城内相继开设了33家以“稻香村”为名的糕点店。为谋“稻香村”之名，为谋“稻香村”之利，商人章道生在小南门里路东、周宝华在小南门里路西，都挂起了“真稻香村”的招牌；谢自林在小西边门里挂起了“真稻香村”的招牌；方兰亭在大南关大街挂起了“老稻香村”的招幌。一时间，在沈阳城唱开了“真”“老”稻香村的对台戏。当时有诗云：“满城稻香村，真假实难分。欲知谁家好，还得尝点心。”

顾客是真正的裁判。在这场糕点角逐战中，谢自林的“真稻香村”以质优价廉而受到顾客的青睐。1927年，沈阳城其他各家“稻香村”因经营不善渐渐收摊息鼓，而谢自林却因赢利渐多、资金雄厚，在中街东南开起了“真稻香村”新店。迄今90多年来，稻香村食品店的牌子在沈阳城始终未倒，且越办越红火，生意越来越兴隆。

稻香村的糕点品种繁多、风味各异，多年来最受沈城人欢迎的名点有葱花缸炉、奶油蛋卷、奶油叠酥、椒盐牛舌饼、传统多品蛋糕、传统月饼等。因选料讲究、配方独特、制作精细，所做出的糕点色泽美观、香味诱人、甜咸适中、绵软可口，既好看又好吃，并因糖油重，放十多天也不易干，深受北方消费者的欢迎。[①]

十七、老世泰糕点制作技艺

老世泰糕点是辽阳市的传统名食，以其独特风味而闻名于世。古城辽阳历史悠久，工商业比较发达。中华人民共和国成立前，糕点果品制造业比较兴盛，经营糕点较大的厂家先后有中合斋、大中茶食店、永安茶食店、老稻香村、老世泰等几十家。中华人民共和国成立后，有的继续经营，有的已转他业。而在群众中信誉卓著、影响较深的非老世泰莫属，以致公私合营时，糕点行业已别无他号，只此一家。

老世泰的糕点具有浓郁的关外特色，花样多，品种全。既有迎节应季的，又有四季常青的；既有精选特制的，又有一般大路货，大致不下四五十种。不论哪种，都精心制作，各有特色，别具一格。老世泰糕点厂生产的"四色糕""满族点心""京八件""油茶"等是闻名遐迩的美味食品。该厂自制各种糕点并经销糖果、罐头等食品，其生产经销的"香水梨干""塔糖"等被誉为辽阳特产佳品。

辽阳的老世泰糕点起源于清代，以制作传统糕点而闻名。

图3-35　老世泰糕点

19世纪80年代，河北省曹姓人氏（老埋）来到辽阳城，租赁了孙步瀛之妾的三间门房，开办了一家自号为"世泰德"的果店。该店坐落在辽阳城内商业繁华的义学街东端，以前店后厂的形式经营糕点（即后厂制作，前店销售）。但由于生意萧条、负债过重而倒闭，无奈将店铺作为房租抵给孙家。孙家聘用郭久和为掌柜，重

① 齐心：《美味糕点稻香村》，载《东北之窗》，2008（11），69页。

启更张，易名为“世泰果局”，仍雇用原“世泰德”的手艺人继续做果品糕点买卖。清光绪二十一年（1895），孙步瀛之子孙锡侯接手经营后，将店名改为“老世泰果局”，后通称为“老世泰”。郭久和病故后，张沐棠继为掌柜。孙锡侯经营了40年，因年事已高，急需继承人接任，而孙家的五个儿子都不适合接管父业。1936年，长孙孙国镇在外地辞退工作，回到家乡赋闲无事，便继承了祖父的事业。孙国镇接手经营后，集财东和掌柜于一身。1955年12月，老世泰实现公私合营，改为公私合营辽阳市老世泰糕点厂，孙国镇被任命为厂长。1964年，合并进入辽阳市食品厂。1982年，又恢复了老世泰糕点厂。2004年11月，老世泰糕点厂改制为有限公司。2003年10月，被辽阳市政府授予辽阳市放心食品称号。因其传统的工艺和良好的信誉，被商务部授予“中华老字号”称号。

老世泰的选料十分严格，主料的面、油、糖、蛋非常讲究，面粉一定用北方面，什么品种用什么面，不能交叉混用。油只用香油和白油，绝不用豆油。白油是用猪板油炼成的。炒油茶用的牛油是用牛腰油、骨髓油炼制的。糖选用上好的砂糖，蛋一定要新鲜的。配料中的青丝在古旧的时候是用青杏晾晒成干后加工成的丝，玫瑰是用玫瑰花瓣和糖浆浸泡成泥后加工而成的，现今已经有诸多替代品了。其他配料如青梅、榛子仁、瓜子仁、核桃仁、橘饼、瓜饯、白葡萄干、元肉、蜂蜜等，多为优质配料。其历史悠久，做工精细，用料精良，口感纯正，风味独特，在辽阳本地家喻户晓。人们在形容各种比赛已成败局时，常说：“老世泰的果子——甘酥（干输）”。这句歇后语体现了人们对老世泰的信任和称赞。

十八、朝鲜族打糕制作技艺

在秋冬时节，朝鲜族经常制作一种小方块米糕（也称打糕），最常见的一种叫糯米打糕，用糯米精制而成。临过年时，家家户户都要准备很多糯米打糕，分赠邻居和亲友。从这种习俗中产生了“吃打糕过年”的说法。节日送礼不能缺了米糕，尤其是在送娘家礼物时更不能缺少，据说米糕里还有诚心、爱心和孝心的含义。

打糕的历史比较悠久，早在18世纪朝鲜的有关文献中已有记载，当时称打糕为“引绝饼”。另据考证，制作糕饼是在朝鲜半岛三国鼎立（前57—668）之前，而且糕饼被赋予极其丰富的文化内涵，如元旦吃糕饼汤就有丰富的内涵。有学者解释说，以清白的年糕汤作为新年的开始，寓意天地万物

图3-36　打糕

之新生。如今，凡逢佳节或红白喜事，每家都用打糕来招待亲朋好友。顾名思义，打糕是打出来的。打糕的原料主要是糯米。不产糯米的地方，则用小黄米或糜子；所撒的豆面原料，除用小红豆外，还可以用黄豆、绿豆、松子、栗子、红枣、芝麻等。制作时，先将黏米淘净蒸熟，放在打糕槽内或石板上，用打糕槌子把米粒打碎黏合在一块即成。吃的时候，用刀蘸水切割成小块，蘸着糕面吃。

朝鲜族人民喜食打糕的历史悠久，每逢年节、老人寿诞、小孩生日、结婚庆典等重大喜庆的日子，打糕是餐桌上必不可少的食品。制作打糕首先要选上等的北方糯米。糯米要经过一天的浸泡才能上锅蒸，然后将蒸熟的米放到木槽或石槽里，用木槌反复捶打。一般多是两个人面对面地站在槽边，互相交替捶打，或一人捶打，一人在下面翻动糕团使之捶打均匀。与之相伴随产生的还有朝鲜族的打糕舞。食用时要蘸红豆沙或炒好的黄豆面，口感细嫩、润滑、筋道。

十九、鼎丰真糕点制作技艺

鼎丰真创办于清光绪三十二年（1906），由浙江绍兴人王信瑞等合资创办。王信瑞十几岁随父亲闯关东来到东北，落脚在宽城子的一家饭店里当跑堂。他年轻，心地善良，眼疾手快，待人十分热情，大伙都叫他“王勤快”。有一天，在紧张的接待顾客过程中，王信瑞遇到一位患病老者，他不顾店老板反对，坚持收留并给予精心照料。十多天后老人康复了，他见王信瑞人品不错，且又有正经职业，料他日后定有出息，便拿出自己的积蓄准备与他合开一个“南糖作坊”。王信瑞十分高兴，回家将此事与父亲一说，父亲也表示十分支持。于是，在两位老人的鼎力支持下，王信瑞在长春办起了自己的糕点作坊，取名为“糕点王”。凭借着精明与勤劳，王信瑞把糕点作坊办得红红火火，深受当地百姓的喜爱。1911年，王信瑞在大马路建起了一个大糕点作坊，最终定名为“鼎丰真”。“鼎”即古代的炊具，它三足鼎立，传至万世，象征着生意吉祥如意；“丰”则昭示着五谷丰登；“真”字则标示着诚信为本、货真价实、童叟无欺的经营理念。[①]鼎丰真最初的发家地点在长春城区内大马路的亿丰鞋店址，后迁到长春大马路与四马路的交汇处。1931年，王信瑞由于身体欠佳，将店铺转让给同乡高锦浦经营。高锦浦经营有道，在经营食品糕点上，他制定了严格的投料标准配方，确保质量第一，并实行薄利多销，时时刻刻照顾顾客的切身利益。

经过百年的经营和传承，鼎丰真已成长为吉林省家喻户晓的“中华老字号”食品企业，在长春和关东一带更是素有“糕点之王、月饼之冠、汤圆元宵之最”的美誉。其传统手工糕点作坊的生产历史悠久，是中国传统手工食品技艺的典型代表。

鼎丰真糕点的制作，所用的面、油、糖等主要原材料都是从盛产地进货，而且固定在一个区域，以此来保证产品的口感和特色。如鼎丰真使用的绿豆、红豆等材料，都是从粮豆之乡的榆树购买，而且要做到粒粒去皮、颗颗饱满，这样做出来的产品才能保证独特的口感和色泽。鼎丰真糕点在制作上完全继承了传统的技艺，经“大面案”师傅“分剂”“按坯”“包剂”“摆盘”，小面案师傅及“炉上”大师傅等生产人员十多道生产工序而成。鼎丰真既重视传统的具有地方风味的产品，又注重创新，目前已将南式风味产品

图3-37　鼎丰真

① 王易：《鼎丰真的真功夫》，载《东北之窗》，2007（6），70~71页。

与北方传统风格融为一体。这种生产技术是鼎丰真在百年的生产实践中创造出来的集体智慧，是一种十分宝贵的历史文化遗产，需要我们的传承和发展。

如今，鼎丰真各式糕点已达600多种，已成为长春百姓记忆中不可缺少的一部分，并且承载着整个东北区域文化的一种记忆和情感。

二十、元鼎丰满族糕点加工技艺

满族把各种干粮类食品都叫饽饽，从作坊中做出的饽饽就叫果子。清光绪三十三年（1907），吉林乌拉街南街路东有家“凤鸣楼”果匠铺，主要制作槽子糕、绿豆糕、大八件、小八件、炉果等极具满族特色的食品。当时，凤鸣楼制作的部分糕点是吉林将军向朝廷进奉的贡品，远近闻名。

1924年，乌拉街东府后人赵恩经熟人介绍到凤鸣楼当学徒。他干活认真，肯吃苦，得到了凤鸣楼师父的真传。四年后，赵恩制作糕点的手艺基本学成，成为铺内师傅，经常带领伙计进行日常生产。后来，赵恩外出闯荡，战乱中的凤鸣楼日渐萧条。1945年11月，凤鸣楼被焚毁，东家不知去向。1948年4月，赵恩回乡，开始在繁华的乌拉街古城走街串巷挑担叫卖，专门制作经营槽子糕。同年10月，因生意兴旺，他便在街上开了两间铺子。赵恩带领儿子赵喜山选料、制作、烘烤，手把手传授技艺。他们采取“前店后厂”经营，取铺名“元鼎丰”，主营产品为槽子糕、绿豆糕、核桃酥、油茶面、月饼，还有极具满族民俗的果匣子。由于元鼎丰生产的食品味美质优，所以生意十分红火。

当时元鼎丰之所以远近闻名，制作的糕点受到大众喜爱，主要是因为完全继承了赵恩在凤鸣楼学到的手艺。赵恩的孙子赵忠民（元鼎丰第三代传人）说，油茶面是他们的主要产品之一，要想做好油茶面必须得把面炒两遍以上，里面的芝麻更是得先晾干、去皮，然后才能上锅炒，这样炒制出来的油茶面才具有特有的香味。

图3-38　元鼎丰

1956年，元鼎丰实行公私合营，并入乌拉街供销社食品厂，赵恩在食品厂任糕点师傅。1968年，赵喜山携家人到永吉县大口钦五代村安家。每逢中秋和春节，他就制作月饼和槽子糕，用单手木模刻些白面小饽饽，供家人、亲属、朋友等食用。赵忠民从小就对制作糕点有浓厚的兴趣，经常在父亲做糕点时帮忙，并学习糕点制作。长大后，赵忠民对制作糕点的技术和配方已经完全精通。

1998年4月，赵忠民创办了吉林市丰迪食品公司，重新生产元鼎丰传统的满族糕点。此后，他们又开发了速冻水饺、元宵、甜黏玉米等产品。现在，元鼎丰的产品已由原来的8个品种扩展到28个品种，销售网络由吉林市扩展到东北三省。2010年，元鼎丰被吉林省商务厅评为"吉林老字号"。

二十一、益发和回民糕点制作工艺

益发和茶食店原创办人王雨臣是回民，1911年前后，他从关内逃荒到锦州，初在北关药王庙附近以炸麻花糊口，后在北关回民聚居区开烧饼铺。他做的叉子烧饼质量好、价格便宜，不久闯出了名气，逐步发展成有地方特色的清真点心。由于他在经营中很讲信誉，生意逐渐兴旺起来。附近的人为了表示对他的称赞，给他送了一块黑漆烫金匾，上写"益发和"三个字，这就是益发和店名的来历。

中华人民共和国成立前夕，"益发和"停业倒闭。1960年，为满足少数民族生活需要，恢复传统风味产品，政府在北关重新建立了益发和回民茶食店，并设回民糕点车间。"文化大革命"期间，车间被并入食品厂，营业改为烟酒公司解放路茶食商店。1978年，恢复了益发和回民糕点茶食店，并建立回民糕点车间。益发和回民糕点的制作特点是投料精选、数量准确、造型美观、酥脆适口，深受回民的欢迎。其传统产品有红皮月饼、芙蓉糕、萨齐玛、四色糕等30多个品种。

图3-39　益发和回民糕点

二十二、金州益昌凝糕点手工制作技艺

图3-40 益昌凝

金州益昌凝糕点创始于1869年，创始人是金州人吴洪恩。《金县志》记载：清同治八年(1869)，吴洪恩在金州城内开设益昌点心铺，师徒12人，日产蛋糕、炉果等100千克。吴家靠卖馒头为生，后来因为手艺好，扩大经营，开起了点心铺。当时的益昌点心铺主要以软硬八件、套环酥、光头饼、状元饼等点心为主，这些点心外皮香酥，入口绵软柔滑，内馅清甜松糯，深受当地百姓的喜爱。

那时候的金州古城，每天晚上城门都要关上，早晨再打开。凌晨4点，吴洪恩和伙计们便会在一排长长的面案上排成一字阵擀起饼来。城门打开后，人们陆续拥到益昌糕点门前，坐在排凳上吃起益昌的烧饼，晚来一步，烧饼就会卖完。所以，老金州人都说，益昌糕点的鼓点就是老金州城早起的闹钟。6点，当益昌糕点门市的鼓点停息一会儿后，益昌糕点的伙计们又开始准备制作软硬八件等各式点心。南来北往的客商和进城赶集的人，等在益昌糕点门口，买上几件点心，赶着大车离开金州城，金州益昌糕点的美名就顺着这些南来北往的车辙印传遍了整个辽南。随着益昌糕点的名声越来越大，分店越来越多，为了让各分店心往一处想，劲往一处使，年纪越来越大的吴洪恩把“益昌”糕点的名号改为“益昌凝”糕点。其中，做工细致的套环酥，最多能数出64层；光头饼用热水一泡又甜又糯，没牙的孩子和掉牙的老人都特别喜欢；酥八件更是独具特色，闻名遐迩。

图3-41 益昌凝糕点

1950年，“益昌凝”传到第三代、年仅15岁的吴智明手中。1956年，“益昌凝”公私合营为大连金州益昌糕点厂，吴智明被聘为技师，并将自家最好的炉子和模具都搬到了新厂，且在点心铺工作了多年的老师傅也一起随他入了新厂。据《金县志》记载：益昌糕点厂是中华人民共和国成立后金县城里第一个国营食品厂。

2005年，益昌糕点厂因经营不善彻底停业。益昌糕点也逐渐淡出老金州人的视线。此后，也有人跟吴智明提出恢复老字号，但因自己年事已高，儿女也都不从事食品工作，所以吴智明恢复老字号的愿望一直没有实现。2009年，凯林食品配料有限公司总经理徐学林决定恢复益昌凝的老字号招牌。他三次来到吴家，表达了想恢复老字号的想法。开明的吴智明老人与儿女商议后决定：即使将祖辈传下来的秘方传给他姓，也不能让老字号从此销声匿迹。就这样，吴智明将祖传的四十多种糕点的工艺配方和馅料配方传给了徐学林。2009年12月12日，徐学林以传统拜师方式正式拜吴智明为师，成为益昌糕点第四代传人。

2012年，益昌凝糕点正式成为大连市非物质文化遗产之一，2013年又被辽宁省定为“百年老字号”店铺。如今，益昌凝糕点铺已在大连各地开设了12家分店，并在大连多家超市及商场销售，糕点仍采用百年配方、传统手工制作，品种有四五十种。

二十三、魏家盒糕制作工艺

盒糕是辽宁省盘锦市古镇田庄台的经典小吃，出自魏家饼店的祖传手艺，至今已传承有近50年的历史。

盒糕是一种人们在自家厨房里不易制作的食品。因为其需要将米磨成米浆方可制作。以前用石磨，现在用电磨，不适合一般家庭制作。

图3-42 盒糕

魏家饼店的盒糕选用盘锦优质大米为原料，磨成米浆，用白糖、酵母等发酵，装盒，入锅，烤制5~6分钟后呈金黄色出锅即可食用，具有香黏细腻、筋道适口、营养丰富的特点，因此，能在古镇经久不衰，备受青睐。

二十四、栾家切糕制作技艺

栾家切糕起源于1938年，据第三代传承人栾成林回忆，其祖父和父亲依赖此手艺为生。老栾家切糕系回族食品，作为辽宁省盘锦市古镇田庄台的传统小吃，一声悠扬的吆喝声——“切糕哎！”——已成为田庄台的特有音符。栾家切糕以“口味纯正、做工精道”为招牌，在当地为人们所乐道，以致人们只记得师傅的姓氏，而四代人则不得不共用一个名字——“栾切糕”。2009年，栾家切糕制作工艺被认定为大洼县非物质文化遗产。而传承人并没有因此而改变，味道还是那个味道，工艺还是那个工艺。

图3-43　栾家切糕

二十五、马迭尔冰棍制作技艺

马迭尔（Modern）品牌由法籍犹太人约瑟夫·卡斯普于1906年在哈尔滨创建，距今已有100多年的历史，其名称“马迭尔”从清代到民国再到中华人民共和国成立，一直沿用未改。当时堪称“新艺术”的代表作，故名“马迭尔”，意为摩登的、时髦的，开创了我国冷饮业的先河。

马迭尔冰棍是哈尔滨中央大街的特色冷饮。品尝马迭尔冰棍的最佳地点

图3-44　马迭尔冰棍

是位于哈尔滨中央大街的马迭尔冷饮厅，这座有着百年历史的木制建筑非常精致、漂亮，是哈尔滨市文物保护单位。哈尔滨人有越冷越吃凉的嗜好，令许多外地客人咂舌。甜而不腻、冰中带香是马迭尔冰棍的主要特点。久负盛名的马迭尔奶皮雪花冰糕是马迭尔冰棍中的精品。它的制作过程是纯手工操作，将加工好的原料放进模具里，再塞进碎冰中冷冻而成。即使到后来有了先进的制冷设备，仍然是手工操作，只是不用塞进碎冰中，而是操作工穿上老羊皮大衣在冷库里制作。为保证冰棍的口感，马迭尔冰棍不使用外包装，冰棍方方正正，入口即化，这是马迭尔冰棍百余年来始终如一的品质。

第四节　美食烹饪技艺

一、正阳楼肉灌食品制作技艺

哈尔滨正阳楼全称“京都正阳楼”，始建于1910年，占地面积有5万平方米，创始人是王孝庭、宋文治，以生产中式肉制品为主，在国内外享有很高的声誉。

正阳楼创始人王孝庭，字秉先，是传统风味肉制品技师，1878年出生于山东省掖县西由镇一个农民家庭，自幼随家人种地，因家境贫寒，由大哥介绍，在北京东南牌楼的福星斋酱肉铺做学徒。年满18岁的王孝庭进福星斋后就被派干零活，去四里外的市场挑选猪肉、去冰窖往回拉冰、去豆腐坊挑豆浆……每日起早贪黑，干又脏又累的活。据说，王孝庭少言寡语，朴实憨厚，活干得很出色，掌柜和师傅都很满意，第二年就让他到案子上干活。他处处留心观察，刻苦钻研，虚心请教，很快就掌握了肉制品的全套加工技术。五年满徒后，王孝庭又到北京天宝楼肘子铺，一干就是八年，但工资低，攒不下钱，遂决心“闯关东”，碰碰运气，此时他已年满30岁。

清宣统元年（1909），王孝庭到了哈尔滨，并遇到早两年到哈尔滨摆摊卖猪肉的北京旧友宋文治（字焕臣），当时王孝庭住在宋家，帮宋文治卖肉。后来，他们发现哈尔滨没有做肉制品的，仅有几家屠户捎带煮点下水卖卖，两人一商量，便想开一个酱肉铺。经过多方奔走，终于在道外傅家甸租得一栋门市楼房，店名是仿北京正阳楼起的，所以匾额“正阳楼”三个大字上面还有“京都”两个小字。店内前屋是营业室，后屋是作坊；二楼是宿舍，还设有客厅和雅座。

经过一番筹备，清宣统二年（1910）三月初四，“京都正阳楼”正式开业了，宋文治为经理。民国四年（1915），王孝庭、宋文治买下北三道街街口路东一处楼房，正阳楼迁入新址。乔迁之后，清末秀才出身的老顾客徐鼎臣毛遂自荐，为正阳楼题写了牌匾——金字黑底“正阳楼”（至今尚存）。从此，正阳楼以其独特的风味肉制品品牌立足于哈尔滨食品行业，日产量为10~15千克，以销定产，宁少勿多。

哈尔滨解放后，宋文治的儿子宋俊峰、老股东尹环从山东来到哈尔滨，与王孝庭重开“正阳楼”。1953年，“正阳楼”改为以宋俊峰为经理、王孝庭为副经理、八人股东制的“正阳楼合记”。1956年3月，“正阳楼合记”实行公私合营，先后将肉制品行业的正阳斋、正云斋等7家并入，仍称“正阳楼”。“文化大革命”期间，撤销了门市部，调离了技术人员，大众产品取代了风味产品，并改名为“立新肉制品厂”。直至1978年以后，“正阳楼”才得以重放光彩。

“正阳楼”的肉制品虽然按照北京的传统风味生产，但京式风味又近乎于南味，有些产品因不受北方人欢迎而停产。像青酱腊肉，当时是应滨江道尹李嘉鳌的提议而生产的，也曾受到南方人的欢迎，但大多数北方人不习此味，销售量很小。技师王孝庭等人针对这一情况，认识到产品必须改进，以适应大多数北方人的口味，否则就没有出路。他们在调料、工艺等方面对产品进行了改进，取得了收效。如出类拔萃的风干肠和松仁小肚就是经过改进而驰名的。风干香肠原来类似南方的广肠，每根约15厘米，味甘且咸，肠体

图3–45　正阳楼

呈红色，肠质也是半干半湿，尤其配料中的中药“十落子”“公丁香”的味道不受当地人欢迎。王孝庭就访问了一些老中医，求教新的作料，结果找到了紫菀、砂仁，这两种开胃健脾的中药既有益于人们的身体，又调剂了风干肠的味道。他们反复在用量上试验，征求主顾意见，又吸取了京、津、沪等地的加工技艺，不断修改配方，使风干肠形成了独特风味，深受人们欢迎。为了延长保管期限、便于携带，还增加了晾晒时间，使肠质达到干柔适当的程度。为便于生产，节省肠衣，同时区别于其他肠类，他们把肠的长度改为80厘米（后又改成60厘米长）。从此，“正阳楼”的产品在全国同类食品中创出了品牌。目前，“正阳楼”的产品品种已达48种，日产量达万斤。多年来，“正阳楼”坚持“质量第一”“信誉第一”，风干香肠、松仁小肚、参芪香肠、三鲜小肚多次被评为国家优质产品，并先后与佳木斯肉联厂、徐州腌腊肉厂、济南白马山肉制品厂多处联营，使名牌产品全国开花。①

二、老厨家·滨江官膳传统厨艺

老厨家·滨江官膳饮食文化已有120多年的历史，是唯一发祥于清恭亲王府、形成于哈尔滨滨江关道（俗称“道台府”）的龙江菜。老厨家·滨江官膳沿袭了宫廷菜的基本架构，且独具哈尔滨官膳文化特征，是极为珍贵的饮食文化遗产。

老厨家·滨江官膳传统厨艺的创始人是郑兴文（1861—1938）。郑兴文生于京都茶商世家，闯荡江湖之际结识了许多达官显贵和文人墨客。生意应

图3-46 老厨家·滨江官膳

① 冯维君：《百年“正阳楼”》，载《东北之窗》，2007（18），75页。

图3-47　郑兴文

酬，难免经常出入酒肆茶楼，不知不觉中痴迷于烹饪技术，每品尝一道新款菜肴，他必去厨房向厨师讨教，直到研究透彻方肯罢休，人送绰号“郑一品”。后来，他想方设法进入恭王府学习宫廷菜的烹饪之法。郑兴文将各种菜系融会贯通，取其精华，日趋完善，并在他自己经营的老厨家真味居饭店不断实践，终于形成自家风味。

1907年，郑兴文来到哈尔滨，出任哈尔滨关道膳长，开始了他的官厨生涯。郑兴文发现哈尔滨物产丰饶，有黄蘑、榛蘑等，还有熊、獐、狍、鹿、山鸡、飞龙、野鸭等。他扬弃和发展了烹饪技艺，在龙江烹坛上演绎出无数璀璨夺目的宴席。郑兴文根据北方气候和饮食习惯，针对时任道台杜学瀛的口味，特将北方的熏制方法与南方卤味特色相结合，制作出“熏卤鸭”及汤鲜肉嫩的“清炖狮子头”，深受杜道台的喜爱。

1911年4月3日，在中国奉天（今沈阳）第一次举办的国际学术“万国鼠疫研究会”上，当时招待各国代表的是郑兴文制作的“滨江官膳”。曾任哈尔滨关道第三任道台的施肇基，当时已经是外务部大臣，专门从北京打来电话，点名要郑兴文出任会议总厨。郑兴文连夜拟就一份中西合璧的菜谱，并根据国际惯例实行分餐制。他安排的菜式共有340个品种，其中中国菜200种、西式菜点140种，每餐轮流供应，不重样。据《伍连德传》记载：“郑兴

图3-48　万国鼠疫研究会

文主厨的菜系最著名的有鸡炖鱼翅、燕窝汤、蚝油蒸鸡片、北京烧鸭、杭州竹笋、松花江鲈鱼等。当然，这些名贵佳肴受到宾客的一致欢迎，赞不绝口。”

在闭幕式上，大会特别表彰了两位有突出贡献人员，其中一位就是制作精美饮食的总厨郑兴文，赐给他由清廷著名书法家沈曾植书写的“滨江膳祖”金字匾，这是清廷恩赐的最高荣誉。“滨江”，指哈尔滨；“膳祖”，即烹饪始祖。这一天也是“滨江菜”独立于“四大帮口”（即四大菜系）的日子。

“老厨家·滨江官膳”历经郑兴文、郑义林、郑学章、郑树国四代名厨承扬，已经形成中西合璧、做工精湛的特色。它以满族传统菜为基础、京鲁风格为主体，并吸纳南方名吃与西式大餐精华，形成了独具特色的高品位饮食文化，屡夺国家与地方金牌殊荣，是中华饮食不可多得的非物质文化遗产。

三、传统清真厨艺（六合顺）

六合顺从1930年创办至今已近百年，是哈尔滨回民菜著名品牌之一，是正宗的国家老字号和非物质文化遗产保护单位。

图3-49 中华巴洛克美食街上的六合顺

六合顺出自厨师世家，由民国时期李家长辈在哈尔滨建立清真饭店，演变到现在入驻中华巴洛克南二名吃街，四代相传的老手艺绝活催生了六合顺的诞生和发展。

民国初年，作为首批闯关东来哈尔滨的回民李春珩（1890—1963，山东莘县张鲁集人）开始从事饮食行业，先后开设春记馅饼周、六合顺、新发春、同义合、李家馆等清真饭店。哈尔滨回民饭店四大家之一的老郭家馆创始人郭绍先便是跟随他来到哈尔滨，并在其所开饭店学徒三年后而自立门户的。

20世纪三四十年代，李春珩与侄子李新德、侄女李芝兰在西门脸、桃花巷等旧时老道外繁华处开设了六合顺等几家私营饭店，李新德还在道外与人合股开了新华春饭店，他的好友王宝亮（曾任道里公安分局副局长）是跑堂。王宝亮是一名地下党员，当时以这个身份做掩护，在李新德的帮助下，

图3-50　烙回头第一人李芝兰

完成了一个又一个地下工作。直到20世纪80年代，私营饭店复苏，李新德和王敬生、老哈三人在大成街开办了清香居。

李春珩的侄孙女、李新德的女儿李士蓉受到清真餐饮世家的厨艺熏陶，于1974年进入道外国营饮食业，先后在向阳饭店、临江餐厅、广群饭店工作。2003年，她与丈夫张弛、儿子张泽楠开设六合顺。因为一直都想把父亲和姑姑的手艺传承下来，为回民餐饮业尽些绵薄之力，所以李士蓉一干就是半辈子，直到退休。2011年，张泽楠接手六合顺，并入驻中华巴洛克美食街。

六合顺的回头、南煎丸子、熏炒伞袋、锅包肉、焦烧肉条、尖椒炒牛唇、六合菜卷等，是美食达人们不容忽视的美味佳肴。其中，被誉为“哈埠清真三绝”的回头、南煎丸子和熏炒伞袋贴近广大食客的口味，为他们带来无限的惊喜与满足。

回头是一种清真主食，与锅贴类似，但比锅贴稍大些，包的馅也多，呈长方形，两头封口褶回，叠上即可。在北京的汉族饭店，回头被称为褡裢火烧；而到了哈尔滨，回头则成了回族餐饮的一大特色。李士蓉采用家族老手艺将回头做成牛肉馅和三鲜馅等多种馅，其中牛肉、大头菜和大葱组合的馅是用花椒水、酱油和老汤拌的，和软面将其包住，皮薄馅大，再用平锅烙出来，颜色金黄、外皮微焦、香醇味美。特别是刚出锅的回头，佐以醋、蒜趁热吃，一咬一股水，堪称一大美味，也曾被评为中华名小吃。据了解，前往六合顺买回头的人经常是排号等候，而且要想吃到地道的清真回头还需要早点儿到店，稍迟一步就很难买到。

南煎丸子本是一道汉族菜。南煎，也称煎烧，顾名思义，就是先煎后烧，老百姓普遍认为煎烧出来的丸子都是圆的，而南煎丸子外形却如棋子状，据说这和袁世凯有关。袁世凯担任直隶总督时，在官府宴席中为避讳“袁”字，将原本圆形的丸子做成了扁形的棋子状，而又因为采用南方煎烧方法制作，故得名“南煎丸子”。区别于汉族南煎丸子微甜的口味，清真饭店所做的南煎丸子味道咸鲜，甚至有点偏咸。在国营饭店时期，哈尔滨的回民饭店尚有这种菜；而在改革开放后，随着国营体制的解体和回民饭店的改制，这种菜逐渐消失。2010年9月15日，已在哈尔滨断档了二十余年的清真南煎丸子被六合顺63岁的老板娘李士蓉恢复制作，用牛里脊肉经过三次大翻锅，才能保证成菜无汁的丸子红亮诱人、大小均匀、鲜嫩不腻、满口留香，着实让人大饱口福。

熏炒伞袋具有独特的口感，香嫩有余，入口有嚼头，堪称下酒好菜，看上一眼便让人食欲大开，和朋友或家人一起品尝香气扑鼻、鲜嫩宜人的熏炒伞袋，既唤醒了味蕾，又愉悦了心情。[①]

2015年，经过四代传承的清真六合顺终获“龙江老字号”称号，这是哈尔滨清真饭店中唯一获此殊荣者。六合顺用实力和态度传承着老字号辉煌的历史，赢得了广大食客们的喝彩。

四、满汉全席北派菜制作工艺

满汉全席也称“满汉天席”“满汉席”“满汉筵”“夜栖席”“八大件席”“大烧烤席”等，是形成于清代中期的大型宴席。满汉全席不仅突出了满族菜点烧烤、火锅、涮锅等特殊风味，也充分展示了汉族菜肴扒、炸、炒、熘、烧等烹调特色，可谓是中华菜系文化的瑰宝，被美食界誉为“中国古典名席之冠”，实乃当之无愧。[②]

满汉全席起于宫廷，兴于民间。到了晚清时期，满汉全席已在我国一些经济发达的大城市广为流传。由于各地条件的限制、原料及技术的缺乏，许多菜肴无法制作，许多官员和商家只能吸收当地民间宴席的精华来保证宴席的数量和规模，这使得满汉全席不断出现分化。满席的菜品差别不是太大，区别主要在于汉席。北派汉席以孔府菜为主，南派汉席以扬州菜为主。在清中期，主要有南派和北派之分。

图3–51　北派满汉全席传承人张金春

满汉全席虽有北菜、南菜之分，但其根基在东北。黑土地不仅为满汉全席作出

① 李清园：《清真老字号六合顺——冰城的一张名片》，载《新晚报》，2014年4月2日。

② 李自然：《论满汉全席源流、现状及特点》，载《西北第二民族学院学报（哲学社会科学版）》，2003（1），24～28页。

了贡献，而且是技艺较早流入民间的区域。清咸丰帝的御厨梁忠把烹调宫廷菜的绝技带到天津，唐克明在梁忠店里学徒七年，他的徒弟盛英杰把这一技艺带到黑龙江。张金春1990年拜盛英杰为师，兢兢业业几十年，拯救了濒危的满汉全席，以北派菜为主打项目。

满汉全席共有108道菜，南、北派菜各54道。北派菜包含12道满族菜、12道北京菜和30道山东菜。菜点名字主要有“四品饽饽”“四品酱菜”“四品熏酱”“四品水晶”“四品鲜果”“四品干果”“赛犴鼻”“扒驼掌”“扒驼筋”“高汤鳇鱼骨”“扣鹿胎盘”“香炸马哈鱼”“菜胆鹿鞭”“腰果宫保鳄鱼丁”“龙袍焖鳇鱼”“香炸鸵鸟拼”“哈什玛”“葱烧鹿蹄筋”“香扒山鸭”“香酥大雁”“香辣鹿心片”“鳇帝爱子”“梅花鹿血膏”等，制作精美，上菜讲究礼仪，餐具也富丽华贵。

五、龙江民间传统饮食

龙江民间传统饮食主要包括赵记老铺传统厨艺、哈埠菜和乡村大地锅三种。

赵记老铺是全国第一家满族旗人菜馆，它始创于清光绪二十一年(1895)，由爱新觉罗·振国创建，主要经营传统的满菜，即以爱新觉罗祖传“八大金刚”为代表的十大满菜系列。

赵记老铺的创始人爱新觉罗·振国是一名武将，当时考取武状元时要连射3枚金钱眼，由于造化弄人，他每次考取武状元时，第三枚金钱眼都屡射不中，一气之下，弃武从厨，到了御膳房做个打杂的，经过自己十三年的努力，做到了御膳房的总管。他把满族菜发挥到极致，为了不让满族菜失传，在民间开设一家大车店，为过往的商人和行军打仗的人提供饮食住宿和喂马的地方，后改名为赵记老铺。现在，店门口的拴马桩和喂马槽遗迹仍在，依然保留了大车店的原貌。

图3-52　赵记老铺菜馆

哈埠菜是采用各种原材料，运用哈尔滨市烹饪技术烹制出来的，适合哈尔滨人口味的、深受哈尔滨人喜爱的菜。哈埠菜是龙江菜系的一个重要组成部分，龙江菜系里的好多特色菜，如官府菜、中西合璧特色菜、各类西餐大多都是哈尔滨所特有的。

哈埠菜的特点为咸甜酸辣适中，保持菜肴的原汁原味，充分保留了营养成分；外形美观，令人赏心悦目，食之清香可口，能满足各种人群的需要；南北皆宜，粗犷中蕴藏着灵气，淳朴中展示地方风情。哈埠菜在多年继承、发展、创新的过程中，以绿色、营养、健康为方向，形成了当今的哈埠菜菜系。哈埠菜包括农家菜、传统菜、创新菜、特色菜、民族菜、官府菜，以及融入冰雪文化的风味食品和特色宴席。哈埠的风味食品也是哈埠菜的重要组成部分。哈尔滨的大众红肠、里道斯红肠、干肠、松仁小肚、松江肠等香味独特，具有传统的地方风味和欧洲风味；哈尔滨的大列巴像“锅盖”，外皮焦脆、内瓤松软，具有传统的欧洲风味，风靡全国。①

乡村大地锅体现的是东北村庄的农家风情，使文明与流年返璞，人性与自然归真。主要家常菜有铁锅炖鸡排骨、东北干菜拼盘、大丰收、东北土豆粉、冻豆腐、窝窝头蘸酱等。

六、满族冻吃

东北地区冬季严寒，户外温度可达零下三四十摄氏度，是得天独厚的天然大冰箱。在这里世代生活的满族，自古就在冰天雪地之中求生存，独特的自然环境，使他们养成了喜食冻食的习惯。

冻肉：满族是狩猎民族，猎获的野兽多了，一时半会儿吃不了，就浇水冰冻或埋在雪里保鲜。吃时头一天晚上在屋里缓一宿自然化开。

冻饺子：一进腊月里，家家包饺子冻上，装在大缸或囤子里。别看饺子冻得结实，碰在一起笃笃响，下到开水锅里，一会儿就漂上水面熟了，浇点凉水，防止皮软，捞出一吃，味道与鲜水饺一样鲜美。

冻豆腐：腊月里，每家都做一板或两板豆腐，打成小块放户外冷冻。食用时，放到锅里，加入所需佐料调味炖熟，豆腐内含汤汁多，味道美，口感好。

冻水果：漫长的严冬，北方不易保鲜水果，大多从关内购进，将秋梨、柿子、苹果冻上，一个个冻得像钢球铁蛋一样。吃时，要用凉水泡上缓出冰

① 赵明孝：《浅谈哈埠菜》，载《学理论》，2008（4），84～85页。

来，里面却软软的，咬上一口，酸甜冰凉，十分爽口。

图3-53　冰糖葫芦

冰糖葫芦：将山里红挖去内核，用梢条棍串上蘸糖冷冻即成冰糖葫芦，可保鲜很长时间，是东北的特色果品。山里红含有山楂酸、酒石酸、柠檬酸、皂甙、果糖、维生素C、蛋白质、脂肪油等多种成分，具有强心、扩张血管、降低血压的作用，对治疗心绞痛和冠心病有一定功效。山楂尤其可助消化、利肠胃。李时珍在《本草纲目》中写道："（山楂）消食积，补脾……健胃行结气……化饮食……凡脾弱食物不克化，胸腹酸刺胀闷者，于每食后嚼二三枚，绝佳。"①

七、大庆坑烤食品制作技艺

"坑烤"即地坑烧烤，是黑龙江省大庆市的一种地方特色美食，因其制作工艺源自过去东北农村用灶坑或在田间地头就地挖坑熏烤食物的方法，故称"坑烤"。

图3-54　坑烤

① 李时珍：《本草纲目》，1774页，北京，人民卫生出版社，1982。

坑烤是源于明清的民间传统烹饪手法，发展到近现代，工艺、口感经过了无数次改良，品种也由单一的烤肉演变到所谓“地坑八烤”，即烤鸡蛋（鸭蛋、鹅蛋）、烤土豆、烤玉米（黏玉米）、烤地瓜、烤鲫鱼、烤鸽子、烤鹌鹑、烤小鸡等。“地坑八烤”中的黏玉米、土豆、地瓜、鸡蛋等都是大庆市八井子乡的老百姓家里自产的；鲫鱼是松花江里的野生鱼；鸽子、鹌鹑、小鸡是本地养殖户精心饲养的，不用食品添加剂，所以吃起来口感和其他地方的不一样。

最早的坑烤是先把食物放入调料内进行腌制，然后用菜叶或锡纸包好，再涂上调好的黄泥。在土坑内架起塔形碎砖，坑内放入炭火、木板等燃料。待碎砖烧红，将食物放入坑内，再毁坏碎砖塔，让热砖头压在食物上，上边再盖点细土。两个小时后，就能吃到香气四溢的美食了。现在的坑烤，有的不再那么复杂，但美味不减。

坑烤用锡纸有很多好处。主要是烧烤好的东西不焦煳、不脏，而且锡纸可防止食物粘烤盘，可保持烤盘干净。烤小鸡、鸽子、鹌鹑、鲫鱼的时候，上面撒有各种调料，用锡纸包上就不能掉下来了，这样烤出的食物味道鲜美。另外，锡纸还可防止食物的水分流失，还有吸油等功效，使烤出的食物非常鲜嫩。

在坑烤过程中，不同的食物坑烤的时间是不一样的，这个火候不太好掌握，需要坑烤师傅凭自己的经验和手艺来判断食物是否烤熟。时间长了，熟大劲了，食物的养分流失多；时间短了，食物有的还未烤熟。所以，每个坑烤都有几个手艺高强的大师傅来操作。至于什么食物烤多长时间，这是商业秘密，一般人是打听不到的。①

八、沟帮子水馅包子制作工艺

水馅包子是一种类似灌汤包的包子，具有皮薄馅稀、色白褶匀、油大不腻、滋味鲜美四个特点。水馅包子是东北广为流传的汉族小吃，以辽宁省锦州市沟帮子水馅包子最为有名。

水馅包子从外表上看并无奇特之处，但制作工艺却相当复杂。做沟帮子水馅包子有名的主要是杨、马、庞三家，学徒不下三五年的苦功，难以领会

① 刘希文：《八井子地坑八烤》，载《黑龙江日报》，2011年4月7日第12版。

图3-55　沟帮子水馅包子

工艺的实质精髓。

水馅包子的制作工艺简要介绍如下：包子馅要按八两瘦肉、二两肥肉的比例搭配，要提前一天用调料煨好，至少要8个小时以上，这就形成了初步的干馅。等到第二天，用温度适宜的鸡汤将馅“浆”稀了，晾凉后，再放上适量的葱花、香油搅拌均匀。面分水面、碱面、老面三种，水面就是现和的面，和面的水要温度适宜；碱面是掺上碱，夏天两天发酵、冬天四天以上发酵的面，和面的工人至少要干两年以上，全凭实际经验；老面就算自然发酵，至少也是夏天两天、冬天四天。三种面按照一定比例和好揉匀，但怎么和面，还要看天气、看风向，夏天、冬天不一样，南风天、北风天也不一样，讲究特别多，和面的水温、水量也要视情况而定。水馅包子的皮讲究的是边薄底厚、厚度适宜，因为馅稀，面里有老面成分，所以擀皮得特别注意，才不容易漏馅，吃起来口感才好。蒸包子的时候要两个锅，一锅蒸包子，一锅烧开水，蒸包子必须用开水，不能用凉水，用凉水蒸出的包子效果不好，包子蒸出来色泽发亮，入口感觉腻。

在沟帮子镇请人吃水馅包子，一次最多上三屉，哪怕只多一屉，蒸气就上不去，出锅的包子就不对味。从配馅、擀皮到热包子出锅，这一套复杂得令人眼花缭乱的工序，是世代相传的家族手艺，更是沟帮子镇深厚的传统饮食文化的历史传承。

九、东关“四绝菜”传统烹调技艺

坐落在沈阳市东关的四绝菜馆源于20世纪初创立的“宝发园”，迄今已有100多年的历史。

1909年，河北省宁河县北塘村的国锡璋（1890—1953）、国锡瑞兄弟，因家乡兵荒马乱、民不聊生，便“闯关东”来到盛京城外落脚谋生。兄弟俩在辽宁沈阳小东门外开了一家小饭店，起名叫“宝发园”，意为聚宝发财。哥哥国锡璋负责接待食客，弟弟国锡瑞专职掌勺炒菜。一开始宝发园的生意并不红火，国锡瑞经过多年的实践，根据东北人的口味偏好，逐渐摸索创制出了以猪肝、猪腰、瘦猪肉和鸡蛋等为原料的美味菜肴。厨艺改进后，宝发园的生意日发红火，特别是熘腰花、熘肝尖、熘黄菜和煎丸子四样菜，香酥鲜美、菜色焦脆、亮滑可口，深受沈城人民的喜爱。

1918年，在讲武堂学习的少帅张学良慕名来到宝发园后，点了熘腰花、熘肝尖、熘黄菜和煎丸子四道招牌菜，吃后赞不绝口，于是将它们命名为"四绝菜"。从此，宝发园的"四绝菜"名声大噪，享誉省城。"四绝菜"的共同特点是嫩，但嫩感程度各不相同。熘腰花是脆嫩，熘肝尖是滑嫩，煎丸子是焦嫩，熘黄菜则是软嫩。[①]四嫩各有特色，回味无穷。"四绝菜"观之令人食指大动，食之令人大快朵颐，入口清淡，百吃不厌。

解放后，宝发园几经变迁，"文革"时作为四旧被砸了牌子，"四绝菜"也随之绝迹。1979年，宝发园恢复开张，国锡璋之子国栋材重新主厨。次年，沈阳市政府正式命名宝发园的熘腰花、熘肝尖、熘黄菜和煎丸子为"四绝名菜"。此后，"四绝名菜"再度兴盛，连续五届荣获沈阳市"名优风味美食"称号。[②]2006年，宝发园名菜馆被商务部评为首批"中华老字号"之一。2008年，东关四绝菜传统烹调技艺成功入选《沈阳市第三批非物质文化遗产名录》。

"四绝菜"之所以能够久盛不衰，主要源于其制作技艺始终保持手工制作，这与几代人口耳相传下来的"选料严格、制作精细、讲究火候、刀工独特"的传统烹饪技法分不开。其中，熘肝尖要求嫩滑味醇，选用鲜猪肝为原

图3-56　宝发园

① 沈阳市国土区划办公室：《沈阳农业名特优产品集锦》，25～26页，沈阳，辽宁科学技术出版社，1988。

②《财经大辞典》第2版编委会：《财经大辞典》，第4卷，311页，北京，中国财政经济出版社，2013。

料，切成柳叶片，薄厚须均匀，用滑熘的烹调方法精制而成。熘腰花讲究刀工火候，选用鲜猪腰子为原料，切成麦穗状，紧汁包芡熘制而成。熘黄菜选用新鲜鸡蛋作为主要原料，将虾仁、肉末、冬菇丁、冬笋丁、青椒丁等下勺制成红色汁卤，浇在黄菜上熘制而成。煎丸子选用三肥七瘦的猪前槽蝴蝶肉为原料，用刀切成绿豆大小的颗粒，加入鸡蛋、淀粉等调制成馅，制成像棋子状的丸子，先煎后熘而成。[①]

十、金州老菜烹制技艺

金州老菜是大连市众多非物质文化遗产中颇具特色的一项内容，也是辽宁省第一个市级餐饮项目的非物质文化遗产。

金州老菜烹制技艺有着130多年的历史，有浓郁的海洋文化特点，时令性强。特别是“三道饭席”等十几种菜，百年相传、经久不衰、有口皆碑。金州菜能结合本地的物产特点开发独创400余种菜品，其中有上百种享誉辽南，驰名中外。

金州菜系以官府菜为主，明清时代的金州官员家家有厨。清光绪五年（1879），金州副都统二品大员恩佑将军将京城御厨孙怀带到金州做大官厨，孙怀与地方官厨相互交流融合，形成了一套完整的地方菜系，孙怀也因此成为金州菜系的开山鼻祖。当时，金州的达官显贵、社会名流除了雇用家厨外，大事小情，逢年过节也会雇用名厨，官府的经典菜品与民间的流行菜品交相融合，丰富了金州老菜的内容。清光绪十年（1884）十二月，恩佑将军离任调京，孙怀老先生的弟子栾兆昌师傅特别留恋美丽的金州，决定不跟恩师回京，留在金州，这样一来宫廷御厨的根就留在了金州。金州菜的鼎盛时期是在清末。据《金州志》记载，金州饮食业十分兴盛，1901年金州城内有3家饭店，1937年，

图3-57　金州老菜

① 房伟：《沈阳市非物质文化遗产项目代表性传承人名录》，98页，沈阳，沈阳出版社，2011。

当时金州城内有荣升园、福星园、祥盛园、福盛园4家饭店，经营高档炒菜和包办酒席。“三道饭席”和“全拼八碟八碗席”独具特色，闻名遐迩。目前，金州菜系得以发扬和传承，至今已传承至第七代。

“三道饭席”代表了金州老菜的最高水平。所谓“三道饭席”，是指每上一道大菜（即大件）带四个中件，随即上一道饭（即点心四样），全席共三道大菜配十二个中件。“三道饭席”属金州副都统衙署顶级筵席，选料考究，强调选用应季应时活鲜，过时不食，菜品阵容庞大、豪华气派，刀工严谨，器皿讲究，烹调方法多样，注重营养搭配，其特点以鲜咸口味为主，讲究清淡，一菜一格。宴席上菜顺序严格，席间先上压桌碟（酒辅底）：四干果、四蜜饯，最后上四鲜果。菜的顺序是先冷后热、先珍贵后一般时鲜，最后上饭菜。

金州菜讲究严谨的配菜规则，绝不允许随意搭配，如辣香只是24种香味的一种，不能以辣味充当主味，更不能以辣椒来充当主料。掌握了使用配料的度，才使菜的风味各有不同。如今，在金州新区的大街小巷，随处可见能够制作金州老菜的饭店酒楼。

十一、辽河口渔家菜烹制技艺

辽河口渔家菜就是盘锦菜，是盘锦人用盘锦食材，采用盘锦传统做法制作的菜品，是辽菜民间菜的一部分。辽河口渔家菜并没有固定菜式，是凭借辽河口丰富的鱼虾之利和渔猎活动而形成的传统食俗，极富特色，历史悠久。

靠山吃山，靠水吃水。辽河口潮沟交错，滩涂遍布，丰富的河海之鲜和湿地物产促使当地形成了独特的民间饮食习俗。

位于盘锦市大洼县的二界沟，是辽河口著名的天然渔港。从明代起，二界沟就是关内外渔民的落脚点和聚居地，南来的海水和陆域而来的河水在这里交融，咸淡相融的海河两合水非常适合鱼虾的洄游与繁衍，形成了一个天然渔场。曾经为了度过冬季的“青黄不接”，辽河口居民采用各种各样储存渔类的办法。在辽河口东岸的二界沟，虾酱、蟹酱等海鲜腌制食品成为冬季人们常吃的小菜。早年，霜降之后，家家户户都会备足大大小小的坛子、罐子，选用一些小的虾和蟹，将其捣碎，放进坛子里发酵，腌制虾酱或者蟹酱。与二界沟不同，盖州、鲅鱼圈及瓦房店一带沿海居民多用鲅鱼晾成鱼干，称为“鲅鱼坯子”，雪天吃“鲅鱼坯子炖黄豆”是当地最具特色的小吃。而在盘山及大石桥、海城一带，人们喜欢晒河鱼干，留着过冬食用，当地人称之为“锅煲鱼”。锅煲鱼常年都可以制作，而且方法简单：将鱼清洗干净后，把大铁锅烧热，铺一层鱼到锅里，将两面或者一面煎至微黄微干，再拿到阳光底下晒到干透，然后用干净的布收起，挂到阴凉处，以后随用随取。目前，盘锦依然保留着做锅煲鱼的传统，人们在品味鱼鲜的同时，也在品味着过往的生活。

除了腌制、晒制，在辽河口传承至今的鱼类加工及储存方法还有很多，比如窖藏、冰藏等方法，很多方法都透露着浓郁的传统气息。这些方法都是在交通与经济不发达的旧社会里形成的，也形成了当地人偏重鲜味、腥味、偏味、杂味、酱味等口味的倾向，这样的食俗始终都在辽河口这片土地上默默地延续和发展着。

在上千年的饮食习俗中，当地渔民出海时在渔船上的饮食十分有特色，其特点是当场捕捞、当场烹制，这些都成为构筑“辽河口渔家菜”的基石。

早年间，二界沟渔民用的都是帆船，出海稍远一点，当天就难以返回，免不了要在船上吃住。当时二界沟不能自产蔬菜，外出采购多有不便，渔民在船上吃什么菜基本取决于当天打上来什么鱼。受渔船上的条件限制，渔民做菜时，都是用海水把鱼洗干净，然后放到锅里直接煮。后来，条件稍微好一点，倒点酱油就算是添佐料了。出海的时间久了，总吃简单的水煮鱼虾不免乏味，于是，船员们就开始变着法地调理伙食。一次偶然的机会，船员们做出了味道鲜美的“虾爬子豆腐”。据说，有只渔船在出海后打捞上来一些虾爬子，不久，虾爬子就死了，船上的厨师舍不得浪费，就将虾爬子肉挤出来捣烂，然后下到清水里煮，结果虾爬子肉黏在一起成了一个肉坨。厨师把虾爬子肉捞出来后，拌上盐和酱油，味道异常鲜美。

渔船上诞生的另一道名菜是“海蜇炖肉”。过去，二界沟的渔民没人愿意捞海蜇，用老渔民的原话来说是：“肥鱼大虾都直往网里撞，没工夫理睬那些玩意儿。”海蜇还容易把网扯破，把樯撞折，一度被视为灾星。直到中华人民共和国成立前，二界沟每年中秋都会以素食、美酒以及猪牛羊三牲祭拜龙王，状告海蜇，祈求来年不碰到它。后来，渔民发现海蜇不但能食用，而且和肉一起炖更是别有风味。今天，“海蜇炖肉”已经成为当地一道经典的特色菜，尤其是在饭店，几乎成了外地游客必点的菜式。

除了河鲜和海鲜，辽河口的渔家美食还取材于湿地里的各种物产。最有名的吃法要数“蛸夹子豆腐”，在辽河两岸堪称一绝。早年，谁家要是做了蛸夹子豆腐，一定会呼朋唤友，一起品尝。至今，在营口市城区，尤其是生活在西市区和辽河北岸一带的居民，仍然把这道菜作为招待客人的名菜。像这样的食材还有很多，甚至连碱蓬草也一度成为人们盘中的食物。

事实上，辽河口渔家菜并没有一定之规，只要是本地所产的食材做出来的食物，都可以将其列入辽河口渔家菜。辽河口渔家菜不会成为一张一成不变的固定菜谱，而是随着对地域食材的不断整合利用、对传统食艺的持续发现发掘，随时随地进行增补。

十二、品彝鱻清真菜品传统烹饪技艺

品彝鱻饭店位于辽宁省盘锦市大洼县庄台镇田庄台辽河广场，是古镇上颇具代表性的清真特色餐饮饭店。

清真菜又称回族菜，其历史渊源最早可以追溯到唐代，而其形成流派当在元朝“回回”民族逐渐形成以后。百十年来，田庄台古镇一直是盘锦市回民的主要聚居地，古镇上清真饮食由来已久并久负盛名。清真菜品的烹调技法较多地保留着回族的饮食习俗，在保持传统的爆、炖、涮烹饪技法的基础上，又不断地学习、创新，使清真菜品的烹饪技法由简到繁、由少到多，日臻完善，炒、炸、烤、煨、焖、氽无所不精，形成了独具一格的清真菜体系。此外，在面点的制作上，擅长烙、蒸、煮、烤、炸，熟食的制作擅长卤、酱、熏、烤、炸，加之独特秘方，独具一格，发人食欲。

品彝鱻清真菜品传统烹饪技艺的创始人是宛成贵。1903年，宛成贵出生在河北省，从小就跟着父亲走街串巷，挎篮卖清真食品。1923年，20岁的宛成贵随父亲闯关东来到天庄台，依旧以挎篮卖清真羊肉馅饺子、水饼、铁锅煎包和卤酱熟食为业来维持生活，在古镇上享有“宛三爷”的雅号。镇上人

图3-58　功夫水饼

户每有红白喜事，都以能请到宛成贵掌厨为荣。1929年，宛成贵娶妻代氏，不久生长子宛玉起。宛成贵将毕生手艺都传给了宛玉起。宛玉起不负父亲的期望，将祖上传下来的清真菜品烹饪手艺发扬光大，先后开了清真饭馆、星月斋清真饭店、玉香龙清真饭店。现如今的品彝鱻饭店由宛玉起的女儿宛丽经营。

宛家的清真八大碗和清真水饼至今已经传承了一百多年，其制作讲究，风味独特。清真八大碗完全遵守伊斯兰教规，强调口感和质感的结合，简约而不失精到，豁朗而不失考究，包括炖牛肉、清炖牛尾、羊场烩酸菜、老汤烩丸子、炖木耳黄花菜、铁锅炖鱼段、炖羊排、羊杂汤等。宛家最具代表性的烹饪技艺是祖传的功夫水饼制作技艺。清真水饼根据“二斤面、一斤水、半勺盐”的比例进行配比，选用上好的面粉，然后在35 ℃以上的温水中加入食盐，开始和面。砸面是制作水饼的关键。把水用拳头用力地砸进面里，而且要砸得均匀，力量必须到位，这样才能把面团中的淀粉和其他杂质全部砸出，使面愈加劲道。直到面不再粘手，才算和好。“水饼”之名，就是因为和面的时候需要用水砸而得来的。醒面的时间大约需要40分钟，然后把面分成若干个小面团，在案板上涂上一层色拉油，就可以荡面（即擀面）了。荡好的水饼薄如蝉翼。烙水饼必须使用稻草柴火和平底铁锅。烙好的水饼薄如纸、柔如帛、滑如锦、明如玉，晶莹剔透，口感尤为筋道。除此之外，外焦里嫩的水煎包、独家秘制的卤酱熟食也是品彝鱻清真菜品的上乘之作、金字招牌。

品彝鱻清真菜品讲究原汁原味、汁浓味厚、肥而不腻、嫩而不膻，在一百多年的发展历史中继承创新、积淀深厚，是最具地方民族风味特色的清真美食。2015年，品彝鱻饭店菜品技艺被列入盘锦市非物质文化遗产名录。2017年5月，品彝鱻饭店菜品被辽宁省旅游协会、旅游饭店协会评为“辽宁金牌旅游小吃”。

十三、辽菜传统制作技艺

辽菜是辽宁菜系的简称，是辽宁饮食文化的概括，是继我国八大菜系之后兴起的一个新菜系。它是根据辽宁地区的民族特点、区域特点、饮食习俗、烹饪技法创建的一种具有辽宁地域特色的菜系文化，与辽宁人的生活、性格及生存耕种的土地有着密切的关系。2011年，辽菜传统技艺入选《辽宁省第四批省级非物质文化遗产名录》，名称变更为“辽菜传统制作技艺”。刘国栋、刘敬贤为该项目市级代表性传承人。

辽菜历史源远流长，它的形成与辽宁的政治、地理、历史、民族、文化、风俗、资源及经济发展的因素有密切联系。据考证，辽菜历史悠久，辽阳出土的东汉一号墓的庖厨壁画证明，东汉时期辽阳一带的烹饪技艺已有相当水平。进入清代，由于清政权在沈阳建都，辽菜受满族食风影响较为深远，宫廷菜的精湛与考究、王府菜的名贵与品位、市井菜的雅俗共赏，以及民间的乡土醇厚，形成了辽菜深厚的底蕴与丰富的内涵。到20世纪初，辽菜汲取了宫廷菜、京菜、鲁菜的传统技艺精华，同时融合了汉族、满族、蒙古族、朝鲜族等各类民族菜的特点，以及东北地区特产的食材优势，创造了具有菜品丰富、季节分明、口味浓郁、讲究造型的辽菜特点。中华人民共和国成立后，辽宁的烹饪事业蓬勃发展。老一辈国家级烹饪大师唐克明、王甫亭、徐子明、刘国栋、任树芳等各怀绝技，各有拿手名菜，从20世纪50年代就分别领勺于勺园饭店、鹿鸣春饭店、南轩酒家、香雪饭店等著名饭店，成为辽宁名厨的代表。

2014年5月，辽宁省餐饮烹饪行业协会确定了首批辽菜标准化的11个品种，简称“九菜二点”。“九菜”指的是葱烧辽参、小鸡炖蘑菇、锅包肉、焦熘里脊、赛熊掌、㸆大虾、扒三白、拔丝地瓜、三鲜火锅，“二点”指的是烧卖和煸馅饺子。

辽菜擅长扒、熘、烧、炸、烩等三十余种技法，操作上注重火候，讲究调味，菜肴的烹制嫩而不生、透而不老、烂而不柴，外脆里嫩，外酥内烂。北派海鲜更突出了原汁原味、口味清淡、咸鲜脆嫩、明快自然的风格。产品的特点是一菜多味，咸甜分明，酥烂香脆，色艳味浓，紧汁抱芡，富有营养。调料主要选用传统的盐、酱、酱油、醋、葱、姜、蒜等。口味有咸鲜味、香辣味、五香味、甜咸味、酸甜味、茄汁味、酸辣味、甜香味等。

辽菜选料十分广泛精细，特别注重地方特产原料的使用。在众多的辽菜菜谱中，有很多运用当地的山珍野味和海产品，而且在制作野味和海味方面，都有很多独到之处。野味原料大部分选自黑龙江、长白山特产，海产品选自渤海和黄海的鲍鱼、海参、大虾、元鱼等。做法上也不同于其他菜系，特别是海产品，更区别于粤菜海鲜的烹饪技艺，成为全国各大菜系精华中的北派海鲜。

辽菜作为中国饮食文化的组成部分，有着深厚的文化底蕴，是辽宁社会发展的历史见证。其制作技艺体现了辽菜内在的科学价值，对饮食文化的传承发展起到了重要作用。[①]

十四、韩正参鸡汤（延边州）制作技艺

参鸡汤是朝鲜族一道非常著名、颇具特色的菜肴，清爽鲜美，营养价值极高，带有一股药香。它是将肉类食品与滋补类中草药完美结合的药膳养生料理。而在延边制作参鸡汤最具代表性、在民间好评率最高的就是韩正参鸡汤馆。韩正参鸡汤馆位于吉林省延吉市新兴街57号2楼，已经营业17年。

韩正参鸡汤精选20余种上品中草药和延边当地绿色有机食材，采用传统制作方法，一道汤品都要经过多道制作工序烹制而成，用特制石锅盛装，配以精致摆盘，在食物制作上精益求精。参鸡汤从其成分来看，对人体大有益处，高丽参、黄芪、当归、枸杞都是补血补气的良药；大枣也有很高的药用价值，可健脾养胃、养血安神、养颜美容；而大蒜可安定精神、缓解工作压力所造成的紧张，可使人体气血循环好，肌肤红润。

图3-59　韩正参鸡汤

其基本制作流程为：先将童子鸡洗净，把鸡脚和鸡头去掉，把肚子掏空，将糯米、大枣、板栗、人参和蒜瓣一层层码入鸡腹中。将处理好的童子鸡冷水下锅，放入姜片盖上盖子，大火炖开，小火炖40分钟。将12种药材放入另一个锅中，慢炖两小时后，再把汤汁浇入鸡中，再慢慢炖鸡。最后加入少量盐、撒点葱花，即可出锅。

韩正参鸡汤将传统的制作方法和现代的养生理念相结合，香而不腻，滋身养颜，深受顾客喜爱。

---

① 房伟：《沈阳非物质文化遗产概览（二）》，46～47页，沈阳，沈阳出版社，2011。

十五、康平羊汤制作工艺

辽宁省沈阳市康平县农村多养羊。每当夏秋之交，草茂羊肥，民间素有喝羊汤的习惯。用羊肚、羊肠和羊血，也可加茄丝、黄瓜片，煮制成汤，鲜而不腻。吃花卷，喝羊汤，别具风味。

其实在辽宁境内，拿得出手的羊汤不止康平，但最透辣、最热情、最滋补的非康平羊汤莫属。康平羊汤历史上与蒙古羊汤同宗，羊汤作为蒙古族人的主要饮食传入康平，康平人代代相传，并将本地的饮食特点融入其中，形成了当地集食药两用于一身的佳肴。康平羊汤有一大原则、两大流派、三种做法、四种吃法、五品羊、八大功效、二十道工序之说。

康平的羊汤，不仅是羊肉好，手艺更为独特。熬制汤时用一口大铁锅，先把大块的羊肉、羊杂等烀熟取出，再将羊肉去骨，羊肉、羊杂切小丁放入锅内，加清水和姜、葱、大料、辣椒一同熬煮，煮出的羊汤，羊肉洁白，汤色澄清，临上桌时，加上青椒丁、黄瓜丁，吃时依据自己的口味，加盐、香菜末、味精、辣椒油等。康平羊汤中独有的黄瓜配菜，光从视觉上就十分清新诱人。

在康平，本地人冬天很少喝羊汤，生意最好的反而是在三伏天。夏季正是羊儿膘肥肉嫩时，熬出的羊汤浓香、绵长、厚实，别有风味。夏天羊汤馆迎贵客，进门先发一条毛巾。等热气腾腾的羊汤上桌，胡椒粉、辣椒油、芥末油一调，喝下一口已经是大汗淋漓。“就是要把汗出透！”羊汤馆老板说，这一顿羊汤喝完，一年都不会再感冒。

图3-60　康平羊汤

第五节　调料配方制作技艺

一、大连制盐技艺

大连是全国四大产盐基地之一，制盐能力占辽宁全省的70%以上。大连发展盐业具有得天独厚的条件，这里地理位置优越，滩涂广阔，气候适宜，海水含盐浓度高。大连制盐技艺是早期的一项传统的民间生产技艺，明代以前就有史料记载，至今已有数百年的历史。

大连制盐的方法有两种：一是煮，二是晒。明嘉靖（1522—1566）年间，金州城东北隅有“盐场百户所”，这里的“东北隅”即今皮口一带。直到清康熙四十八年（1709），红嘴堡（今皮口）东老滩改“锅煮盐”为“天日晒盐”，时有孙姓在东老滩建滩二副斗（约23.4万平方米），人称老房滩，开始“天日晒盐”。这是辽南地区最早的“天日晒盐”。

盐作为一种纯粹的物质产品，具有广泛适用的特征。同时，盐还具有文化的特征，盐文化与人类社会发展的历史伴随始终，具有丰富的内容和独特的魅力，区别于其他文化类型。大连制盐技艺便是东北饮食文化类型的象征之一。

二、金州石河东沟五坊手工榨油技艺

大连市金州石河东沟五坊的手工榨油技艺曾经闻名遐迩，经过百年流传，至今已传承五代。

传统的手工榨油坊由一个双灶台、一个碾盘、一根硕大的榨槽木和一个悬空的油锤组成。榨油坊一般都建在村落集中、水源充沛、绿树掩映的小溪岸边。

据介绍，压榨法是一种历史很悠久的制油方法，早在北魏贾思勰的《齐民要术》中就有压榨取油的记载。榨油工序十分繁杂，从炒芝麻、石碾碾芝麻、称末、熘锅蒸末、包饼、装榨，到最后压榨取油，共有10多道工序，而且都要靠人工来完成，每道工序都融入了操作者长期积累的丰富经验和独特技巧。

这一技艺继承祖业，技艺繁杂，全凭口传心授以及经验的积累而承传，

图3-61　手工榨油技艺

但因手工榨油产量小，工艺复杂，加上科技的进步，现代的机器榨油技术取代了传统榨油工艺，人工榨油逐渐失去了经济效益，濒临失传。

三、老汤精（粒粒香汤精）配方

老汤为女真人的宫廷秘方。阿城是金代开国都城，大约在900年前的金代初期，当时的女真人发明了用鸡骨、牛骨、猪骨等作为原料，加入花椒、大料等香辛料熬制老汤的技艺，当时皇宫御厨在做菜时调味主要依靠老汤，遂成宫廷秘方。随着金人南下迁都北京，该技艺也随之广泛流传。

阿城老汤秘方的创始人是咸丰帝的御厨梁忠，他将前人传下来的熬汤配方，加入调料，形成了自己拿手的宫廷老汤配方。后来他从宫中带出了老汤配方，转行干了别的营生。直到清王朝灭亡后，梁忠才重操旧业，在天津的“江南第一楼”担任厨师指导。1919年，一个扬州来的13岁学徒幸运地成为了老汤的第二代传人，他就是唐克明。

唐克明是末代皇帝溥仪的御厨，他是在一次偶然的机会认识了梁忠并得到老汤秘方的真传，现在又传给了徒弟王军，延续至今。为了使这一传统的宫廷美味得以与百姓共享，王军在继承传统老汤制作的基础上，利用现代杀菌技术，使液态、膏状、颗粒状的老汤精得以长时间保存。制作老汤精时，选用上等猪、牛、鸡等原料，进行味道提取。按照配方加入多种香辛料，依照传统的工艺技术进行长时间熬制，再浓缩并制成各种状态的老汤精。老汤精不仅保留了传统老汤的独特风味特点，而且味香浓郁、味鲜突出、味厚持久，体现了纯正的中国味道，美味可口。

老汤精使用方便，用途广泛，品种多样，不仅解决了传统制汤难的问

图3-62　老汤精

题，给厨师们节省了大量的时间，而且适用在炒、熘、炸、烹、烧、扒、酱、卤等所有的菜肴制作烹调方法上；可以用于制作菜肴、制汤、火锅，以及各种饺子与包子调馅和拌制各种凉菜中；不仅可广泛用于酒店业、餐饮业、饭店业，而且非常适合于家庭使用。

粒粒香汤精是继味精和鸡精之后，中国人发明的第三代鲜味调料，它是三五味业集团董事长王军与哈尔滨商业大学旅游烹饪学院院长石长波博士在中国烹饪大师盛英杰老先生的帮助下，历经一年多的时间研制而成的复合鲜味料。汤精是在盛英杰大师提供的宫廷秘方的前提下，以传统的老汤为主料，在传统配方与制作工艺的基础上，运用现代科学工艺，提取其精华部分，再配以天然的香辛料，经过不断改进，使其味道更鲜香、更醇厚。

四、绥棱米醋酿造工艺

米醋是用谷子、高粱、糯米、大麦、玉米、红薯、酒糟、红枣、苹果、葡萄、柿子等粮食和果品为原料，经过发酵酿造而成的。因此，米醋具有醇厚、浓郁的甜香味，在烹调时，不仅可大大提高食物的味道，而且其中含有非常丰富的营养，如乳酸、柠檬酸、琥珀酸、葡萄糖、甘油、多种氨基酸、维生素B_1、维生素B_2，以及钙、磷、铁等元素。鉴于米醋具有如此丰富的营养，国外的营养专家已经把它作为一种新型保健饮料开发出来，现今，在国外的有些市场上，经常可以见到以米醋为原料做成的饮料，它们味道多样而独特，色泽光鲜而诱人，并且品种十分丰富。黑龙江省绥化市绥棱县的米醋历史悠久，畅销省内外。

绥棱生产米醋的历史已有100多年了。经几代绥棱人的智慧创造，绥棱米醋形成了其他醋所不具有的独特的工艺特征。作为一种民间工艺，绥棱米醋工艺独特。绥棱米醋酿造是在山西陈醋和镇江香醋制作工艺的基础上发展起来的一种全新的工艺。绥棱米醋生产采用优良曲霉菌种和醋酸菌种，用固体发酵制醋工艺，分为制曲、糖化、酒化、醋化、后熟增香、醋醅熏制、淋醋、新醋陈酿增香等8大过程大小30多道工序。其口味既有山西陈醋的酸，又有镇江香醋的甜，是中国北方民间传统米醋酿造工艺的典型代表。

绥棱米醋以高粱、大黄米（糯米）为主要原料，这在全国唯绥棱所独有，因而使绥棱米醋具有独特的米香。这对于丰富我国醋产品生产原料的种类同样具有重要的科研价值。其工艺特点是：① 用曲量大，小曲用量达主要原料高粱的50%。② 采用低温酒精发酵，高温醋醅发酵，温度达38~45 ℃。③ 全醋醅进行熏制形成熏醅。④ 后熟时间增香长，陈酿增香时间长。⑤ 淀粉转化葡萄糖多，米味香甜。⑥ 醋化结束不加食盐。

绥棱米醋酸中带甜，酸而不涩，甜而不腻，头酸尾甜，酸甜柔和并带有特有的糊香和米香，是我国醋制品行业中一个不可多得的上等佳品。

五、扶余老醋（松滨老醋）酿造工艺

松原市松滨老醋源于1906年的松滨酱园，1912年醋艺师傅赵守信是其创造者。松滨老醋酿造工艺是固态发酵的一种演进。在传统“陈酿法”基础上，山西酿造艺人进行了一系列的创造改进，以“白曲作主，大曲为辅”为发酵方法，酿醋工艺日臻成熟，到了民国松滨老醋已远近闻名。松滨老醋凭借着“酸、香、绵、甜、醇”的独特风味、精湛的酿造技艺和优良的品质，驰名东北三省。

图3-63　扶余老醋

松滨老醋实现了山西、扶余老醋的有机结合，选用东北特产的高粱为原料，外加小米、大米、黄米、小麦等四种粮食，以山西特产的豌豆大曲和企业自制的曲麸为发酵剂，采用传统工艺和现代科学相结合精心酿制而成。该生产工艺实行质量监控，再经灭菌、沉淀等工序，制作出的老醋具有特有的色、香、味，并含多种维生素，具有促进人体新陈代谢、调整机体功能、防病治病等功效，2007年入选《吉林省第一批省级非物质文化遗产名录》。

六、喀左塔城陈醋酿造技艺

喀左塔城牌陈醋是辽宁省朝阳市喀喇沁左翼蒙古族自治县的名优特产。在辽西山区，有一个古老的喀喇沁左翼蒙古族自治县，县城中有一座金承安五年（1200）建造的精严禅寺塔，所以这里生产的陈醋，便以“塔城”命名。喀左塔城陈醋有着悠久的酿造历史，风味独特，质量上乘，是宴会及生活中的理想调料。

喀左陈醋源于山西。据1926年版的《凌源县志》记载，清康熙八年（1669），从山西逃荒来的手工匠人运某某在喀喇沁左翼旗（今喀喇沁左翼蒙古族自治县，以下简称喀左）大城子镇落脚后，开大城裕杂货铺，附设醋酱坊，由此开启了喀左酿醋的历史。“大城裕”酿造的陈醋风味独特，深受人们喜爱。传说，清康熙二十八年（1689），康熙皇帝东巡结束后，从盛京（今沈阳）回京城，途经喀左时，特地会见了他的亲家、住在喀左的蒙古族喀喇沁左翼旗王爷。当时，康熙的女儿和硕格格下嫁给了王爷府的郡王僧衮扎布。用膳时，喀喇沁左翼旗的“扎萨克”（意为旗长）借机把“大城裕”的陈醋进献给康熙，康熙品尝后连连称赞，为“大城裕”商号题写了牌匾。此后，喀喇沁左翼旗王爷每年向皇宫进贡时，就把“大城裕”的陈醋列为贡品之一。清乾隆七年（1742），时任喀左“扎萨克”的瑚图灵阿在向皇帝进贡时，亲自带着贡品，冒着严寒前往京城，将喀左最好的陈醋献给乾隆皇帝，乾隆品尝后大为赞赏，将喀左陈醋命名为“御膳贡醋”。此后，一直到光绪年间，喀左陈醋都是喀喇沁左翼旗王爷进贡的贡品之一。从康熙到光绪，200多年间，六七位皇帝都吃过喀左的陈醋，久而久之，“喀左贡醋”的名头越来越大，不仅驰名关内外，畅销邻近府城，还远销全国各地。300多年来，喀左陈醋的酿造技艺代代传承，不断改进，贡醋已走入寻常百姓家。

图3-64　塔城陈醋

喀左陈醋的酿造工艺被称为“夏伏晒，冬捞冰”，即醋要在这些罐子里发酵一年时间才行。从康熙八年（1669）算起，喀左陈醋酿（今造工艺如今已传到了第八代，分别是倪振军和刘振奎。倪振军是辽宁塔城陈醋酿造有限公司的生产经理。他改进了陈醋酿造过程中的套淋、回浇、过滤、陈贮等工艺环节，在保持传统风味的基础上减少醋的沉淀，解决了多年来影响和困扰陈醋品质的主要难题。

除了酿造技艺的高超，喀左特殊的自然环境也是贡醋出名的重要条件之一。喀左的日照条件好，出产的高粱品质独特，同时水质清澈、甘甜、性绵，酿造出的陈醋酸甜适口。在固态发酵时，再加上用上好的当地出产的紫砂陶缸储存发酵，出产的陈醋口味尤其独特。在喀左县大城子镇南部曾有一口井，这是一眼天然矿泉水井，当地人称之为“琉璃井”，又叫“满井”。《元一统志》曾有记载：“（此井）冬温夏凉，昼夜外涌。至中夏正午，澄澈见底，虽毫发之微，历历可数……用之酿酒，其味尤佳。”①古时的喀左陈醋成为贡醋，与此泉水也不无关系。

喀左陈醋以优质高粱为主料，辅以多种精料，经过液体糖化、固态醋酸发酵、严格灭菌等独特工艺酿制而成。该醋色泽紫黑，酸甜适中，味长醇厚，富有香气，且久储不腐，无论何时，绝不长白醭。而且越久越香，堪与镇江香醋、山西老陈醋并称为我国三大名醋。

为了弄清喀左陈醋的成分，20世纪80年代，中国科学院林业土壤研究所将喀左精制陈醋所含的氨基酸成分与山西大曲醋、江苏镇江香醋、金山牌镇江陈醋进行了对比分析，对4种名牌醋的二十几种成分进行逐项分析。结果显示，喀左陈醋各项指标皆名列前茅。据此，他们确认，喀左精制陈醋是一种营养丰富、味道鲜美、价格低廉、货真价实的名醋。

七、松城酱油酿造工艺

松城调味品生产始于1948年，是黑龙江省牡丹江市工业企业中的“老字号”。其酱油生产采用蛋白质含量丰富的豆粕及淀粉含量丰富的麦麸皮为原料，经原料处理、通风制油、保温发酵、移池浸淋、配兑灭菌五大生产环节精心酿制而成。其成品具有色泽鲜艳、有光泽、酱香浓郁、滋味鲜美、体态澄清、营养丰富等特点。

图3-65　黄豆酱油

松城酱油中的氨基酸有18种，它包括了人体所需8种氨基酸。还原糖也

① 李兰肹等：《元一统志》，217页，北京，中华书局，1966。

是酱油的一种主要营养成分。有机酸也是酱油的一个重要组成部分，包括乳酸、醋酸、琥珀酸、柠檬酸等，对增加酱油风味有着一定的益处。

八、高桥陈醋制作技艺

高桥陈醋产于辽宁省的高桥古镇（今葫芦岛市连山区），具有近600年的历史。

高桥古镇“枕山襟海”，又称高桥铺，位于辽西走廊东北部，是入关的必经之路。镇中有个甜水村，此村有一古泉，泉水来源于大小虹螺山，由于虹螺山矿物质极为丰富，沉积下的岩泉水水质清冽甘甜，高桥铺的人从古至今饮用此水，从没有人得过异病。高桥陈醋则是用此水酿造，口味极佳，令人赞誉。

唐贞观十九年（645），唐太宗李世民经辽东发兵征讨高丽，突逢军中缺水，于是命人寻找水源。路过高桥镇，闻醋、酒、豆制品均用此水酿造，遂命人呈上品尝，食之以后连连称奇，随即传旨刻碑，名为“高桥铺”，至此高桥陈醋的美名便传播开来。后来，高桥人还研制出米曲制醋法，据记载，此法曾流传到日本，并一直沿用至今。

明朝万历年间，辽西陈氏家族第六代陈景泰在高桥镇开了个“万丰酱园”的铺子，生产醋、酱菜、酒及豆制品，这就是今日“高桥陈醋”的前身。陈景泰后经镇江名师指点传艺，在原酿醋方法的基础上，配以甜水酿制出甜醋。明嘉靖年间，陈景泰的后人、在军中做师爷的陈希侯建起了东北首家制醋作坊——高桥醋铺。时至明末清初，皇太极驻扎高桥城，率兵与明朝军队展开激战，高桥甜水和用此水酿造的高桥陈醋等食品起到了鼓舞军中士气的重要作用。清康熙帝回盛京祭祖，经过此地，亲自品尝到高桥陈醋、高桥水及地方特产，大加赞赏，随即钦定“高桥醋铺”的醋为贡醋，特贡给皇家食用。此后，康熙帝每次回盛京，都要到高桥来尝上一尝。

2006年，商务部正式公布了首批“中华老字号”企业，葫芦岛市“高桥陈醋”厂榜上有名。现如今，原为“特贡醋”的高桥陈醋，不仅秉承了传统的固态发酵手工艺酿造方法，而且通过历代高桥酿醋人的不断改革与开发，与现代科学生物技术有机结合，酿造出更具北方风味特色的高桥醋，尽显中国食醋的王者风范。高桥陈醋取窖中醋醅，深藏地下缸储，通过二次转化而成的醋味极鲜，醋鲜泌脾，久存不变质，酸甜适口。

高桥陈醋最大限度地保存了醋和高桥甜水所含的丰富维生素及矿物质，

具有调味、营养保健的同时，还有医疗和药用价值。如患有动脉血管硬化、高血压的人，长期适量饮用可软化血管，还可降低血压、降血脂，防止肝病，有增进健康之功效。同时还具有美容效果，可促进新陈代谢，美容护肤，延缓衰老，是天然的保健饮品。

图3-66　高桥陈醋

高桥陈醋的独特酿造工艺可分为五大过程：糊化过程、糖化过程、酒化过程、醋化过程、淋醋过程。

糊化过程是选用东北特产的优良的红高粱为主料，将这种主料经过机器加工、粉碎、蒸熟。

糖化过程是把糊化的原材料和技术人员做的区域菌种加在一起，在池子里进行糖化。这个过程需要3~4天。

酒化过程是通过技术人员对醋发酵以后，产生酒精。

醋化过程是产生酒精后，由酒精进行氧化转化成醋酸，醋酸以后形成醋。

淋醋过程是把醋过滤出来，进行高温灭菌，置入储存灌，放置3~5个月，这就是二次发酵过程。这样产生的高桥陈醋酸甜适口、口感非常好，所以高桥陈醋属于一种清香型的口味。

工艺特点是使用粗粮酿造，用较多的疏松材料，如高粱壳及麸皮等，使醋醅膨松，能容纳一定的空气，以促进醋酸菌氧化，乙醇生成醋酸。

高桥陈醋的产品特点：

（1）酿造时间：一般酿制的醋用蒸汽发酵只需7天。高桥醋仅发酵时间就要40多天，这才保证了生产出的醋是原生态醋，有的产品甚至要酿造数年之久。因为酿造的时间周期长，所以高桥古镇出好醋。

（2）酿造手法：随着现代化步伐的加快，醋厂基本都实现了工业化，提高产量的同时也缺失了原有手工艺酿制的醇香甘甜的味道。而高桥陈醋至今仍然沿用古老的固态发酵手工艺、多边发酵法，采用特产红高粱为主料，优质麦麸为辅料，再结合先进的生物科学技术，精选优良菌种精心酿造而成。将培育出的独特的菌群，在优质的发酵环境中，用传统的发酵法进行发酵，形成风味独特、色泽棕褐、浓郁清香、酸甜适口、口味悠长、久存不腐的高桥醋。

（3）醋酸浓度：因为采用手工传统工艺制作，高桥醋的酸度可以达到8°，而一般的醋只能达到3.5°~5°，6°以上的老陈醋可以不用添加苯甲酸钠而久放不坏。由于高桥醋的酸度高，所以，高桥醋本身就具有防腐杀菌的作用，营养及药用价值极高。

九、曹家香油传统制作技艺

中华美食遍天下，香油是它的点睛之笔。世界卫生组织曾公布：香油是最佳食用油，芝麻中所含的活性物质对人的健康大有益处。黑龙江省大庆市的“曹学利”牌香油以味香、量足、纯度高受到广大顾客的欢迎。许多人宁肯选择多走一段路，也要特意购买它。

曹家香油传统制作技艺距今已有1600多年的历史。20世纪90年代初，山东人曹学利将小磨香油的传统制作工艺带入大庆，并在制作工艺上融入了北方人的口味，使曹家香油传统制作技艺成为大庆市的一个文化品牌。

1991年，23岁的曹学利从山东来到肇州县投奔亲戚，曾骑着自行车在路上卖干调。一年后，细心的曹学利发现当地市场上没有做香油的厂家，所有香油都是从外地进来的，他想到自己家乡的香油味道纯正，便决心在肇州创建第一家香油坊。曹学利从亲戚那里学到磨油技术，从关内和肇源等地发来芝麻，用电动的大石磨把芝麻碾碎，再用炒锅炒，然后兑水搅拌，最后把水墩干净，一天便能做出40千克左右的香油。但由于当时人们的生活条件有限，饭店的需求量也不大，香油的销量很不乐观，甚至入不敷出，两年后，油坊就被迫停工了。1996年，曹学利找到了问题的症结所在，他在农贸市场繁华地段租了个铺面，并在电视台上打广告，于是曹家香油的牌子越叫越响，当年年收入就超过了1万元，彻底打开了局面。

图3–67　曹家香油

曹家香油选用上等的当年产白芝麻作为原料，采用传统手工制作工艺，用“水代法”加工制取，具有浓郁的独特香味，是良好的调味油。目前，因传统制作劳动强度大、生产工序烦琐、效率低，香油的生产已被真空榨油机等机器设备所代替，传统工艺制作技术濒临失传，亟待保护，已被收录到《大庆市非物质文化遗产项目名录》。

第四章

东北烟酒饮料酿制技艺

第四章

抽水烟或关东烟，“十八岁的姑娘叼根大烟袋”，曾是“关东三怪”之一。吸烟是满族人的传统习俗，一般人买不起卷烟，凡是吸烟的都必须用烟袋。烟袋所用的烟叶末多数来自关东本地种植的烟叶，其中穆棱晒烟和漂河烟最为流行。

东北冬季漫长，酷寒之下，人们尤爱饮白酒和啤酒，东北人饮啤酒常是论“扎”、论“瓶”、论“提”（一提为8瓶），酒量惊人。受“白俄”食风影响，好友相聚，常以大红肠、扒鸡、花生米、茶叶蛋和面包佐餐，一次小酌往往几小时。东北盛产粮食和葡萄等水果，酒类自然是少不了的，东北的纯粮烧酒自不必提，啤酒和葡萄酒更是东北人民喜爱的饮品。1900年，中国第一桶啤酒就诞生在哈尔滨，而吉林省通化市也是驰名中外的葡萄酒城，从开国大典到尼克松访华，都少不了通化牌葡萄酒的身影。

此外，东北人爱在喝花茶时加白糖，平时也喝桦树汁、人参茶和汤岗矿泉水。

第一节　烟与茶种植、制作技艺

一、穆棱晒烟种植技术

穆棱晒烟是黑龙江省穆棱市的特产，以马桥河、下城子、西镇所产最为有名。穆棱晒烟以其色泽纯正、香味浓郁而驰名中外。

穆棱晒烟种植历史十分悠久。清朝后期实行移民戍边政策，从山东进入东北的大量移民，有到木伦河一带（穆棱河）垦荒者，于清光绪二十八年（1902）开始大面积种植晒烟（关东烟），而大面积商品性的晒烟则始于20世纪60年代。

穆棱的自然环境非常适合烟草生长，是中国著名的晒烟基地之一。该产地位于黑龙江省牡丹江地区的东部，县境内重峦叠嶂，山川交错，丘陵起伏，盆地相间，素有“九山半水半分田”之称。在烟草生长期的4—9月份，日照达1420小时，雨量为450毫米，太阳总辐射量年均约为500千焦/厘米^2，无霜期为110～125天。在烟叶成熟时期，昼夜温差达30℃，有利于干物质的积累，为生长优质烟叶创造了良好条件。

穆棱晒烟种植技术是世代穆棱种烟人在生产实践过程中，总结积累的一项种植晒烟的技术。晾晒时用农膜覆盖，防止雨淋，吃露也轻。使用这项技术种植的晒烟，颜色褐红、鲜明红亮，烟叶组织细致、柔软似缎、油润丰满，烟气浓香、无青杂气，燃烧性好、烟灰白净，不爆花、焦油含量低。一般烟碱含量为3%～5%，含糖量为8%～12%，蛋白质含量为10%～16%，含钾量为2%～3%，含氯量为0.1%～0.2%，适用于雪茄型和混合型卷烟原料。1984年，国家颁布的《烟草专卖条例施行细则》中规定穆棱晒烟为国家名烟管理，成为誉满中华的名优产品。

图4–1　穆棱晒烟种植

二、漂河烟栽种技术

漂河烟产自吉林省蛟河市的漂河川沿岸，又称为“蛟河烟”“关东烟”。据成书于清道光七年（1827）的《吉林外记》卷七记载：“烟，东三省俱产，惟吉林省者极佳。……独汤头沟有地四五垧，所生烟叶止有一掌，与别处所产不同，味浓而厚，清香入鼻，人多争买。”其中提到的“汤头沟”所产烟叶，就是在塔头沟种植的传统品种红花铁矬子，老百姓称之为“漂河烟”。

据史料记载，自清朝起漂河烟就受到皇帝加封，成为向皇室纳贡的贡品。清代人张集馨所撰写的《道咸宦海见闻录》就记载了咸丰帝开发振兴关东的设想：要开矿、渔虞、牧畜、种烟麻，以助富国利民。在贡品漂河烟的主产地漂河镇塔头沟一带至今流传这样的顺口溜：“要说烟，就说烟，好烟出在漂河川，乾隆爷，下白山（到吉林市小白山祭祖），封下贡品漂河烟，上品就数柳叶尖，年年朝贡烟不断……”

漂河烟是全国八大烟叶品系之一，在东北的烟文化中，可谓是独树一帜、声名赫赫。清顺治年间，闯关东的老乡带来烟籽和技术，将这项技艺传入东北，距今已经有近400年的种植历史。在长期的生产实践中，烟农们总结种植经验，从选种、育苗、种植、调制、上架晾晒、捆把运输等，都有自己独特的方法和技术。漂河烟颜色红黄，香味醇厚，燃烧性好，不截火，抽起来不苦不呛、不辣不冲，民间谚语称：“青筋暴绺虎皮色，锦皮细纹豹花点，灰白火亮串味足，小把玲珑算珠拐。”虽然是民间谚语，却也说出了漂河烟在老百姓心目中的地位和影响。漂河烟在辽宁、河北、天津、北京一带口碑极好，烟民皆知，能抽上一袋漂河烟叫作“享口福”，很多人以能抽上纯正的漂河烟为自豪，能送亲友几把漂河烟当算是珍贵的礼物。东南沿海一带空气潮湿，渔民出海十天半月，烟易受潮，不易点着火，而漂河烟不截火，即使在这样的环境中也能抽着，所以，那里的老烟民也都喜爱漂河烟。

漂河烟的名气、漂河烟的口碑、漂河烟的历史辉煌，是经过几代人的努力探索和经验积累形成的。这其中有得天独厚的自然条件，就是漂河镇地处长白山支脉，松花江流域，土壤类型为灰棕壤土和冲积土，气候温和，雨量充沛，是适合晒烟种植的气候区。

除此之外，还有独特的生产调制技术。

（1）选适合品种，种植方法独特。老种植品种是红（白）花铁矬子，这个品种烟片短厚，颜色红黄，油分足、香味好，烟筋是两个一对，呈人字形，内行人一看就知道是纯正的漂河烟。种烟时要穿牛皮靰鞡，拄着棍子在垄台上踩实，叫作踩格子。烟格子踩得实，烟苗才能出得齐，点烟籽要用小葫芦，敲一下漏几个籽，这样的播种又整齐又均匀。

（2）割烟带拐，采收方式独特。收获烟叶要用烟刀子把烟叶片割下来，烟刀子是特制的，呈半月形，烟刀锋利，割烟时一挑一顺，割下来的烟叶片带一小段烟梗，俗称“烟拐子”。好刀子手割下的烟叶片拐子像算盘珠那样小、像荞麦棱那样细，匀称一致，非常好看，所以，才有“小把玲珑算珠拐”的赞誉。收烟叶带拐子一方面是晾晒时方便上绳，避免烟叶片从绳扣掉下来，另一方面是为了增加重量，多卖几个钱。有句谚语这样形容：“绳子粗，拐子大，买主见了就害怕。”

（3）捂黄上绳上架，调制技术独特。漂河烟的调制分为捂黄、上绳上架晾晒、吃露（水）变红3个步骤。捂黄分为壮池子和架上两种，捂黄时要苫盖香蒿，上绳时每个绳扣2~3片烟叶背对背夹住，烟绳子是用草甸子里的油包草、羊胡草拧出两股麻花劲儿的草绳。苫盖烟叶用的也是草苫子，这样晒干的烟叶没有杂味，还能增加香气。搭烟架是南北方向，这样光照时间长。夜晚吃露水时要把烟绳勾掰开，早晨轻轻抖抖烟绳，这样吃露均匀，颜色好。

（4）捆扎方法多样，烟叶形状独特。捆烟要按照烟叶的成色、油分、长短等分别捆把。一类烟叶捆成“片子烟”，把烟叶一片一片用手捋平整，一叶压一叶，像鱼鳞一样；二类烟叶捆成“绺子烟”，十几片烟叶捆成一绺，用红头绳扎上；三类烟叶捆成“把烟”，十几个烟叶片捆成自然把，每个自然把用草绳子做绕子，现在演变为用烟叶做绕子；再差一点的，制成“烟砖”和“辫子烟”，这两种烟便于保管和运输，烟民吸食起来取用也方便。

三、“岩青兰”茶传统制作技艺

岩青兰是多年生草本植物，高15~40厘米。茎斜生，四棱，有细毛。基生叶柄细长，叶片是阔卵圆形或心状长椭圆形，先端圆钝，边缘有规则的圆齿；两面有毛，上面绿色，下面白色，叶下面网状脉明显；茎生叶对生，兵短柄。总状花序，数朵生于茎顶；花萼近唇形，具短尖5齿，其中上唇一片最大；花冠蓝紫色；苞片具大齿牙。岩青兰分布在辽宁、河北、青海、内蒙古等地，生于石质山坡旁，河谷湿润处。每年春天发芽，如果雨水好，很快就会长成一尺多高。辽宁省朝阳市“岩青兰”茶传统制作技艺，是在端午时节采茶，回来后经过土法的“三蒸九晒”后饮用，也有的制成茶砖。这种茶用开水泡后是红色的，味道清香，有清热解毒、消肿退黄、活血化瘀的功效。

图4-2　岩青兰

四、满族茶艺

中国的饮茶之风由来已久，在多民族的融合过程中，茶文化也得以推广开来，并衍生出不同民族独特的文化特点。在满族文化中，饮茶也是重要的组成部分。

满族茶饮历史悠久。早在唐代，茶叶作为贸易产品之一已经引入北方。辽金时期的女真人已有饮茶习惯。在各地出土的茶具和辽代墓地壁画中，可以发现辽代的契丹人饮茶之风盛行，主要是用点茶法品茶。金初女真人饮茶者较少，因为东北地区不产茶，后来随着金宋交流与贸易的发展，南方的茶叶不断进入北方，金人也逐渐酷爱饮茶。北方的少数民族常食肉，饭后喝茶既有助于消化分解油脂，又能解渴。但是东北地区并不产茶，茶叶需要从南方运入。

清入关后，满族茶俗受汉文化影响，内涵更加丰富。尤其是宫廷茶宴，精致、富贵，规模更是超越以往朝代。满族茶饮器具以瓷器为主，至于清皇室，茶具更有用黄金和玉器制作的。《清稗类钞》中记载："宫中茗碗，以黄金为托，白玉为碗"[①]。由于生存环境和生活层次的不同，历史上，满族人饮茶种类多样。

（1）奶茶。由于满族祖先长期居住在东北的白山黑水之间，属于畜牧游猎民族，因此，传统满族人喜饮马奶、牛奶、羊奶。后来随着满族与汉族的交流融合，茶叶输入后开始出现奶茶，满族人将茶叶泡好后加入奶一起饮用。

（2）花茶。清入关后，宫廷专设御茶房，所收茶的种类有很多，花茶成为满族贵族日常喜饮用的品种之一。

（3）土茶。受经济条件的限制，历史上满族农村人大多饮用自己制作的土茶。土茶可分为如下几种：柳蕾茶，用春天嫩柳芽焙制的，常用来待客，清火明目，有一定保健作用；糊米茶，女真时期，百姓在饭糊中加入开水饮用，可以养胃助消化；还有一种土茶，用野玫瑰叶（间或有少量的花）、黄芪、达子香（一种山杜鹃花）叶晒干泡饮，味道十分清香。

（4）酸茶。依兰、双城一带的满族用黄米面加豆面发酵后，煎沸饮用，

① 徐珂：《清稗类钞·饮食类》，104页，上海，商务印书馆，1928。

味道酸甜，十分好喝。另外，相传满族人还有饮用小青草之说，就是将蒲公英的根挖出来之后，晒干切片当茶饮。也有人将中药黄芪的叶子采回来晒干后当茶饮。

满族对茶文化可以说作出了杰出的贡献，其表现有三：

第一，把清饮系统茶文化与调饮系统茶文化有机结合起来，把奶茶文化上升到与清饮几乎并驾齐驱的地位。清宫内帝后爱食奶制品，奶茶是重要饮料。满族使奶茶进入宫廷与朝仪，大大提高了调饮文化的地位。至今，北京典型大茶馆多与饮食结合，便是清饮与调饮糅合交融的产物。而茶中加花香，虽属清饮系统，但也与传统茶道不同。

第二，清代宫廷爱饮花茶，因而使介于红、绿茶之间的花茶——半发酵茶——得以迅速发展。传统茶艺虽轻视花薰，但民间却极爱好。半发酵茶对善变的中国茶艺起到了推动作用。清代八旗子弟以茶与花结合创造出许多名堂，当时虽然属有闲阶层无聊之举，但无疑丰富了中国茶艺的内容。

第三，在茶具上，清宫流行盖碗茶具。这是由于满族生活在北方寒冷地带，保温是饮茶的必需。盖碗茶具既保温，又清洁；散茶冲泡用以拨叶；相对品饮时遮口礼敬，有多种功用，是茶具艺术中的一大创举。至于满族民间，家居闲坐，来客敬茶，更是寻常之举。总之，满族在各族茶文化的交融荟萃方面起到了巨大作用，在茶艺、茶礼方面也有许多重要贡献。

第二节　黑龙江名酒酿制技艺

一、老泥窖酒传统酿造技艺

黑龙江省哈尔滨市双城区素有“白酒之乡”的美誉。这里自然资源丰富，且三面环水，水源丰沛，盛产酿造白酒的红高粱。关东酒业有限公司就坐落在这块黑土地上，以老泥窖酒的传统酿造技艺著称于世。

老泥窖酒传统酿造技艺是适合我国东北地区气候的酿酒技艺瑰宝，是东北酒文化孕育的奇葩，它具有鲜明的民族风格和显著的地域特色，是关东酒业的立身之本和成名之道。

关东酒业的前身李家烧锅始建于清光绪二十八年（1902）。清光绪二年（1876），李家烧锅创始人李殿君从山东荣成携家人闯关东，来到巴彦县兴隆镇落脚，恰遇当地财主林长永要开酒坊，林长永见新来的山东汉子聪明能干，为人正直，又得知他在关里烧过酒，既懂技术又有经验，就聘他为“源长永”的烧锅管家。因烧锅创始于清代，东家又要求酒的质量要保持不变，故起名恒清酒和源长永酒。李管家不仅懂技术善经营，而且勇于探索创新，在生产实践中，他将山东酿酒技艺结合东北气候特点，历经十几年的艰辛努力，终于摸索出一套自身独门绝技——水果香味白酒。

清光绪二十八年（1902），东家林长永考察双城堡（今哈尔滨市双城区），觉得这里交通便利，资源丰富，更适合发展白酒生产。他听说，距拉林河北岸20多公里[①]处有一口打在龙脉上的神井，水质清澈甘甜，当即将这口井买下，决定在这里建一分厂，让李殿君挑头，烧锅名为李家烧锅。

清光绪三十三年（1907），老掌柜李殿君过世，临终前嘱咐儿子李世英，关东物产丰富，人情浓厚，民风淳朴，是发展酒业的好地方。1931年，李世英将李家烧锅全权交给儿子李永盛掌管，买卖进一步蓬勃兴旺，在双城及哈市周边小有名气。

1946—1948年，东北野战军辽沈战役前线指挥部设在双城，指战员们对李家烧锅情有独钟，东野首长经常用此酒为指战员壮行。

中华人民共和国成立后，李氏家族的李昌海、李成信、李柱山几代人一直坚守着恒久的品质、诚实的信誉，李家烧锅越办越好，在东北三省名号越来越响。

随着改革开放的不断深入，李家烧锅第六代传人李柱山在酒业不断发展壮大的基础上，按着祖上的遗训，将李家烧锅组建为双城市关东酒业有限公司，把李家烧锅自身独具、不可复制的水果香味白酒打造成了2007年度我国唯一一家绿色食品白酒企业。经历百年发展，六代传承，目前，关东酒业已经成为享誉国内、独具特

图4–3　老泥窖酒

① 公里为非法定计量单位。1公里=1千米。下同。——编者注

色的白酒生产企业。

老泥窖酒传统酿造技艺可概括为以下三项技艺：

（1）关东酒业大曲生产，要求在每年伏天开始（指头伏）制作，以优质小麦为原料，采用“熟温水润麦”，以“石磨磨碎”技艺将小麦磨碎为“烂心不烂皮”的梅花瓣状麦粉，以“赤脚踩制提浆”技艺踩制成“松紧适度、无缺边掉角”的土坯曲，以“自然积温、自然风干”等技艺实现土坯曲生香发酵。

（2）蒸馏接酒蒸粮技艺。关东酒业原酒酿造以东北本地红高粱为原料，采用“石磨磨碎”技艺将高粱磨碎成四六瓣，将粉碎好的原料和清蒸好的辅料（稻壳）人工翻拌均匀。以“耙梳、木锨、轻挖、低放”等拌料技艺拌和母糟、高粱粉和糠壳，用木锨“轻撒匀铺、探汽上甑”等技艺进行糟醅上甑，采用独特的“混蒸混入”“一窖七甑”技艺（每个窖池分七锅上甑）蒸馏，用“看花摘酒、掐头去尾”等技艺接酒。这是关东老泥窖酒祖传酿造技艺口授心传的核心技艺。

（3）关东酒业老泥窖酒的储藏技艺。关东酒业采用大瓮（陶坛）储酒技艺，此法已延续100多年。在储酒过程中采用“一冻”“一暖”两种不同方式进行。“一冻”：利用北方冬季特有的天然冷冻条件，将酒瓮（陶坛）存放于空房进行天然冷冻。“一暖”：在夏季将酒瓮（陶坛）用丢糟包起，可使瓮中原酒互相感应，相互扯兑，起到自然升香的奇效。此法对关东酒业老泥窖酒水果香味的形成起到了关键作用。

关东老泥窖酒的酿造历史悠久，精妙的酿造工艺传承了100余年，它的酿造历史折射了关东地区多民族人民共同生活的状态，反映了各族人民的勤劳和智慧，记录了双城市多种文化互相融合发展的轨迹。

二、花园酒传统酿造技艺

花园酒厂始建于1879年，酒厂位于黑龙江省拉林河畔花园村（即金太祖完颜阿骨打之女完颜兀鲁公主之花园），故称花园酒。花园酒是东北浓香型传统酿酒工艺的代表之一，它以高粱为原料，采用麸曲为糖化剂、南洋酵为发酵剂，用木板窖池发酵，蒸馏出的白酒带有乙酸乙酯，气味清香，酒质透明，余味绵长。后又以高粱、小麦为主体原料，加玉米、黄豆及大麦等谷物制成大块曲，为糖化发酵剂，采用传统蒸馏，制成香气浓郁、口味纯正、入口绵甜、酒体醇厚的花园酒。主要特点为双边发酵、续糟发酵、甑桶蒸馏、

图4-4　花园酒

多菌种发酵。

花园酒业使用老五甑传统酿造工艺，以高粱为主要原料，发酵期为12天，用人工培制的大块曲为糖化发酵剂。花园酒业有260个百年老窖池，使用的微生物扩培人工老窖泥达500多吨。同时，通过适当延长花园酒的发酵期实现双轮发酵，使花园酒质量不断提高。

三、永兴复酿酒工艺

永兴复酒源于永兴复烧锅，创始人名叫王兴复。清道光十七年（1837），王兴复创建了永兴复烧锅，他把自己的名字纳入到字号当中，意在买卖兴隆，互勉共荣，家庭兴旺，安康发达。此后永兴复烧锅生意红火，清咸丰九年（1859），永兴复烧锅在双城堡设立了永兴复烧锅分号，年产高粱酒29万斤。

永兴复烧锅的酒品如此上乘，得益于王掌柜手下的一位梅姓酒工。他二十来岁时落难来到王家，身负祖传的烧蒸馏酒技艺，且老实肯干、聪明伶俐。王掌柜对他十分赏识，就把自己的女儿许配给了这位梅姓后生，他从此就成了王掌柜的继承人。

图4-5　永兴复酒

1931年，九一八事变后，沈阳沦陷，日本人企图独霸永兴复烧锅，通过各种手段对王掌柜软硬兼施、威逼利诱，但王掌柜没有屈服。日本人恼羞成怒，以“政治犯”的罪名将王掌柜抓捕下狱，严刑拷打，但王掌柜铁骨铮铮，仍拒绝将永兴复烧锅卖给日本人。王掌柜在狱中伤病危重，借女儿女婿探望之机，叮嘱他们："若要保住永兴复，赶快前往双城堡。"当年年底，梅掌柜举家迁居双城堡，接管了双城堡永兴复烧锅分号。

1932年1月，赵毅旅打响了抗击日本侵略、保卫双城堡的第一枪。梅掌柜主动参加双城堡商会会长车玉堂和刘普洲组织的慰问活动，主动捐资捐酒、烙大饼慰劳抗日英雄。从此，永兴复烧锅名声大振，在东北唯有梅氏家族将永兴复烧锅传承至今。

四、北大仓酒传统酿造技艺

黑龙江省齐齐哈尔市在清代名卜奎城，每到春天，风很大，有时风卷黄沙，尘土飞扬，遮天蔽日，树木倾折，故素有"风刮卜奎"之说。过去地处肥沃的嫩江平原的齐齐哈尔，"天苍苍，野茫茫，人烟稀少，一片荒凉"，被称为"北大荒"。而今的北大荒，已成为有名的"北大仓"，为北大仓酒的得名由来。

北大仓酒已有100多年的历史。1914年，贵州酿酒师李勇加入了齐齐哈尔人马子良在海山胡同开设的"聚源永"烧锅，生产出了以茅台酱香型工艺制作而成的白酒——北大仓酒。北大仓酒以北方特产"大蛇眼"高粱为主要原料，以大豆、大麦、玉米、小麦为辅料酿制。采用的方法是：一次投料、连续加曲、辅料清蒸、池上堆积、回沙发酵、分批取酒、按质分存、精心勾兑。

北大仓白酒传统酿造技艺既有中国酿酒文化的基本内涵，又独具东北严寒地区的地域特征。其酒质透明，色泽微黄，无悬浮沉淀，酱香明显，粮香突出，醇香馥郁，入口柔和绵甜，回味悠长，留香持久。诗人臧克家盛赞北大仓酒是"北国的奇珍，黑土地的精华"。在1962年东北地区酿酒协作会议上，北大仓酒名列东北12种酒的第一名；1978年在黑龙江省优质酒评酒会上被评为地方名酒；1980年在黑龙江省优质酒评比会上再次被评为地方名酒；1984年获轻工业部系统铜杯奖。

图4-6 北大仓酒

五、富裕老窖酒传统酿造技艺

富裕老窖源于1915年乡绅杨贵棠在富裕县兴办的酿酒作坊。其酿造技艺用一种高粱、两种曲霉、三种酵母，经过五个除杂、七个增香，低温足水，长期发酵，分层蒸烧，按段取酒，分质保管，自然老熟，精心勾兑，再加上酿酒人的精心管理，生产而成。富裕老窖酒不但芳香浓郁，而且持久稳定，主要产品分为浓香型、芝麻香型、滋补酒、兼香型、清爽型五大系列100多个品种。其酒清澈透明，窖香浓郁，圆润绵甜，尾净余长，饮时不刺喉，饮后不上头。

1915年，黑龙江省富裕县乡绅杨贵棠在家中办起规模不大的酿酒作坊"小酺"。由于小酺酒酒质清冽、味道纯正，所以自它出窖时起，就以不凡的品位、独特的香气受到当地百姓的欢迎，流传越来越广。好酒必有佳泉，富裕地处嫩江流域，柔和的嫩江水来自天然，富含多种矿物质，是形成富裕老窖高贵品质的基础。1924年，小酺作坊规模扩大，发展成大作坊，名叫鸿源涌烧锅。1945年改名为"同源涌"。1946年更名为宁年酒厂，是一个公私合营的企业。1973年，产品定名富裕老窖。

富裕老窖酒是浓香型酒，工艺技术是既取川酒诸家之长，又具自家独到之处。富裕老窖的生产原料：①酿造用水。取自产地保护范围内的嫩江、乌裕尔河地下水，符合国家生活饮用水卫生标准的规定。酿酒加量水为85 ℃以上热水。②高粱。符合国家高粱标准的规定。主要采用富裕县的糯高粱及东北地区优质酿酒高粱。③小麦。品质符合国家小麦标准的规定，为黑龙江省的优质小麦。④稻壳辅料。产于松嫩平原，要求当年新鲜稻壳，无霉烂，干燥，无污染，颜色呈金黄色。

图4-7　富裕老窖酒

六、大兴昌白酒酿制技艺

大兴昌烧锅称号始见于清光绪二十八年（1902)，《阿城县志》《满洲工商概览》《阿城文史资料》等文字资料记载：民国时期大兴昌烧锅执事人是李存阁，资本金为大洋30000元，占用土地面积为22234平方米。

1946年5月，阿城县民主政府委派齐益民代表政府接管了大兴昌，改名阿城烧锅，侯惠民担任厂长；1949年5月改称阿城县酒厂；1966年酒厂搬迁。

“大兴昌”三字为创制者的作坊称号，取“兴旺发达、繁荣昌盛”之寓意。大兴昌酒自创制以来，历经百年，经久不衰，上自达官贵人、名人志士，下至工商农学、平民百姓，都喜好饮用。

大兴昌白酒的生产设施与酿造工艺比较原始，属于纯传统型作坊式的生产。大兴昌烧酒的主要设施是“窖子”，它设在厂房的地下，即挖一个大坑，坑内的四周用木板镶上，一般有2米左右深。每个“窖子”长5米，宽3米，呈长方形。每一排有六七个“窖子”。把烧酒用的楂子（烧酒的原料，一般都是玉米、高粱。用碾子压碎后即称“楂子”）用锅蒸了以后，放在“窖子”里发酵。烧酒的锅是安在地下的，锅口和地面一平，锅口的直径有1米左右。锅沿上坐以1.5米高的木质圆筒（俗名“锅圈子”）。烧酒锅的锅盖叫“排盖”。灶坑是竖井式的。地平面有一个四方形的窟窿，四周用石板镶上。大兴昌烧酒除了烧煤，多数以木柈做燃料。

大兴昌酒纯粮酿造、品质优良、历史悠久，使之更加声名远播，成为中国北方历史文化名酒。2007年入选商务部“中华老字号”候选品牌。2009年被黑龙江省商务厅授予“龙江老字号”，闻名海内外。

七、玉泉酒两步法酿造工艺

黑龙江玉泉酒业的“两步法”酿造浓、酱兼香型酒的酿造工艺是以高粱和优质泉水为原料，用小麦制大曲为糖化发酵剂，按浓香、酱香的不同生产工艺，采取分型发酵、分型陈贮、精心勾调的制酒方法，可概括为“两步法”工艺。

800多年前的金代女真人发明了蒸馏酒，玉泉就是中国蒸馏酒的重要发源地之一。玉泉酒的渊源可追溯到800多年前的金代。据专家考证，金皇统三年（1143），金国大元帅完颜宗弼（民间俗称“金兀术”）邀请当时在河南的道教太一教创始人萧抱珍到上京地区传道，并为萧道长选择了金源乳峰山（阿城松峰山）作为炼丹修道之地。萧道长为报皇恩，将太一道制取的药露秘笈蒸馏法传给金朝廷。金熙宗大喜，敕令在京郊山泉清冽的玉泉山建立皇家御酒坊，用蒸馏法制酒。这就是发源于金源大地玉泉的蒸馏酒，也是现代意义上的白酒。

玉泉在金代名为“二层甸子”，是为朝廷生产御酒的地方，因为蒸馏酒器铜甑由上下两层构成而得名。玉泉酒在金代蒸馏酒技术的基础上，充分吸收了清代阿城地区老酒坊制曲酒的经验，继承了民国时二层甸烧锅的传统工艺，用猪血涂纸糊制木制酒桶，使用石制甑桶和木锨翻糟，采用锡冷却及泥窑哈老五甑（万年香糟）的传统工艺方法，保证了玉泉酒的上乘质量。

1975年，在白酒泰斗周恒刚的带领下，全国白酒专家小组在玉泉酒厂进行了白酒香型研制试验。历经一年多的刻苦钻研，采用“两步法兼香酿造工艺”，酿出了兼香型玉泉酒。此酒具有浓头酱尾的特点，即“入口浓香、回口酱香”。

玉泉酒的酿制工艺有如下特色：

古法精酿。从金代的萧抱珍首创“蒸馏法”到金熙宗亲赐“御酒”，从800多年传承的玉泉佳酿到名满天下的兼香经典，玉泉酒始终沿用古法酿造工艺，并在其中创新出独具浓酱兼香风格的玉泉美酒。在酿制过程中，玉泉酒坚持选用纯粮精酿，对粮食的选择也极为苛刻，非颗粒精实者不选，非当年新粮者不用。所用之水更是几百年间喷涌不绝的纯净矿泉。同时它的发酵窖池均为人工泥窖，保证了糟粒的长期活性和最大化的利用，这样酿出的酒别具风味，而且无法复制。

天赐佳泉。名酒必有佳泉，水为酒之魂。玉泉之名，源于玉泉之水。在风景如画的玉泉山，漫山遍野奔腾着小溪、喷涌着山泉，山林草地之间有一股清如玉、洁如晶的泉水，人称“玉泉”。玉泉水势鼎沸，状如堆雪，水中含锂、锶、锌、偏硅酸等多种对人体有益的微量元素，已达到饮用天然矿泉水国家标准中的界限指标。据史料记载，金熙宗曾在上京南郊20公里的地方狩猎，于口渴难耐之际偶遇佳泉，饮后顿觉神清气爽、体力倍增，于是赐名

图4-8　玉泉酒酿造工艺

“御泉”，专供皇家饮用。从现代科学角度看，水是一种极好的溶媒，与酿酒的糖化快慢、调味的优劣都有很大的关系。这一切为玉泉酒能成为玉液佳酿提供了天然的保证。

珠米红粮。东北地区物产丰富，滚滚南下的“原字号高粱小麦”闻名全国，成为酿酒的最佳原料，正是这晶莹剔透的珠米红粮成就了玉泉净爽纯正的专属味道。黑土地的高粱，颗粒饱满、淀粉含量高，用此高粱酿造的玉泉酒酒味甘美、醇厚。作为制曲主要原料的小麦，它的选取则更为严格，必须麦粒完整、颗粒饱满。用该小麦踩制的大曲，能产生较高的糖化力、发酵力和蛋白分解力，这是决定玉泉酒特有香气的重要因素。而作为辅料的稻谷，则要求新鲜、干燥，颜色呈金黄色，还要清蒸除杂。正是在原料上的精益求精，才会酿制出独具魅力的玉泉酒。

兼香工艺。玉泉酒在继承与创新中首创的兼香工艺让玉泉酒成为同类产品中的翘楚。玉泉酒汲“北酒”贮酒工艺之精，采“南酒”酿造工艺之髓，汇成“固液融合、浓酱兼香”之独特工艺，并运用两步法在分型发酵、分型陈贮、基酒科学融合、储藏醅熟等细节做到精益求精，从而有玉泉酒入口浓香、回口酱香的独有风味。

橡木酒海。橡木酒海是玉泉酒独特的储藏工艺。众所周知，优质葡萄酒都是用橡木桶储存的，而用橡木桶储存白酒却少之又少。玉泉酒业有1300多个30余年历史的橡木桶，每只都堪称镇厂之宝。其选取的橡木是长白山生长数十年的白橡木，木质酯香丰富、透气性好，对酒有很好的催熟作用，玉泉酒在橡木桶中储藏会变得更加香醇，更接近琥珀色。而橡木桶在与酒长达数年的融合中，桶有陈香，酒有陈味，酒的醅熟酝酿全在与橡木桶的“厮守”中完成，待到启封时酒香四溢、醇稠如蜜，玉泉酒的浓郁芬芳也因此得来。

大师缔造。20世纪70年代初，负责黑龙江省白酒技术工作的高月明率先提出了“兼香型”白酒的概念，并开始在玉泉进行研制。1975年，全国白酒泰斗周恒刚带领高月明等全国20多名白酒专家，经过多方考察多次实验，建立了玉泉兼香型白酒的工艺基础。2008年，由多名白酒专家共同研制的“36°、32°和谐清雅”产品成为国内第一支兼香型低度酒，为引领健康饮酒新风尚作出了新贡献。正是在几代白酒大师的努力下，玉泉酒成就了其在中国白酒发展史上的重要地位。

哈尔滨的民间流传着这样一个顺口溜，即哈尔滨有三宝：红肠、哈啤、玉泉酒。这些在某种程度上也的确是这个城市的标识。一方水土养一方人，一方水土也酿一方酒。玉泉酒畅销多年，绵甜爽净、余味悠长的独特口感为众位酒客提供了一场舌尖上的绝美体验。

八、龙滨酒传统酿造技艺

龙滨酒始创于1906年。龙滨酒以产地黑龙江省哈尔滨市的缩写而得名，是哈尔滨市龙滨酒厂的产品。龙滨酒清澈透明、芳香浓郁、柔软回甜、余味绵长、具有酱香。

清光绪三十二年（1906），孙继业在傅家甸（今道外区）开办了一家酒厂，名号叫增盛通烧锅（后改为继生酒厂）。1920年，瞿秋白赴苏俄考察等候期间，暂住在道里区地段街福顺客栈一月余，客栈老板见他谈吐不凡，便拿出珍藏多年的增盛通烧锅热情招待。瞿品尝后说，北地严寒，但酒烈如火，性如斯人。哈尔滨沦陷后，白酒生产厂家多被日本侵略者操纵，所有酒厂均被日本侵略者强令生产军事用的75度酒精，同时建立了“酒精联合株式会社”。哈尔滨市解放后，人民政府没收了“酒精联合株式会社”，改称哈尔滨制酒厂，继生酒厂改称哈尔滨第四制酒厂。

哈尔滨地处我国北方寒冷地区，当地居民素有饮酒习俗，不仅人均啤酒饮量居全国城市之首，而且劲酒销量也十分可观。随着生活水平的提高，人们希望能喝到本地产、有特色的劲酒。社会的需求促使哈尔滨第四制酒厂的职工在原先当地酿造红粮大曲工艺的基础上，广泛学习吸收南北各地酒厂的先进技艺，特别是茅台酒生产技术之精华，经过50多次的试验，终于摸索掌握了一套适合北方气候特点的新工艺操作规程，于1957年酿造出了品质优异的龙滨酒。1962年，酒厂因生产此酒而更名为哈尔滨龙滨酒厂。

图4–9　龙滨酒

龙滨酒的酿酒原料是上等红粮，稻皮为填料，小麦中高温曲作糖化发酵剂，酿造方法是清蒸与次清，发酵30天，发酵周期为5个月，工艺上采取高温润料、回沙发酵、养前挤后、三五倒烧、缓慢蒸馏、分质分存，以及合理勾兑等技术措施。近年来，工厂大力加强质量管理和推广“回酒倒烧”新经验，一级品率由过去的30%提高到了现在的70%，吨酒耗粮为4.5吨。本酒采用高装圆柱异型瓶，格调雅致，雍容华贵。

龙滨酒虽然以当地产的高粱为原料，以大麦、豌豆焙制的青茬大曲（中温曲）及以小麦制的高温曲为糖化发酵剂，采用“清蒸五次清”的操作方法，30天分层发酵、堆积增香和3年陈酿而成，但是由于嫁接了许多酒家的先进技艺，因而在工艺上有许多独到之处。它的制作工艺要点有：

（1）制曲。采用全小麦制中温曲为主。制曲温度由过去的“前急高、中短、后急落”改为“前缓、中挺、后缓落”。此外，还另焙制少量全小麦高温曲作“高温增香”用。

（2）制酒。① 原料清蒸。以黑龙江省优质红粮、小麦高温曲为原料，采用热水润粮的方法。② 四排发酵续料。过去龙滨酒三、四、五排发酵不续料，不仅产酒少，而且因产酒少影响香味物质的收取，采用四排发酵续料，产酒率得到了提高。四排续料就是在做五排时，在堆积前每窖加入事先经过处理的新料250千克，经堆积后入池发酵。③ 三五倒烧。在做三五排酒时，用经陈贮不合格的一二排酒做底酒，同时加入其余甑的酒尾和黄浆水，用特别的一甑香醅串蒸。该香醅是经半年发酵的。④ 窖底调香。窖底调香是为了协调龙滨酒的主体香——酱香。窖底醅的发酵期为半年，单蒸、单贮，勾兑时动用。这是“分型发酵、分别取酒”的关键之一。⑤ 高温增香。指用高温曲增加酱香。这是因为生产中采用高温曲，使酱香风味受到局限，因此，设高温曲窖，用高温曲单独发酵，单独蒸酒，单独储存，作勾兑用，从而保证了酱香型酒的典型性。[①]

九、高贤老酒传统酿造技艺

高贤老酒厂原名德裕恒烧锅，位于黑龙江省绥化市望奎县惠七镇，始建于1909年，由旗人高贤创建。高贤老酒专取千年“神泉”老井的水为酿造用水，以寒地黑土的特产东北大高粱为主要酿酒原料，采用传统的民间工艺精心酿造而成。

历史上的望奎一带原为清皇室封禁的围场，是索伦人狩猎朝贡的地方。清光绪二十三年（1897），清政府为解决旗人生计和屯田实边，开始解禁垦

① 路甬祥：《中国传统工艺全集·酿造》，336～337页，郑州，大象出版社，2007。

图4-10　高贤老酒的酿造

荒。按照《黑龙江垦荒章程》规定的“旗领民垦”的原则，清光绪二十五年（1899），在省城供职的旗人高贤之父遣其子由双城堡高家岭来到望奎的惠七荒段领荒招民垦殖。高氏八兄弟来到望奎后，边招民垦殖边安家立业，把种植、养殖、加工业作为大事，来光大家业。清光绪二十七年（1901）以后，高氏大掌柜鉴于老二高贤头脑灵活反应快，人亦精明，为人谦和，做事果断，有发展实业的能力，决定由他来主持发展高家的实业。高贤经过深思熟虑后，亲自到四川泸州聘请曲头、掌桌等负责制曲和烧酒。又领着伙计们在方圆十几里的惠字七井中逐个考察水井的水质，最后选到了一口好井，特别适合酿酒。

清宣统元年（1909）农历二月十八，第一个烧锅在望奎县的惠字七井开张了，字号是“德裕恒”。“德裕恒”的字号，专取高氏祖孙三代名字的中间字，意为高家要以德望治家、为人，持之以恒地发展富裕的家业。由于高贤为人豁达、好交好为，得到了乡里乡亲的好评，久而久之，高贤的名字就代替了“德裕恒”，叫起了高贤烧锅，把白酒叫成了高贤老酒。[①]

关于高贤老酒酿造工艺的由来，还有一个传说。1909年，正是中华大地风云突变的动荡时期，当时南方革命风起云涌，北方的一个遥远的小镇则相对安静祥和。三月，一个革命者为了逃避官府的抓捕来到了这个镇上，投到高贤家做工。这个革命者由于见多识广，很快就博得了高贤的赏识和信任，做了大管家。高贤这个人本是个乐善好施的人，在当地有“大善人”的美誉，经常接济当地的穷人，很快和革命者成为无话不谈的好

① 侯德泉、赵金艳：《一杯玉液香古今——记中华老字号高贤老酒》，载《黑龙江档案》，1999（3），46～47页。

友。当革命者看到高家大院的神泉井以后，立刻感到惋惜。革命者说："我们南方有着很古老的酿酒历史，几乎人人都会酿酒，但是我们那里却没有你这里这么好的神泉水，也没有黑土地上的粮食这么好吃，这么好的井水不用来酿制好酒简直太可惜了。"他就动员高贤搞一个烧酒作坊，一来可以安排没有土地的人，二来烧出好酒可以造福乡里。高贤听了之后甚是高兴："我们北方人都喜欢喝点烧锅酒，可我们不会酿酒，这下子太好了。"于是立刻就筹建了酒厂。革命者就用他的家传酿酒技术、神泉的井水和东北黑土地的大高粱烧出了浓香醇郁的烧锅酒，并且取名"德裕恒"烧锅酒。革命者也把自己的烧酒技术无偿地奉献给了乡亲们。德裕恒烧锅酒酒味醇和芬芳、色清透明，喝了润喉止渴、驱寒活血，名声很快就在十里八乡传开，东北人坐在热炕头，吃着山里的野味，喝着德裕恒的老烧锅酒，成为人们最向往的生活乐趣。

高贤老酒有百年的历史，但是酿造高贤老酒的这口井却有千年的历史。说起这口井还有一个古老的传说。相传在很久以前，在空旷荒凉的黑龙江中部地区，居住着靺鞨和高句丽两个部落。因为一些冲突，靺鞨和高句丽两个部落在北方的冰天雪地里展开了一场战斗，靺鞨部落眼看着招架不住了，就拔寨逃跑，高句丽部落在后面紧紧追赶。逃跑的靺鞨部落饿了就捕杀野兽为食，渴了就吃冰雪解渴。数九寒天的，战士们个个都吃得脸色青紫、失魂落魄的。一同逃难的老人、孩子和妇女身体虚弱、疲惫不堪，眼看就要被逼到绝境了。靺鞨部落的首领看在眼里，急在心里，他虔诚地向老天祷告，希望老天爷能帮助他们逃过这次灭顶之灾。过了几天，就在大家几乎要丧失信心的时候，忽然有一个人发现前面有一个地方轻雾弥漫，似乎冒着热气。好奇的人们走到跟前一看，原来是口泉眼，雾气就是从泉口冒出来的，伸手下去摸摸，泉水竟然是暖的。人们喝了这泉水之后立刻感觉精神百倍。于是，靺鞨部落的首领当即决定在这里安营扎寨，并且一鼓作气打退了追赶的敌人。从此，靺鞨部落的人们就围着这口泉水定居下来。为了感谢泉水的救命之恩，人们把泉打成了井，以便于更多的人享用，并且把这口井命名为"神泉"，让世世代代永远记住这里的泉水。

今天，专家们对这口井进行了科学的研究，发现这口井是小兴安岭地泉的余脉，属暖矿泉水系，不仅口感圆润，而且富含钙、钾、镁、钠等多种人体必需的矿物质和微量元素。这口井水四季恒温，历千年而不竭，并含有极为罕见的锶和偏硅酸，是复合型、地矿化度的优质天然矿泉。俗话说：水为酒之血，名酒必有佳泉。水是酿酒最重要的原材料之一，水能决定酒的糖化程度的快慢、酒的发酵是否良好、酒的味道是否良好。茅台酒之所以有名，成为国宴用酒，就因为有赤水河得天独厚的资源，而高贤老酒也正是得益于这口千年古井。

高贤老酒采用传统的泥窖发酵，所用的窖泥经特殊工艺精制而成，这里的每一克窖泥中含有数以亿计的微生物有益菌和氨基酸有机成分。酿酒原料高粱经“循环发酵法”六次发酵后，所蒸馏的酒芳香浓郁、回味绵长、清新爽口，不上头、不口干。

高贤老酒共有8个系列47个品种，高中低档的浓香型、酱香型、兼香型、清香型一应俱全，并远销全国各地，以及俄罗斯、韩国等国。

高贤老酒在充分利用和吸收了原来满族的文化传统以外，更综合了各民族的特点。特别是在酒的口味上，在保持了原有的香型特色外，更是兼具了绵软的风格，以适应众多不同的口味需要。近百年来，高贤老酒一直以口味醇正、醇香绵润而深受人们的喜爱。

十、源升河大米酿酒法

传说在黑龙江省绥化市庆安县这块土地上，有一股神秘的古泉。当年七仙女下凡到此一游，发现这里山碧树绿，唯独缺水，于是回到天宫，偷拿了王母娘娘的金簪，在此地一插，顿时出现一眼山泉，水深无底，清澈甘甜。泉水汇集成一条小河，从东向西静静流淌，最后汇入呼兰河，人们把这条河叫作“仙女河”。

清光绪四年（1878），余庆县（即现在的庆安县）的山东移民于海在这条小河的源头处建立了县内第一家烧锅（即酒厂），利用源头泉水和祖传曲酒发酵工艺，以高粱、玉米为原料，酿造出了当时最好的美酒。由于厂址选在了小河的源头，又因小河是泉水生成，于海见景生情，所以把厂子命名为源生河烧锅。1993年，酒厂正式更名为庆安源升河酿酒有限责任公司，酒名“源升河”，取其“源生河”“缘生和”之意。2006年，黑龙江源升河集团正式成立。

图4-11 源升河牌大米白酒

源升河历史悠久，但之前百年间基本上都是以高粱、玉米为原料来酿制，真正开始采用庆安绿色大米酿造白酒，还是源升河董事长李敏提出来的。2005年，经国家级酿酒大师栗永清指点，李敏集思广益，研发出绿色大米酿造的高度白酒——“源升河”牌经典大米酒，为国内首创。

“源升河”牌大米白酒以绿色食品大米为主要原料，辅之绿色玉米、高粱等，传统工艺和现代生物技术有机嫁接，利用茅台、五粮液的工艺，选用泸州酒厂的酒曲，经配料、泡料、蒸煮、复蒸等工艺，在瓷砖窖池里中温长期反复发酵、蒸馏，酿制而成。再经大陶瓷坛沉积挥发去除甲醇、铅等有害元素，封盖陈储，酒质更加纯净，芳香幽雅。

正因为有了优质的原料、细腻的制作工艺，“源升河”大米酒获得了国家绿色食品生产认证，并被认定为“黑龙江省著名商标”。2007年，在首届中国中西部特色农产品展销会上，“源升河”大米酒荣获酒类唯一金奖。世界“杂交水稻之父”袁隆平饮后对其赞不绝口，说大米酿酒很有前途，欣然题词：“源升河大米酒”。在第二届中国（长沙）国际食品博览会上，“源升河”大米酒再次折桂，并被第24届世界大学生冬季运动会确定为指定饮用白酒。①

十一、大庆老窖传统酿造技艺

大庆老窖品牌始创于1915年（一说1914年），历经百年沉淀，工艺考究。1914年，大批的关内移民涌入东北谋生、谋发展，其中一位来自天津的商人看中了大同（今大庆）这块宝地，并在1915年开了家烧酒作坊，叫厚德隆酒厂。因当时的大同还有一个烧酒坊叫东烧锅，所以，当地老百姓都管它叫西烧锅。中华人民共和国成立前，这家厚德隆酒厂规模很小，生产设备简陋，技术落后，一共只有十几名工人，靠着两口大锅烧酒，日产白酒四五百斤。每到秋天是卖酒的好时候，农民手里没钱，就用刚刚收获的高粱和庄稼秸秆换酒喝。高粱可用来酿酒，

图4-12　大庆老窖酒

① 闫巍：《源升河集团：大米酿酒香飘四方》，载《粮油市场报》，2012年6月14日第B02版。

秸秆可做燃料，如此周而复始。

1946年，随着东北的解放，肇州县人民政府接收该厂，改为地方国营管理，并改厚德隆为大同酒厂。当时有职工38人，一班生产，日产白酒600斤左右，仍全部是散白酒。1949年，中华人民共和国成立，国家鼓励大力发展工业，这一年大同制酒厂进行了第一次扩建，改土坯房为砖房，厂房面积增加了一倍。1979年12月14日，国务院批准成立大庆市。1980年，大同制酒厂归市轻工局管辖，从此大同制酒厂迎来了发展机遇。1983年，国家投资62万元扩大再生产，扩建后酒厂占地面积为21735平方米，建筑面积达到6494平方米，年产量达682吨。并推出了散白酒、老窖酒、陈麯酒、禧酒等多个系列、多个品种，其中，大庆老窖酒年产66吨，除销往大庆外，还有少部分进入省内其他城市。20世纪90年代初，因企业改制，大庆老窖酒厂由国有企业变为职工持股的股份制企业，90年代后期，大庆老窖酒厂卖给了大庆市的一家私营企业。进入21世纪后，因经营、管理、市场等多方面因素，大庆老窖逐渐淡出市场，2005年前后基本淹没在市场经济的大潮中，几乎陷入了停烧的窘困境地。2012年6月，中国新博润集团买下了这个厂，当年冬天，大庆老窖酒厂恢复烧酒生产。

大庆老窖是吸收了四川泸州老窖和贵州茅台两种酒的优点，经过创新酿造而成的，具有“芳香醇正，入口绵软，回味悠长”的特点。用传统工艺酿造的浓香型大庆老窖色泽清澈，落口芳馥，回味余香。2015年2月，大庆老窖被认定为“龙江老字号”，其传统制作工艺得到了更多人的认同。

十二、龙江酒业传统酿造技艺

龙江酒业有限责任公司位于中国最东部、毗邻俄罗斯的“三金之乡”——黑龙江省鹤岗市，是一家拥有百余年历史的“黑龙江省老字号”企业。公司主要生产经营龙江牌优质红粮酒、鹤岗白酒、龙江陈酿、龙江酒系列，煤城牌煤城老窖系列，爽花牌系列饮料、纯净水等三大系列100余个品种，具有年产白酒、饮料、纯净水各达万吨的能力，是黑龙江省酿酒历史悠久的企业之一。

鹤岗市的酿酒历史可以追溯到清代晚期，采用的是古代酿酒工艺“蒸馏法”，这是黑龙江省酿酒特有的传统工艺。1919年，龙江酒业前身夏家烧锅制酒作坊开张，继承和发展了这种酿酒法。1945年抗战胜利后，这个酒坊在新街基建厂，改名义兴源烧锅，产品被鹤岗百姓称为“鹤岗白”。1950年，义兴源烧锅改名为鹤岗白酒厂。1997年，鹤岗白酒厂进行了股份制改制，成立了龙江酒业有限公司。至此，从当初的小酒坊发展到现在的现代化企业，历经近百年，产品在鹤岗地区始终是知名品牌。改制后，这个公司对传统酿造工艺予以保留和延续，同时积极完善改进工艺，开发新产品。10多年来，他们先后投入科研资金1000万元，与黑龙江大学联合研究了酿造制酒新工艺，与黑龙江中医药大学联合研制了新配方酒，与黑龙江省农科院联合研制了龙杂5号、10号高粱作为原料，与黑龙江省轻工研究所共同研发了酿酒新菌种。现在，他们在酿酒过程中采用多种功能菌发酵培养技术，一改大多数酿酒工艺的单菌种发酵模式，还延长了发酵周期，增加了双轮底工艺和堆积工艺等多项改良技术。为了保证传统品质，龙江酒业把老一辈人开垦的农田和打出的老井沿用至今，使用的是公司拥有70多年历史的老窖池。

凭借良好的经营管理与优质产品，该公司多年来数十次获得省、市荣誉称号，“龙江”牌白酒被黑龙江省食品协会列入首批东北特产食品。

龙江酒业生产的陈酿红粮系列白酒，精选东北优质糯高粱为主要原料，用水全部采用纯净水，在过滤环节采用美国进口的反渗透超滤技术，60多个百年黄泥碎石窖全固态发酵，添加自制扩大培养而成的优质麸曲、酵母，利用百年传承的老五甑（大渣、蒸粮、二渣、三渣、扔糟）蒸馏法的精华，并由国家级白酒师精心调兑而成，经磁化处理后，酒的容氧量、酶的活性和生物膜的透性明显提高，再经长达3年在陶罐中的储存，生产出了酱香突出、醇厚丰满、幽雅细腻、回味悠长的三香（闻香、入口香、回味香）白酒，人称“鹤岗小茅台”，连续被评为黑龙江省“优质食品”和“优质白酒精品”。

十三、满族傅察氏米儿酒（糜儿酒）酿造技艺

米儿酒，也称糜儿酒、朱酒、黄酒、芦酒等，就是使用大黄米、小黄米制的酒，是满族传统饮料之一，满族家庭多以此为祭祀供品，平时也饮用。

满族的先世自古就生活在白山黑水之间，捕鱼狩猎，为在冰雪严寒之中求生存，饮酒风习十分久远。我国古代少数民族嚼米酿酒法的最早记载是在《魏书·勿吉传》，当时的勿吉人（满族祖先）能够“嚼米酝酒，饮能至

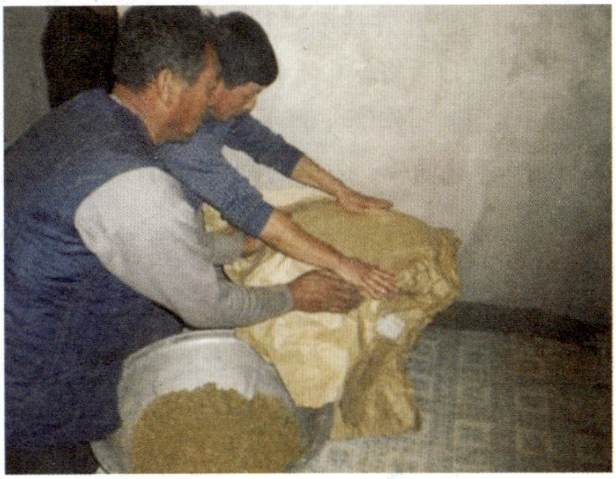

图4–13　糜儿酒的酿造

醉"[①]。《魏书》《隋书》《三朝北盟会编》等书均有满族先世"嚼米为酒""嚼米酝酒"的记述。清人高士奇记载："炊谷为糜，如（加）以曲糵，须臾成酝，朝酿而夕饮，味少甘，多饮不醉。"[②]由于糜儿酒是用黄米熬粥，再加入嘴嚼的山上野大麦做曲发酵而成的，所以，一般的家庭妇女都会制作，方法简便易学，因而也就很容易被传承下来。

制作糜儿酒的原料是糜子，学名曰"黍"，满语称"伊喇"，是一种黏性粮食，其米称大黄米，是东北特产，而用大黄米酿酒是女真族的独特习俗。做出的黄酒即是米儿酒，满语称"詹冲奴力"，也叫芦酒、秋酒、汤子酒等。芦酒的芦，即芦粟，俗名黏高粱；秋酒，指秋后酿造的酒；黄酒指酒的颜色是黄色。《柳边纪略》记载："宁古塔烧酒曰汤子酒，斤银四分，黄酒斤银三分。然烧酒家为之，不须沽，惟黄酒多沽饮耳。"[③]《满文老档》记载："（满族）酿酒、作饽饽都同样是用小黄米。"[④]由于女真人认为黄酒是个好东西，就用黄酒、烧酒敬神祭祖，并被记录在萨满跳神的神词之中，世世代代沿用至今。

糜儿酒的制法是将糯米（黄米也可）洗净煮烂，捞出锅晾凉。再将适量

---

① 魏收：《魏书》，2220页，北京，中华书局，1974。

② 高士奇：《扈从东巡目录》，见《长白丛书》，初集，130页，长春，吉林文史出版社，1986。

③ 杨宾：《柳边纪略》，见《辽海丛书》，第1册，259页，沈阳，辽沈书社，1985。

④ 辽宁大学历史系：《重译〈满文老档〉》，第3分册，第六十六卷，146页，1979。

的酒曲用水泡开并搓细。将晾凉的米放入坛中，兑以酒曲，然后倒入水搅匀。封口数日后将坛中上浮的“白膜”撇净，再次封严坛口。一定时间后便可开坛饮用。制作糜儿酒所用设备简单，利用家庭的灶具和炊具就能酿出酒来，制作工艺简单，发酵时间短，可以随酿随喝。

十四、宁古塔泼雪泉酒酿制技艺

图4–14　泼雪泉酒

黑龙江省宁安市的宁古塔泼雪泉酒业，前身系义发源烧锅，始建于清光绪二十年(1894)，距今已有100多年的酿酒历史。1947年收归国有，转为国有企业，更名为宁安酒厂。1958年，开始生产清香型中档白酒“泼雪泉”。1986年，引进陕西省西凤酒厂国家名酒技艺，生产芳醇凤牌北凤酒，该酒于1988年在全国第五届白酒评选中荣获国家质量银奖，成为国家优质白酒厂家之一。1989年5月，经黑龙江省人民政府批准，泼雪泉酒业更名为黑龙江省北凤酒厂。2001年3月，改制为黑龙江省北凤酒业有限公司。

泼雪泉酒因当地有泼雪泉而得名。泼雪泉位于黑龙江省东南部宁安县宁安镇西鸡陵山下，常年不冻不涸。其南有清代宁安大石桥，泉水从桥下流泻形成小瀑布。清代流人张缙彦在被流放宁古塔期间，曾游览大石桥，见泉水自石隙中喷薄而出，恰似天上泼撒晶莹纯洁的白雪，雪翻浪涌，他推敲再三，遂以“泼雪”命名。泼雪泉为黑龙江省名泉之一。

定位于中档白酒的泼雪泉酒于1958年开始生产，并引进陕西西凤酒的酿造技艺，利用当地鸡陵山下常年不冻的泼雪泉泉水和宁安特产的高粱，经过清烧、堆积和延长发酵期精心酿制而成，被誉为“镜泊佳醪”。酒质无色纯净，有着淡淡的芳香，饮后心旷神怡，暖身健体。泼雪泉酒旗下的系列产品多达30多种，每年的产量可达5000多吨。目前在北京、山东、河北等多个省市都可以看到优质的泼雪泉酒。

十五、满族蚂蚁酒、海参酒酿造技艺

蚂蚁酒是以蚂蚁和糯米为原料酿制的一种新型营养保健饮料酒。海参酒也属于药酒的一种，是将海参体内含有的大量对人体有益的活性物质融入酒中，使人们在饮酒的同时获得健康。黑龙江省牡丹江市的傅察氏系列蚂蚁酒和海参酒，与满族信仰的萨满教有着千年的历史渊源。

图4-15 蚂蚁酒

满族在漫长的历史时期内一直信仰萨满教。“萨满”一词最早出现在南宋历史文献《三朝北盟会编》中，是女真语，意指巫师一类的人。萨满，被称为神与人之间的中介者，他可以将人的祈求、愿望转达给神，也可以将神的意志传达给人。萨满企图以各种精神方式掌握超级生命形态的秘密和能力，获取这些秘密和神灵奇力是萨满的一种生命实践内容。

萨满分为家萨满和野萨满。家萨满作为侍神者，主要负责族中的祭祀活动。野萨满（又称大神）是神灵附体的萨满。跳大神是萨满在祈神、祭祀、驱邪、治病等活动中表演的舞蹈，即萨满舞。满族称萨满舞为“跳家神”（请家宅之神）或“烧旗香”（旗人请神，以区别于汉人）。表演时，萨满腰系长腰铃，手持抓鼓，在击鼓、摆铃声中，请来神灵（俗称“神附体”）后，即模拟所请之神的特征做各种神灵的表演。如请来“鹰神”，要拟鹰飞舞，啄食神桌上的供品；请来“虎神”，则蹿跳、扑抓，并和在场者交流；或者在黑暗神秘的气氛中舞耍点燃的香火，表示已请来“金花火神”。

可是，在做这些人与神沟通的活动时，萨满感到有些力不从心，因此，满族家神就赐给萨满一种神酒，萨满喝了神酒后体力充沛，精神矍铄，就可以随心所欲地与人、神、兽、灵魂和万物沟通了。神酒就这样一代一代地在萨满中传承着。

据说，1695年，康熙帝率军第二次远征噶尔丹，一路由东阻击噶尔丹的前锋，一路从宁夏插过断其退路，中路由康熙亲自统领。由于路途遥远、环境险恶、频遭大雨，当时军队里有很多士兵得了风湿、关节炎、失眠等疾病，军队的战斗力骤减，数万大军被困，只有招架之功，形势危如累卵。面对大批病人，御医束手无策。这时随军满族萨满傅察氏把世代相传的萨满神酒奉献出来。康熙帝带头饮用后，大军一夜风湿尽消，第二天打败了噶尔丹。此后，康熙皇帝回到宫中也一直饮用此酒。

图4-16　海参酒

经过十几代萨满的传承，如今该神酒的秘方已经传到当年的随军萨满傅察氏的后人傅恩学手中，傅恩学研发出了系列蚂蚁酒、海参酒，该酒祛风湿、强筋骨、禁夜尿、利睡眠、补肾壮阳，由三十二味中草药配制，功效温和持久，品用者无不称奇赞誉。

十六、蓝莓酒酿造技艺

蓝莓属杜鹃花科越橘属植物，起源于北美，多年生灌木小浆果果树。因果实呈蓝色，故称为蓝莓。中国北方出产的笃斯越橘（又称都柿、笃斯）也常被称作蓝莓。蓝莓果实中含有丰富的营养成分，具有防止脑神经老化、保护视力、强心、抗癌、软化血管、增强人体免疫等功能。蓝莓具有良好的加工适应性，除了适合加工果汁饮料外，还可酿制蓝莓酒。

蓝莓酒一般采用天然野生的蓝莓，经多道工序酿造而成。蓝莓发酵成酒后，不仅营养物质毫无损失，还使得花青素、硒、氨基酸、维生素、钙、磷、铁、锌等多种营养元素更丰富，且更易被人体吸收，口感也比普通蓝莓果、蓝莓汁更有吸引力，被称为“液体黄金”“口服化妆品”。

黑龙江省伊春市是中国野生蓝莓的主产区之一，人工种植蓝莓达到0.26

图4-17　蓝莓酒

万公顷，产量大，被中国小浆果协会授予“中国蓝莓之乡”的称号。伊春蓝莓酒的酿酒原料野生蓝莓出产于中国大兴安岭的原始森林中，这里的野生蓝莓含有很多对人体非常有好处的微量元素。用野生蓝莓酿造的蓝莓酒不仅纯天然无公害，而且是一种对身体非常有益的营养保健品。

蓝莓酒的酿造可谓历史悠久。生活在东北原始森林中的鄂伦春族对野生蓝莓酒的酿造早有记载。鄂伦春人世代居住在大兴安岭这片神秘的原始森林中，依靠捕食野物、食用野生蓝莓为生。野生蓝莓，鄂伦春语称为“吉厄物”，秋天成熟，果实呈颗粒状，狍子最爱贪食，吃多了会醉倒，被猎人活捉。以采集狩猎为生的鄂伦春族早期饮用的酒是用蓝莓酿制的。传说一位鄂伦春族族长偶然发现了冬储的野生蓝莓散发出浓浓的神秘酒香，从此以后野生蓝莓酒成为鄂伦春人供奉中华大地龙脉的贡酒，沿袭至今。考古学家在深山中发现了古鄂伦春人居住的山洞，其中发现了利用类似黑陶容器盛装的野生蓝莓酿制的酒。同时，在洞内发现了被后人称为中华大地龙脉之眼的龙眼泉，并在墙壁上发现了绘有古鄂伦春人酿制野生蓝莓酒的场景图。现在，每逢秋天，鄂伦春族妇女都将柿果采摘下来，放入桦皮桶里盖好密封，埋到地下，待天冷时取出，不仅酸甜味美，酒的醇香味道也十分浓厚。[①]正是因为鄂伦春人经常饮用蓝莓酒，所以，鄂伦春人视力较好。

蓝莓酒的生产工艺流程一般为：原料→破碎→入罐→辅料添加→主发酵→分离→后发酵→第一次倒灌→填满陈酿→第二次倒灌→填满陈酿→第三次倒灌→下胶澄清处理→过滤调配→储存→过滤→灌装→成品。蓝莓酒酒体呈宝石红色，酒香清新浓郁，独特柔和，口感顺柔醇厚。伊春地区的蓝莓酒汲取世界顶级红酒的精湛酿制技术，同时挖掘和继承古代鄂伦春人酿制野生蓝莓酒的神奇工艺，采用国内独有的低温发酵生物技术，百分之百原汁发酵，形成了具有自主知识产权的蓝莓酒酿制技术。

十七、秋林格瓦斯制作技艺

1900年，俄国商人伊万·雅阔洛维奇·秋林在哈尔滨建立了中国第一家跨国商业企业——秋林公司，同时将他们家乡的传统饮料格瓦斯及格瓦斯的酿造工艺也带入哈尔滨，并以他的名字将饮料命名为“秋林格瓦斯”。秋林

① 王为华：《走近中国少数民族丛书：鄂伦春族》，31页，沈阳，辽宁民族出版社，2012。

图4-18 秋林格瓦斯饮料

公司采用俄罗斯传统工艺（大面包发酵）和现代化的制作方法，生产出了口味极佳、营养丰富的格瓦斯健康饮品。主要原料有俄式大面包、乳酸菌、酵母菌。

秋林品牌自1900年开始已经有100多年的历史。秋林格瓦斯是以俄式大面包、大列巴为基质，经糖化、乳酸菌、多菌株混合发酵而成。秋林格瓦斯采用传统发酵工艺加工，是国内唯一大面包酿造的饮品。这一在中国有着100多年历史的天然饮品与美国的可乐、保加利亚的布扎、德国的啤酒一道被公誉为“世界四大民族饮品”。

19世纪中叶，俄国没落贵族将格瓦斯酿制工艺传入我国，此后150多年间，俄罗斯族、维吾尔族、哈萨克族、回族、汉族等用不同的方法和品味配置了格瓦斯，最终演变成具有典型本土特征的文化饮品。格瓦斯见证了百年历史，受到了人们的偏爱和推崇。如今，格瓦斯已经是人们款待宾朋、节庆婚宴、邻里相赠必不可少的饮品。

秋林格瓦斯饮料是一种区别于其他口味的发酵饮料，具有一种特有的麦乳与酒花发酵的芳香，酸甜适度，清凉爽口，醇香浓郁。秋林格瓦斯采用生物工程技术，以大列巴、酒花为基质，经益生菌、乳酸菌等多种菌种混合而成，实现了传统饮料的现代化生产。格瓦斯饮料含有丰富的蛋白质、氨基酸、维生素、乳酸等营养成分，益生菌可以抑制有害菌在肠内的繁殖，减少毒素，促进肠蠕动，从而提高肠道机能，改善排便状况，对消化不良、便秘都有很好的辅助治疗效果，长期饮用可以补充益生菌，还有助于防止骨质丢失，防止骨质疏松症。同时对于高血压、高血脂患者有稳定血压、调节血脂的神奇功效，是人们必备的健康饮品。

第三节　吉林名酒酿制技艺

一、通化大泉源酒传统酿造工艺

图4–19　大泉源酒

大泉源酒起源于明末清初女真部落烧锅，因其被努尔哈赤钦定为御用烧锅，清康熙、乾隆等皇帝东巡祭祖时征调大泉源酒御用。清光绪十年（1884），老御用烧锅扩建成酒坊，当时清兴京府（今辽宁抚顺新宾满族自治县）赐酒坊为“宝泉涌”字号。

大泉源酒在采用中华酿酒工艺的同时，与当地传统酿酒工艺互相融合，保持了我国酿酒技艺的历史原貌，表现出关东白酒的历史渊源和创新发展的轨迹，形成了独特的技艺和风格。

据史料记载，大泉源井水清冽甘甜，沁人心脾，自古被誉为“神泉”“关东第一泉”。1884年，祖籍奉天的商人傅成贤慕名来到通化，看到关东名泉，便筹资两千块大洋买下这个小烧锅、大泉源井和周边一些土地，扩大规模开办了酒坊。由于大泉源的水源丰富，又期望多出好酒，因此，给酒坊字号取名“宝泉涌”。

宝泉涌酒坊成立时，采取股份制的形式。如奉天帮，主要以资金入股；山西帮，主要以技术入股；通化帮（当地人员），主要以劳力入股，总共二十六家股东联合创建了这家百年老字号。由于山西人带来了中华老汾酒的工艺秘方，并与当地造酒工艺互相融合，加上东北黑土地的优质大红高粱为原料，以传统技艺精心酿造，用宝泉水勾调，清香醇正、独具特色的大泉源酒很快就香飘千里，驰名关东大地。

大泉源酒还有个别称——“关东王酒”。据《通化县志》记载，曾任奉天督军、东北巡阅使的张作霖，1918年因公务到通化县巡察，往桓仁返回，过高丽墓子岭后忽闻阵阵酒香扑鼻而来，引得酒瘾大发。他忙问道："酒香来自何处?""礼送出境"的通化县知事（县长）潘德荃忙答道："是十里之外的宝泉涌酒坊。"张作霖对侍卫下令道："今天晌午到宝泉涌吃饭。"在宝泉涌酒坊的午宴上，他一连干了三碗。乘着酒兴，作了一首打油诗："关东美酒喝个遍，好酒产在大泉源。人生奋斗几十年，大泉源酒永相伴。"以后每年通化县都要向奉天（沈阳）大帅府上交500坛大泉源酒，一直延续到1928年。大泉源酒从此名扬关东，因此，被称为"关东王酒"。

大泉源酒是以优质红高粱为原料，采用传统技艺与现代技术相结合的操作方法，即热醅闷料、清蒸混入、一次发酵。加上含有多种对人体有益微量元素的矿泉水，发酵期五天至三十天，入库度数为60°以上，储存陈酿期在一年至二十年，勾兑灌装出厂，成品酒具有清香纯正、绵柔爽净等特色。

大泉源酒有四大特点：一是优质的水源。水是立厂之本，酿造大泉源白酒所用的水取自被誉为"关东第一泉"的大泉源古井（深井），经国家地矿部门鉴定，是含氡、锶、锌、偏硅酸等多种有益微量元素的重碳酸钙镁型天然优质矿泉水。大泉源酒100多年来就是依靠这独特优质的矿泉水资源而闻名于世的。二是精选原料。精选产自东北大平原的白城、辽南等地颗粒饱满、色泽鲜艳、质地纯正的优质高粱做原料，使产品质量有保障。三是传统技艺。坚持传统的固体发酵工艺，即将高粱粉碎后，加进母曲入窖发酵，达到相应期限，然后蒸馏出纯粮烧酒。四是酒海储存。用于储存的百年木制酒海作用独特，凸显原生态酒文化。

大泉源酒烧制技艺是非常科学和独特的，只有按照自己的规程酿制，才能生产出原生态的佳酿。大泉源酒传统酿造技艺已于2008年入选《第二批国家级非物质文化遗产名录》，成为吉林省唯一拥有国家级非物质文化遗产的白酒酿造企业。随着时代变迁、岁月推移，大泉源酒已香醉关东近400年，在几十代酿酒师傅的传承下，愈加绵甜清香。大泉源酿造技艺第八代传承人、酒业总工程师侯玉琦也因此荣获全国轻工行业劳动模范殊荣。

二、德惠大曲酿造技艺

德惠市位于吉林中部，盛产高粱、玉米、水稻，饮马河和松花江流经市内，这里水质清澈甘甜，尤以水清酒洌而誉满关东。德惠大曲酒厂的前身是1917年的福裕合烧锅，以酿制烧酒著称。

图4–20 德惠大曲的酿造

德惠大曲酒曾为宫廷御酒，在20世纪60年代就名震关东，1963年第一次被评为吉林省名酒。1988年在首届中国食品博览会上获三块金牌，38度德惠大曲被评为中国优质酒，获国家银牌奖。1992年获法国巴黎国际博览会特别金奖。先后获得国家、省级41个奖项，进入中南海和人民大会堂，曾得到国家领导人的高度评价和赞赏。

德惠大曲酒工艺先进，其主要特点是：纯粮酿造、工艺独特、产品良好、底蕴绵长。产品采用东北特产红高粱和小麦为主要原料，取五粮液酿造经验，经主辅料清蒸、续糟混烧、压汽装甑、缓慢蒸馏、热水浇量、糟酒回烧、量质摘酒、分级储存、人工老窖、双轮发酵、精心勾兑而成。德惠大曲酒清澈透明、窖香浓郁、甘洌爽口、香味协调。

2007年，德惠大曲酿酒技艺入选《吉林省第一批省级非物质文化遗产项目名录》。

三、大高粱酒酿造技艺（梅河口市）

梅河口大高粱酒自清光绪十四年（1888）创建以来，已有将近130年的历史。在长期的生产实践中，大高粱酒酿造过程保持了传统工艺的原貌，形成了大高粱酒的独有特色。

明万历三十五年（1607），努尔哈赤灭辉发部，于其地置围场。清光绪十四年（1888），在清皇家盛京围场总管衙门治所海龙府（现海龙镇）东街奶子山下，梅河酒业创始人王财东创办了酿酒作坊，商号为中和烧锅。采用乳山清泉、东北特产红高粱精心酿酒，酿制的高粱酒颇得宫廷贵族们的欢心。相传，光绪帝曾赞叹：“此酒醇而不烈，甘而不过，醉而不伤，真乃佳酿也。”据《海龙县志》记载，此酒就是当时海龙围场向清皇室进贡的“奶酒”，因奶子山其山峰状如乳峰而得名，故此酒特取名为“奶酒”，从此，清代皇家酿酒技术在海龙古城得以延续。清光绪二十四年（1898），烧锅改为宝盛长烧锅，在东北驰名一时，被海龙当地人称为东烧锅。1945年，烧锅被人民政府收归国有，改字号大众烧锅，成为新中国第一批国有企业。2004年12月，有50多年国有企业历史的梅河口市酿酒厂转制为民营吉林省梅河酒业有限公司。

大高粱酒是用乳山清泉、东北特产高粱、玉米、大米、小豆等为原料，采用传统工艺多次发酵酿造而成的。大高粱酒经多年储存，储存时用木酒海（古时盛酒的木箱）埋于地下，酒箱用上等红松木制作成型，箱内用多层宣纸裱成，每5层宣纸为裱，共裱35层，厚度约1厘米，裱纸的黏合剂为鲜猪血与白灰的混合物，该物质遇到高度酒时，具有收缩增加强度的作用。这种容器储存白酒3年以上，会给酒带来微黄的颜色和浸出的木香味。

大高粱酒烧制技艺将原始手工与现代科技完美地结合在一起，从选料、粉碎、发酵、蒸馏、储藏到灌装构成一体化，并且大高粱酒是纯粮酿造、固体发酵、酒海储藏，沿用了百年配方的古老工艺体系，是以古老酿酒技术为主体的民间生产工艺，是对中华酒文化、酿酒技艺的保持和运用，是坚持继承传统生产工艺的代表之一。

大高粱酒“醇而不烈，甘而不过，醉而不伤，酒香独特”。梅河口大高粱酒从选料、制曲、发酵、酿造到蒸馏出酒，技艺和工序科学合理，蕴含着中国人传统酿酒技艺的高超智慧。大高粱酒120多年完整的历史资料，是研究我国白酒业发展历史和酿造技术的实际例证，其百年发展历程包含着几代人的心血和汗水，是一部近代酿酒工艺的发展史。

图4-21　古窖遗址

四、洮儿河酒酿制技艺

吉林省白城市的洮儿河酒因洮儿河而得名。洮儿河发源于大兴安岭南麓，蜿蜒近600千米，流经科尔沁草原的东部，与嫩江汇合后，注入松花江。旧时称挞鲁河、长春河，元代称托吾尔河，明代称塔尔河，清初称淘儿河，清代末年改为洮儿河。从有历史记载的北魏开始，洮儿河就已经成为生活在两岸的居民的永恒记忆。作为旅游观光的圣地和绝佳的水源地，洮儿河流域土地肥沃、水草丰美、物产丰富，素有“洮安谷仓”之称。

洮儿河酒以东北特产优质高粱为主要原料，选取发源于生态环境极佳的大兴安岭余脉索岳尔济山的无污染洮儿河水，采用双轮底发酵、清蒸混入、缓慢蒸馏、量质摘酒、分级储存，经多年陈酿精制而成，具有窖香浓郁、入口绵甜、余香显著等特点。

洮儿河酒源于1929年的福丰达烧锅，创建人是民国年间的黑龙江督军万福麟。它初名“福合义”，以经营粮油等日用百货为主，还设有当铺。由于当时外国列强的入侵，一些有识之士悟出：要兴盛中华，必须发展实业，“实业救国”已成为当时一股社会潮流。于是，万福麟在1929年秋建成一家烧锅，从此，“福合义”等买卖的字号均被改为“福丰达”。九一八事变后，福丰达被没收，经营十分惨淡。1945年抗日战争胜利后，福丰达曾烧过几个月的酒，到了1946年2月间，福丰达烧锅被洮安县民主政府收为国有，改名为民生烧锅，这就是现白城市酒厂的前身。

洮儿河酒的酿制工艺始于明末清初，已有400余年的历史。这种古老的

图4-22 福丰达烧锅

酿酒技艺，经过数代酿酒人口传心授的传承和积淀，已臻于成熟。“双轮底发酵、清蒸混入、缓慢蒸馏、量质摘酒、分级贮存”，酿酒师通过传统的“手、眼、鼻”感触方法，就可精准地掌握白酒酿制的过程和效果，这种与大自然的融通，使洮儿河酒积聚着天地的灵气，醇香美妙。

洮儿河酒的老窖池始建于清代末年，目前仅存500口。陈年老窖的窖泥温润细腻，适宜多种菌群生长、发酵。老窖池中的微生物数百年来生生不息，形成了别具一格、自成体系的庞大微生物生态环境，令洮儿河酒具有自然丰盈、窖香浓郁、醇香净爽的特有口感。

新蒸馏出的原酒一般生、苦、涩，刺激性大，口感不醇厚、柔和。经过酒海储藏老熟后，原酒在自然中与环境融合平衡、交互滋养，原有的杂味和辛辣味减少，且口味柔和、绵甜，芳香浓郁。洮儿河酒海采用东北特有的长白山松木制成，内部以桑皮纸等粘贴，因选材、工艺上的繁复细琢，每个酒海的制作完成都要耗去酿酒师一年以上甚至更长时间。数百年来，洮儿河人恪守酒海的妙用功效，将拥有的122口酒海一直用于上等原浆的储存，从未间断。

秉承百年酿酒技艺，如今的洮儿河酒不仅是吉林省的白酒名片，成为四方游客来北国体验特色旅游与文化的首选，也是中国白酒北派浓香型的典型代表，在祖国大地幽雅绽放，历久弥香。

五、松花湖酒酿造技艺

吉林省蛟河市松花湖酒业有限公司始建于1903年，是吉林地区最古老的白酒酿造企业之一，并拥有中国最大、最古老的木制酒海。

松花湖酒是以无污染的松花湖水为酿造用水，以东北高粱、玉米、大米为原料，采用传统纯酿固态发酵，在木制酒海储存两年以上陈酿而成的集浓清浆为一体的优质兼香曲酒，酒质始终保持香、绵、净、甜四大特点。产品分为“松花湖”和“红叶谷”两大系列，纯粮固态白酒年产达2600吨，灌装能力为5000吨/年。产品行销至北京、天津、河北、江西、江苏、山东、吉林、辽宁、黑龙江等地区。企业先后被评为“吉林市农业产业化龙头企业”“吉林省非物质文化遗产”，产品被评为“吉林名牌”“质量承诺”“信誉产品”等称号，在“中国·东北亚投资贸易博览会”上被指定为招待用酒，“松花湖”牌注册商标被吉林省工商局认定为“吉林省著名商标”，被吉林省商务厅认定为“吉林老字号”。

图4-23　松花湖酒

作为中国第三大河，松花江源于长白山天池，它犹如一条逶迤盘旋的碧带，途经蛟河，横贯吉林市，以其宽广绵长、富饶美丽和神奇风光，滋润着每一寸流经的土地。而自20世纪30年代起丰满大坝建成后，拦江大坝顺势截流而成的松花湖及周边森林地区，便形成了水清湖幽、森林茂密的松花湖自然保护区。我国著名诗人贺敬之曾把松花湖与西湖、三峡相媲美，赋诗云："水明三峡少，林秀西子无，此行傲范蠡，殊我松花湖。"而蛟河正位于松花湖上游，它拥有松花湖60%的水域面积，加之来自黑土地的五谷，这得天独厚的自然资源成就了历经百年而不衰的松花湖传统佳酿。

松花湖酒业始创于清末民初，当时由一张姓男子管理经营，由于张老太爷的烧酒工艺比较独特，选用的玉米和高粱都用新粮、整粒，不用陈粮及下脚料，加之酿酒过程全为手工操作，且必须在自家挖的酒窖中储存3年后再卖，所以他酿造的酒香气十足、远近有名，取名老张家烧锅。1935年10月，张老爷子的孙子张瑞山挑头组织几个人合资2.2万元，在原有老张家烧锅的基础上，创办了裕泉涌烧锅。中华人民共和国成立后，由国家投资新建厂房2400平方米，设立了制酒、制曲、制酵母车间，传统工艺得到了进一步提升。1975年，时任厂长的宋方、李毓麒和书记边福全想创立一个更加长足发展的商业品牌，经研究后发现蛟河有7个人民公社、30多个村屯坐落在松花湖畔，遂决定把传统的裕泉涌配方烧酒定名为松花湖白酒，并于1979年在国家工商部门注册了松花湖牌商标。

传统的器具决定了酿造技艺的传统。松花湖酒庞大的木质酒海令人震撼。这些酒海制作于1935年，共有48个，其中一个单体贮酒量150吨，是中国现存最大的木质酒海。酒海制作取材于长白山的红松木，经过加工使其紧紧铆合，里面用拌着鹿血和猪血的宣纸裱糊120层。发酵好的酒在酒海中可长达3个月的放置，使醇和酸形成高分子链条，不仅能缩短仓储时间，而且白酒融入了红木、鹿血的精华，增加了酒的营养，提升了醇香浓郁的味道。

而在酒的发酵期间，传统窖泥的加入更是为提升酒的香醇发挥了巨大的作用。传统窖泥，即把黄黏土、黑坑泥掺入大曲粉、鲜酒糟、绿豆粉、功能性菌种液等进行配比，成型后用力击打入窖发酵，在3~4个月的发酵后形成窖泥，然后将其涂在窖的壁上和底部，增加菌种数量，多种菌类的加入也大大提升了酒的香气。

此外，松花湖酒在每一个生产加工环节中都严格把关。在酒的蒸馏过程中，工人们根据所出酒层次及质量的不同，采取按质摘酒，分级并坛储存，验质勾兑出厂的形式，将酒分离储存为不同的等级，保证了松花湖酒一如既往的好品质，也成就了这一经久不衰的传统佳酿。

六、积德泉烧锅酿造技艺

在长春市黄河路、黑水路、光复路一带，提起积德泉烧锅，土生土长的老长春人都听说过一些关于它的往事。那些往事有史料可证，也有美丽的民间传说。

“积德泉”字号起源于1922年，是在接兑泉兴德烧锅的基础上，以掌柜王玉堂为首组建的酒厂。泉兴德烧锅的前身是涌发合烧锅，“涌发合”字号起于清咸丰元年（1851），创始人叫齐雨亭。

齐雨亭本是河北人，闯关东来到了长春市伊通河边。偶然一天，齐雨亭在开荒翻地时发现了一处古泉，在泉水里浸泡后，居然发现身上的疮疤痊愈了。此后，齐雨亭利用这天然之水开起了豆腐坊。随后，豆腐坊的生意越做越大，齐雨亭又开始开烧锅，用泉水造酒。

齐家烧锅最初起名“涌发合”，酿出来的酒醇香甘美。因为齐家待人亲切和善，买卖不欺不诈，当时宽城子的老百姓都视齐家为少有的行善商人。逢灾荒年，涌发合施水施粥，救了不少穷人，一来二去，人们就不管涌发合叫涌发合了，而改叫“积德泉”。

图4-24　积德泉酒

积德泉酿酒，从固态发酵白酒的香泥老窖、双轮底、清蒸清烧、清六甑、老五甑等繁杂工艺，到液态发酵、榨汁成酒的清、黄酒工艺，乃至滋补酒、调料酒的选材配制工艺，都要通过原料加工、配方下料、制作曲药、蒸煮糊化、出酒陈储、老熟勾兑等上百道繁杂工序过程。以独特酿造技艺，生产出不同风格、不同用途的五大类酒产品。

如今虽然锅炉早已取代了古老的烧大灶、拉风箱，地下鼓风也减轻了醅料摊凉时的劳累程度，高大宽敞的厂房、天窗和抽风机解决了排潮散热问题，再不用通过开上、中、下窗来看风向，但在实际工艺操作上，仍然要靠师徒传承、言传身教。在积德泉白酒车间，有这样一句操作经，叫“眼看、手抓、鼻子闻”，也叫“三勤”（眼勤、手勤、鼻子勤）。蒸原料要达到“熟而不黏，内无生心”的要求。这就要靠眼看、手捏去体会。积德泉的各种酿酒工艺都是根据所处的自然环境、原材料和加工器具情况，经长期摸索制定的操作规矩，而“操作经”就是为着实现规矩的最简便有效的方法，是长期经验积累的“绝活”。

积德泉传承使用的发酵窖池、窖泥、木锨、冲甑桶、木酒海、木榨、大南泥坛、大发酵缸等传统器具，是积德泉突出的文化组成部分，表现出了独特的传统酿造风格。

积德泉拥有的这些酿酒技艺和古老器具，传承了白酒、黄酒、清酒、滋补酒、烹调料酒等五大系列丰富独特的酿酒技艺，涵盖了蒸馏酒、发酵酒、配制酒等中国式酿酒的三大传统手法，展现了中国酿酒的历史原貌，为酿酒工艺积累了丰富的酿酒文化，也是北方酒文化的独特宝库，在东北酒文化中独树一帜。

七、榆树大曲酿造技艺

吉林省榆树钱酒业有限公司坐落在以“天下第一粮仓”“粮豆之乡”美誉而闻名于全国的吉林省榆树市。公司是由始建于1812年的聚成发烧锅发展而来的，距今已有200多年的酿酒历史。榆树钱酒业拥有七代传承的200多年传统工艺。

榆树市地处长白山向西部草原过渡的台地地带，著名的第二松花江流经这里。这里土质肥沃，四季分明，素有“天下第一粮仓”“粮豆之乡”的美誉。尤其是这里出产的红高粱颗粒饱满、富含淀粉，为榆树钱酒的酿制提供了极丰富的粮食资源。

榆树钱酒是闯关东人将中原祖传的酿酒技艺与北方酿酒风格不断融合创造出的风味独特的老酒，距今已有200多年的历史。据《吉林省志》记载，清嘉庆十七年（1812），一个叫姜言润、绰号“姜大脑袋”的人，在时称大孤榆树屯（现榆树市区）开办了聚成发烧锅，榆树钱酒从此闻名于世。

酿造榆树钱酒的主要手法是，通过大渣、二渣、小渣、回糟和丢糟，出

图4-25　榆树钱酒酿造

窖后加入新料变成五甑材料的独特工艺，定为“五甑工艺”，有别于当时其他烧锅采用的清六甑工艺。后来这种工艺被称为榆树钱酒“老五甑”手法。

榆树钱酒酿造技艺在发展和传承过程中，突出表现在技术传承的传统性，其传承方式历来是由师傅口传相授给徒弟。其酿造技艺独特，储酒方式别具风格。其酿造技艺根据每代人的不同口味，衍生出很多具有地方特色的香型。特别是因为地理位置和气候条件的优势，形成榆树钱酒的自身特色，充分体现了“七代传承，北派榆树”的品牌内涵和价值。

历经百年沧桑，榆树黑土地盛产的珠米红粱、传统的“老五甑”酿造技艺、木制酒海等储藏方式成就了榆树钱酒特有的风格，成为北方酿酒工艺的代表之一，是北方人民智慧的结晶。

八、“圣颐”牌还阳参酒酿造技艺

人参浸在酒中饮，已有数千年的历史。东北地区泡制人参酒的历史同样悠久。有确切文字记载的是后金努尔哈赤时期，当时的女真人已有泡制人参酒的习俗，并将优质人参酒作为进奉努尔哈赤的御酒。在有着人参种植传统的东北地区，泡制饮用人参酒的习惯一直延续至今。

临江地区出产人参酒的历史也可追溯至清代，当时临江地区就已有泡制人参酒的记载。经过数百年泡制工艺不断的改进，形成了一些具有自身独特药效的品种和十余位家族制酒工艺传承人，这其中最具代表性的是还阳参酒的家族传承人贾金铃。

还阳参酒的得名是因为浸泡在此酒中的人参能发芽、复活。还阳参酒的生产工艺已有百余年的历史，由现今还阳参酒生产专利持有人贾金铃的曾祖父创制，经过贾金铃的祖父、父亲不断改进，口感和药效进一步提高，百年来一直只供自家保健之用，并不外卖。

图4–26　还阳参酒

还阳参酒在其生产过程中，精选大米、玉米、高粱、稻壳作为蒸料，辅以优质长白山山泉水泡制，再配大麦、小米、麸皮加工成曲，合成搅拌后蒸制出酒。将加工出的纯正的粮食酒之密封60天后，加入经过特殊处理（处理工艺已获专利保护）的优质长白山人参，再经过60天的浸泡，待人参发芽后，装瓶、检验、包装，才能成为合格的成品酒。

还阳参酒是将每年秋季采收的6年生鲜人参刷洗干净，浸泡在用特殊工艺和优质矿泉水酿造的白酒中，经1年以上，人参休眠芽可在酒中缓慢生长发芽，长达3~5厘米，并同时出现白色的吸收根，发芽率达90%以上。酒中泡参在我国东北已有千年历史，但人参能在酒中发芽，且长期不腐烂、不霉变，长年生长，应属历史罕见。还阳参酒既沿袭了传统工艺，又在原有基础之上做到了保护与传承，并发展创新。

九、增盛永白酒酿造技艺

增盛永白酒酿造工艺的渊源十分久远，最初的酿造工艺源于山东，清光绪年间由韩氏家族带到吉林，是山东与东北酿酒工艺的有机结合。

清咸丰（1851—1862）年间，山东福山的韩惠铭与弟弟二人经烟台横渡渤海，前往东北盛京（今沈阳市）定居，不久又迁至吉林德惠郭家店。同治初年（一说光绪年间），韩氏家族再往北迁，渡过松花江，来到了今扶余市增盛镇（原西荒）。他们在这里开垦荒地，种田打井，开烧锅酿酒，开商铺和旅店。韩惠铭的次子韩学武接管家业以后，创建了增盛永烧锅酒。“增盛永”之得名，与韩学文（韩惠铭长子）的儿子韩桂章的乳名“刘增”有关，意即“能留（刘）住，增加财富”。①

---

① 中国人民政治协商会议吉林省扶余县委员会文史资料研究委员会办公室：《扶余文史资料（第4辑）》，7～8页，1985。

然而，增盛永烧锅在创办之初，其生产的白酒销路并不算好，眼看没钱归还股东投入的股本，韩学武就打起了往酒里掺水的主意。当时北方的冬季寒冷刺骨，有的顾客在“增盛永”打酒出门不远，瓶子便被冻裂了。因此，一些顾客把在“增盛永”买的酒称为“增盛水”，使烧锅生产的白酒信誉在人们的心中大打折扣。为摆脱这一经营窘境，韩学武听说酿酒必须有好水，于是，就请来当时著名的井匠，在原有三口井的基础上，在烧酒的甄房中又新打一口水井，正是这口神奇的井泉，才让增盛永烧锅的白酒起死回生，远近闻名。

该井水清澈透明、甘甜爽口，用此井水酿造的白酒，绵甜甘洌，香气扑鼻。当年韩家在此地打井还有许多不同的神奇传说。据说，韩家打过许多井，均以失败告终，后经一风水先生指点，才在增盛永烧锅院内打成四眼井，其中甄房的井水最好喝，人称甜水井。此井分三层，第一层井口直径180厘米，第二层16厘米，第三层为8厘米的竹筒，甜水从竹筒内汩汩涌出，甜润清爽。用此水做出的豆腐色泽鲜艳，鲜嫩可口；做出的大酱芳香四溢，无与伦比。用它酿酒更是堪称一绝，那绵甜清冽的酒香，沁人心脾，清润悠长。后来，增盛永烧锅名气渐大，于是演变为屯名，今天的增盛镇也得名于此。

增盛永白酒采用在东北绝无仅有的百年含锶井泉为水源，以第二松花江北侧特有红高粱、玉米、绿豆为主要酿酒原料，将其粉碎至要求粒度，利用祖传秘制工艺特制的酒曲进行发酵，然后用蒸酒设备（甄锅）把发酵后酒醅中的酒精及各种成分变成蒸气，经过冷凝而变成酒后入库，经过一定时间的储存和催熟，减轻酒中的辛辣味，形成柔和的香味。再经过专业调酒师的精心勾兑和调味，才成为“增盛永”成品酒。其酿制过程大致为：原料处理、

图4-27　百年古井

润料、蒸粮、配醅复蒸、摊凉、下曲、发酵、蒸馏、半成品酒、老熟、勾调、成品酒。所生产的成品酒品质优良，特点是绵甜甘洌、香气扑鼻。

百年含锶井泉，代代相传的独特制造工艺，具有地域特色的酿酒原料，是增盛永白酒享誉东北、百年不衰的重要原因。自百年前生产之日起，增盛永白酒便驰名东北大地，成为闻名遐迩的一代佳酿。

十、龙泉春酒酿造技艺

辽源龙泉春酒是由天益涌烧锅发展而来的，距今已有百余年的悠久历史。

1900年前后，西安县（时称大疙瘩，今辽源市）一带正处于清朝皇室围场弃猎招垦之际，有魏老化三兄弟随其父母从辽宁海城长途跋涉来到这里“开荒占草”，后来又开办了一家小杂货铺，卖些日用百货。兄弟三人勤奋经营，勤俭度日，逐渐积攒了一些钱财。魏老化在多年的经商活动中积累了丰富的经验，显示出了很强的管理才能，因此，很自然地成了魏家的掌门人。1906年，魏家凭借着多年积累的资产先后开办了两个商号：一个是“天益长”；一个是天益涌烧锅，经营造酒业。在龙首山下，魏家靠着祖传的白酒酿造技艺制作着当时最大的天益涌烧锅。他们利用本地优质的水源和当地生产的红高粱为原料，采用传统手工技艺酿造白酒，所酿造的白酒酒质纯正、口味甘甜、回味悠长。天益涌烧锅酿出来的酒在本地很畅销，也有一部分销往外地。

20世纪30年代末，魏氏家族内部矛盾渐深，1943年终于结束了大家族生活，天益涌烧锅被分给了魏治田一支。1947年，西安县解放，天益涌烧锅被人民政府接管，改名为新兴烧锅，后历经辽源市第一酒厂、辽源市龙泉酒厂、辽源龙泉酒业股份有限公司，直到今天。[1]

“龙泉春酒酿百年，醇正浓香代代传”。龙泉春酒传承了天益涌烧锅百余年的传统酿

图4–28　龙泉春酒

① 任凤霞：《吉林老字号》，46~51页，长春，吉林大学出版社，2008。

造工艺，采用混蒸混烧“老五甑”工艺（天益涌烧锅将这种大渣、二渣、三渣、回糟和入窖发酵，出窖后加入新料变成五甑材料的独特工艺，定为五甑工艺，有别于当时的其他烧锅采用的清六甑工艺，后来这种工艺被称为龙泉春酒“老五甑”工艺），其窖泥也完全以百年前活性窖泥为引子，又加入了各种不同配比的新鲜水果、罐头等物质接续精心发酵，逐级扩大培养而成。同时，龙泉春酒还拥有东北建造最早、规模最大、保存最完整、连续烧酒时间最长的窖池广场，并且建窖后一直连续使用，从未间断，被专家称为“关东第一窖”。

这些传统工艺条件为龙泉春酒的酒质提供了坚实的保证，并使得所酿制的龙泉春酒酒体清亮透明、窖香浓郁、绵甜爽口、纯净余长，开创了北方白酒独有的净爽风格，体现了北方浓郁的黑土地文化。

十一、长白山野生山葡萄酒酿造技艺

长白山山葡萄是吉林省长白山区特有的野生葡萄。长白山山葡萄又名野葡萄，是葡萄科落叶藤本。藤长可达15米以上，树皮暗褐色或红褐色，藤匍匐或援于其他树木上。长白山野生山葡萄酒酿造技艺是源自长白山地区的一种纯手工酿造技艺，迄今已有300多年的历史。

早年，每逢金秋时节，山民们便背着竹筐，成群结队地进山采摘山葡萄，回来后将其洗净、榨汁、过滤，除去果皮与果核，装在桶、罐、坛等容器中，置阴凉处，令其发酵。几个月后，山葡萄酒醇香扑鼻，便可饮用。这种自采自酿山葡萄酒的方法延续至今，形成了传统独特的葡萄酒酿造技艺。

长白山野生山葡萄酒传统酿造技艺是从种植、采摘、选料、破碎、发酵、浸提、储藏到灌装饮用一体化、综合性的，以古老手工技艺为主体的民间生产技艺。每年9月开始，人们上山采摘成熟的野生山葡萄，一筐筐一篓篓地收集起来，用青蒿将山葡萄盖好，使山葡萄中浸入淡淡的蒿香味道，同时保持原有的新鲜。其盛装物必须是用帚条或油条编成的小筐，容量一般在20~25千克，原料装筐后必须尽快组织生产，以免原料腐烂造成对原料品质的影响。

图4-29　长白山山葡萄

原料收集完毕后，须存放于通风阴凉

处，原料堆高不得超过三个筐，并在24小时内完成原料的分选，即根据果实的成熟度区分出原料的等级。在分选过程中清除葡萄中的夹杂物，如树枝、树叶、杂草、泥土等，不得将不同等级的原料混合。加工破碎时，要将清洗消毒过的竹帘子扣在容量为200~300升的木槽中手工破碎原料，并以葡萄皮破籽不碎、果粒和果梗彻底分离为标准，以达到充分破碎、果梗分离。再将破碎的葡萄统一倒入清洗消毒后的立式槽子（或发酵桶）中进行发酵。其使用的器具有桶盖、竹帘子、压杠等。帘子要对号使用，帘子与桶壁之间的距离不得超过0.5厘米，完毕后盖好桶盖。果浆在发酵桶内，不加任何辅助材料，进行原始的自然发酵，每天用木耙上下捣几次，目的是让果浆充分发酵，并使色泽和营养成分充分溶解在果汁里面。10天左右，通过人工品尝（早期没有检测仪器）来决定是否酿好，然后进行手工过滤（一般采用纱布），装到橡木桶（或泥缸）里进行储存。在一定时间内要多次品尝，每年两次倒桶除去酒泥，然后分别填满密封后，储存3~5年，靠自然柔性浸提澄清后，根据需要调配加入一定比例的长白山野生蜂蜜，便成为人们喜爱的长白山野生山葡萄酒了。

这种古老传统的原始手工酿造工艺所酿制出的葡萄酒，保留了野生山葡萄原有的营养价值，并且纯绿色、原生态、无任何污染，口感纯正柔和，色泽优美，香气浓郁。如今，长白山野生山葡萄酒酿造技艺经过数代的传承和发展，并在酿造过程中不断得到完善，形成了中国独有的野生山葡萄酒特色酿造技艺。

十二、岭泉白酒酿造技艺

位于吉林省松原市长岭县的岭泉白酒，是以一口历经百年、百米深井里的水，加上当地盛产的优质玉米、高粱为原料，采用独特的酿造工艺制成的酒类佳品。

岭泉白酒出现在长岭大地上已有100多年的历史，其最早可以追溯到1911年由林鹤皋创建的长岭烧锅。1911年，林鹤皋正式创建了长岭烧锅，兼营榨油及米面加工等，商号命名为“福厚涌”，聘请潘庆祥为首任总经理，主持烧锅的日常业务工作。当时烧锅厂有工人42人，年产酒100吨。

1931年，九一八事变后，林鹤皋将长岭烧锅卖给了锦州市资本家郭凤岗。

1945年10月，东北人民自治军吉长部队收复了长岭县城。12月12日，国民党残余势力纠集十数股土匪共两千余人对县城发起了疯狂反攻。次日，长岭县酒厂工人配合东北人民自治军吉长部队二营，打退土匪对部队驻地长岭烧锅大院（今长岭县酒厂）的进攻。1950年，长岭县人民政府企业科接管了福厚涌烧锅，将之改为县制酒厂。到1985年，酒厂有职工191人，年产酒1197吨。[①]

岭泉白酒从最开始的老烧锅酒发展到今天的品牌，经历了一个漫长的发展和提炼时期，由一眼深井酿出的优质白酒，到百年红松酒海储存，体现了酿酒和储藏技术的日臻成熟。岭泉白酒从当年酿造到现在，已经过五代传人，历经百年沧桑。它通过原料处理、润料、蒸粮、配醅复蒸、摊凉、下窖、发酵、蒸馏、半成品、老熟、勾调、成品酒等一系列复杂而传统的酿造技艺，特有独到的酿储技法，丰厚的人文底蕴，旺盛不衰的生命活力，博得了广泛的认同和高度的赞誉。

十三、前郭尔罗斯酿酒技艺

前郭尔罗斯酿酒技艺是前郭尔罗斯地区传承至今的民间传统手工技艺。吉林省松原市天天乐酒业有限公司的前身，是具有百年历史的郭尔罗斯前旗正泰隆烧锅和福华烧锅，民国初年到中华人民共和国成立前，它曾一度被定为辽北省烧锅、具有悠久历史的郭尔罗斯前旗烧锅，中华人民共和国成立后，成为前郭尔罗斯蒙古族自治县第一制酒厂。今天，松原市天天乐酒业有限公司坐落在东北松花江畔的前郭尔罗斯地区，凭借松花江水系甘甜、清澈的自然水源，以及当地蒙古族人醇厚、憨实的天性，传承着前郭尔罗斯酿酒技艺，沿袭了百年老字号的传统工艺，具有悠久的历史和深邃的文化内涵。

前郭尔罗斯酿酒技艺是本地区珍贵的非物质文化遗产，具有鲜明的地域特点和民族特色，体现着重要的历史价值。这项传统的酿酒技艺技能高超、工序繁复、流程科学、传承神秘。以高粱、大米等粮食为原料，以纯小麦包曲为糖化发酵剂，采取泥窖固态发酵、续糟配料、桶蒸馏、陶坛菌酿、精心勾兑调味等生产方式和100多道工序来进行酿造，全过程包括制曲、酿酒、勾兑三大工艺流程。长期以来，这项传统酿酒技艺不仅依靠师徒之间的言传身教，还要凭悟性和长期实践的经验积累才能掌握。其传承重点是“脚踢手

① 苏国清：《长岭县志》，395页，北京，中华书局，1993。

摸”，“泥固态发酵、跑窖清环、续糟配料、混蒸混烧、量质摘酒、按质并坛”等独特的酿造工艺和传统技能。勾兑、尝评也要依靠人的眼观、鼻闻、口尝来完成，酿造技艺中“疏松不糙、柔熟不腻”等很多定性描述，只可意会不可言传。

百余年来，前郭尔罗斯先后传承了八代的酿酒技师们，凭借这项传统的酿酒技艺，所生产的系列品牌酒如味馨酒、双曲酒、二锅头、草原白酒、原浆白酒、大曲酒、老窖酒、前泉液等佳酿，直至今天的哈达山酒，始终见证着前郭尔罗斯蒙古族人的生产、生活发展历程。

前郭尔罗斯传统酿酒技艺历史悠远，富有文化内涵，深藏文化底蕴。用传统酿造工艺生产的前郭尔罗斯酒备受世人青睐。方圆百里的婚庆嫁娶、重大节日、亲朋相聚都必有前郭尔罗斯白酒。研究其产生和发展过程的文化价值，对于研究吉林省西部各族群众乃至东北地区蒙古族生活特有的民俗、生产、商贸等方面都有珍贵的参考价值。因此，前郭尔罗斯白酒及其传统酿酒技艺具有重要的文化价值和社会价值。

十四、大安老窖酒酿造技艺

大安称得上是东北白酒的发祥地之一。大安老窖最早可追溯至1098年辽道宗时期的大安酒坊。在一千多年前的辽代，大安一带是辽帝的重要游猎区。“大安”二字是辽道宗曾经行用的年号，“大安通宝”的出土也为大安烧坊的存在和大安老窖的名称源自1098年提供了翔实的佐证。大安市出土的文物有鸡冠壶、长颈瓶、鸡腿坛、凤首瓶、辽三彩和仿定白瓷等辽代文物，这些杯、碗、瓶、罐、壶大都是饮酒器具。特别是契丹人特有的盛酒用具——鸡腿坛，分布更广，每个遗址都能找到它的遗存。这些无一例外地反映了酒和契丹人的关系。大安的烧锅镇就是以辽代烧酒的烧锅而命名的，烧锅生产的酒即为烧酒，因此“烧锅”之名的起源就在辽代的大安。

图4-30 大安老窖酒

清光绪二十四年（1898），于氏到莫勒红岗（今吉林省大安市）定居，购买了辽金时期的大安酒坊，沿用辽金时期流传下来的技艺生产大安老窖酒，月产高粱酒7500公斤。这就是大赉厅的于家烧锅，当时就是在大安酿酒厂现址造酒。现存的窖池、酒海都有100多年的历史。

大安老窖酒发源地水质清纯，粮食优良，地表温湿度影响较小，有着相对独立的气候环境。其酿造时所使用的窖泥富含有机质，增加了窖泥接触面积，为酿酒微生物的生长繁殖提供了“稳、匀、足、适”的优良环境。使用具有100多年历史的红松酒海来贮酒，这使得大安老窖酒的酿造在继承传统酿酒工艺的基础上，又有其独特的技艺，从而保障了酒质的稳定和不断提高，使大安老窖酒的品质更加柔和、更加醇净，塑造了大安老窖酒柔绵丰满的典型风格。

十五、东北骄子酒酿造技艺

东北骄子酒酿造技艺起源于福丰达烧锅。据史料记载，20世纪20年代初期，当时的黑龙江督军万福麟在白城开设了福丰达粮行、福丰达杂货铺等商号，并于1923年建立了生产白酒的作坊，称为福丰达烧锅。那个时候，每年一到秋天，福丰达烧锅便分两个甑房作业，早晚各两班人工作，每班出酒300多千克，四个班就可以出酒1200多千克。直到春节过后，才改为一班，一年净出酒25万多千克，其酿造技艺一直传承至今。

东北骄子酒传统酿造技艺主要为：

（1）合理配料、多种麸曲。配料是工艺基础，配料反映了基质浓度与酶作用的比例关系，根据原料品种、气温等因素，给微生物的活动安排良好的条件；多种麸曲能够提高酒的风味。

（2）产酯酵母、己酸共酵。能够增加酒中的己酸乙酯含量，对提高酒质有重要作用。

（3）清烧混入、白泥老窖。原料清蒸后加入需回窖的原料，选用本地区

图4–31　东北骄子酒

特有的白泥。对微生物有一定的吸附力，泥内营养丰富，适合微生物繁殖。

（4）适温入池、缓慢发酵。季节不同，入池温度就不同。缓慢发酵可使酒质浓厚细腻，回味悠长。

（5）微火蒸馏、量质摘酒。流酒温度在25~30 ℃之间，特级酒温度在64~66 ℃，一级酒温度在61~63 ℃，二级酒温度在56~60 ℃，按质入库。

（6）分级储存、木海陈酿。按照入库级别，红木酒海（红木制造装酒的容器）分级陈酿3年，方可勾兑上市。

（7）精心勾兑、标准检验。按照成品酒国家标准进行勾兑、调配、检验，使出厂的产品都能达到国家标准，又能体现本酒的风味。

东北骄子酒用其传统而独特的酿造技艺来进行酿造，所酿造出的白酒入口绵甜，回味悠长，窖香浓郁，深受广大消费者的喜爱。

十六、朝鲜族马格利酒酿造技艺

马格利酒是朝鲜族人民自古喜欢喝的一种民族饮料，由大米、小麦等淀粉质原料，加酒曲发酵后过滤而成。由于酒呈白浊色，故亦称浊酒。马格利酒属于低度酒，酒精度一般介于5%~10%之间，因农忙时常被农民用作解渴的饮料，所以又被称作农酒。此外，还因为是在梨花盛开的时候用酒曲发酵而成的，所以它还有一个“梨花酒”的雅号。

马格利酒历史久远，朝鲜半岛的高丽时期（918—1392），出使过高丽的宋人徐兢在《宣和奉使高丽图经》（1124）中记载，高丽人喜欢喝酒，官吏喝好酒，庶民则喝味涩而浑浊的酒，但他们喝过酒后不怎么醉。这是马格利酒首次见诸记载。据悉，这种酒的制作方法比较简单，因而在高丽以前平民也经常喝。此外，高丽时期的文集《东国李相国集》（1241）和朝鲜李氏王朝时期的文章汇编《东文选》（1478）等文献，也有关于马格利酒的记载。

图4-32　马格利酒

马格利酒的酿造从糯米、粳米、大麦、面粉的加热开始，将混合物干燥后，加入酒曲和水，将其置于一定温度下发酵而成。马格利酒含有有利于养颜的氨基酸、维生素、矿物质等营养成分，同时还含有能够促进大肠蠕动、帮助排泄的乳酸菌。马格利酒虽然酒精含量不高、浑浊，但甜酸可口，人们在办喜事或节日时经常饮用。炎热的夏天，农民在小憩时也经常喝这种酒。马格利酒按照材料可分为利用优质大米和浓稠的曲子酿制的高级马格利、利用各种农作物和曲子生产的普通马格利、利用各种药材制作的滋补类马格利等，具有酿造方法简单、技艺独特等特点。

自古以来，朝鲜族家庭都会在家里酿制马格利酒，在春耕、水稻插秧、收割等农忙季节休息或午餐时饮用，以解除劳作的疲劳。在中国朝鲜族中，酿造马格利酒的味道一直以来都是评价妇女手艺的标准之一。

十七、豫贞庆酿酒技艺

豫贞庆品牌白酒始创于清光绪二十九年（1903），创始人是闯关东的湖北人王匡。豫贞庆的寓意为："喝了豫贞庆圣洁的白酒，让人享尽快乐。"豫贞庆酒制酒的曲子是笨曲子，以玉米、荞麦、小豆、大麦和黄豆合成，此五种纯粮按照不同比例配比（玉米、荞麦较多，小豆、大麦少些，黄豆微量）。曲子一年踩两次，每次八个曲房用曲粮四百石（每石五百斤，制酒用的原料是籽粒饱满的高粱、玉米）。由于原料精良，营养丰富，且沿用中国传统的老五甑酿造方法精制而成，因而豫贞庆酒质地纯正，清香可口，回味绵长。当时，豫贞庆在洮南府的几家烧锅中颇有信誉。曾有这样的两句话："不够四个浆，不能入大箱（盛酒用的木箱）；不够三六浆，不让百姓尝。"由此可见，豫贞庆酒的质量把关是极严的。"东北王"张作霖帐下上将军吴俊生镇守洮南期间，豫贞庆为上将军所喜爱并作为贵宾酒而兴盛。军师曾为将军题诗曰："手握三尺剑，仰笑望青天。醉携美人腕，醒掌天下权。"

图4-33　豫贞庆品牌白酒

近些年，豫贞庆酒汲取国家名酒泸州老窖工艺，以东北特产高粱为主要原料，稻皮为辅料，土窖泥发酵，生香酵母为发酵剂，长期储存，精心勾兑而成，饮后甘润清雅，甜香悠长。2011年，"豫贞庆"品牌被吉林省人民政府认定为首批"吉林老字号"。2012年，白城市人民政府认定"豫贞庆酿酒技艺"为非物质文化遗产保护项目；同年，“豫贞庆”商标被白城市工商局认定为“白城市知名商标”。2013年“豫贞庆”商标被吉林省工商局认定为“吉林省著名商标”。

十八、林蛙酒制作技艺

林蛙又称雪蛤，是中国东北东部山区的特产，以鲜活昆虫为食，生性活泼，喜欢生活在清静幽雅、无污染的阔叶植被环境中。用其酿酒养颜润肤，被誉为“林中宝”。林蛙富含雄性雄烯二酮等多种益于人体的激素，多种维生素，锌、铁、硒等易于人体吸收的微量元素，以及赖氨酸、精氨酸、亮氨酸、谷氨酸等人体所需的18种氨基酸。

林蛙酒制作技艺是一种制备林蛙酒的方法，其特征在于：将活蛙洗净后消毒、析血，按每100千克60°白酒加入4~8千克蛙体的比例混合，装入密封容器中，将该容器置于50～60 ℃的恒温水中水浴30天左右，再在常温浸泡30天左右，完成蛙液提取，将1000千克白酒、2~4千克蛙液充分混合后过滤。

林蛙酒采用林蛙和乌拉特产的糜子作主要原料，与高粱、玉米、小米、黄米混合发酵。采用纯手工酿制，原酒经过5年以上地窖存储，并配制林蛙油汁、当归、红景天等多种名贵药材制成。该酒窖香浓郁，醇厚绵甜，酒体柔顺，酒香与药香结合恰到好处，喝后口不干，不上头。林蛙酒是一种非常好的药用酒。首先，喝林蛙酒对阴虚肾亏，肺咳吐血，心脑血管梗塞，产后虚弱，内分泌紊乱，骨质疏松，美容护肤，消除疲劳，调节血压、血脂，防治脂肪肝、糖尿病及在化疗过程中免疫功能受损、丧失，均有显著的补益与改善作用。其次，其含有的抗凝血物质（TCPS）有很强的抑制血小板聚集、活血化瘀的作用，能明显降低血清甘油三酯，提高高密度脂蛋白水平；天然抗菌肽能防腐杀菌，并对多种癌细胞及动物实体瘤有明显的抑制作用，且不损害正常细胞。

图4–34　林蛙酒

第四节　辽宁名酒酿制技艺

一、桃山白酒传统酿造技艺

桃山村位于沈阳市法库县北郊，以其自然风貌巧夺天工、状似仙桃而得名。桃山白酒因产地位于法库县桃山村而得名。1639年，清太宗（1627—1643）在位年间，法库桃山白酒便已出现，距今已有近380年的历史。

桃山酒厂始建于清康熙年间，前身是蒙古王爷达尔罕亲王王府烧锅，由科尔沁左翼中旗旗主莽古斯创办，具体烧制的师傅则是伴随固伦端敏公主下嫁莽古斯时随嫁的当差汉人。清初，莽古斯的孙子曼殊室利（第一代达尔罕亲王）继承祖业，广选名师为其烧制白酒，所酿白酒同时供大哥宾图王和博王王府享用，称之为“三王贡酒”。达尔罕亲王王府烧锅初时称烧酒坊，后改为福祥海烧锅酒厂。当时在桃山脚下开有两号烧锅，一为福祥海，一为广聚源。后在竞争中，广聚源因经营不善而被福祥海兼并。此后，福祥海烧酒名声大振，誉满塞外，成为蒙古王宫庆典所用佳酿，远销东蒙各地。当时，民间流传有“王爷庙的集赶过，桃山酒喝过”的谚语，以此来炫耀自己喝过美酒，见过世面。

1920年，16岁的窦秉启跟随付焕忱和孟鸿儒学习酿酒。由于是亲戚关系，付、孟二人将桃山古法酿酒技艺毫无保留地传授给了窦秉启，很快窦秉启便掌握了其中的诀窍，运用自如，并成为福祥海烧锅的烧酒大师傅。“东北王”张作霖也对桃山酒青睐有加，桃山酒成为他犒赏三军、嘉奖幕僚的家酒，并更名为“大帅酒”，也曾名“聚仙泉”“大和烧锅”等。伴随着解放战争的隆隆炮声，福祥海烧锅回到人民手中，更名为法库桃山酒厂，窦秉启担任技术指导。桃山白酒是1949年中华人民共和国开国大典的国宴嘉酒，与茅台、汾酒等一起作为开国大典用酒，彰显了桃山白酒的品质和地位。有人曾作诗赞美桃山白酒：“桃山酒香透九霄，举杯都说桃山好。琼楼玉宇无觅处，博得古今声誉高。”1950年，朝鲜战争爆发，桃山白酒作为珍贵礼品，满载着全国人民的深情厚谊，赴朝鲜慰问中国人民志愿军。

1966年，窦秉启之子窦英杰出任桃山白酒厂的生产厂长，他亲自制定了“楂软跳窖”和“回香醅”等工艺，使传统老工艺在理论结合实践的带动下焕发出全新的活力，产品的数量和质量都有大幅提升。在国家制定香型标准后，窦英杰先后参与并主持酿造出清香型、酱香型桃山白酒。针对东北地区气候条件只有在春、夏、秋三个季节才适合生产酱香型白酒的特点，窦英杰带领职工们从踩高温曲开始，大胆地移植酱油部分生产工艺到白酒生产中，摸索出了一套适合东北生产酱香型白酒的工艺。他还先后改造制曲车间人工踩曲为机械制曲，发明了甑锅活帘，增加了酒班的机械化程度。

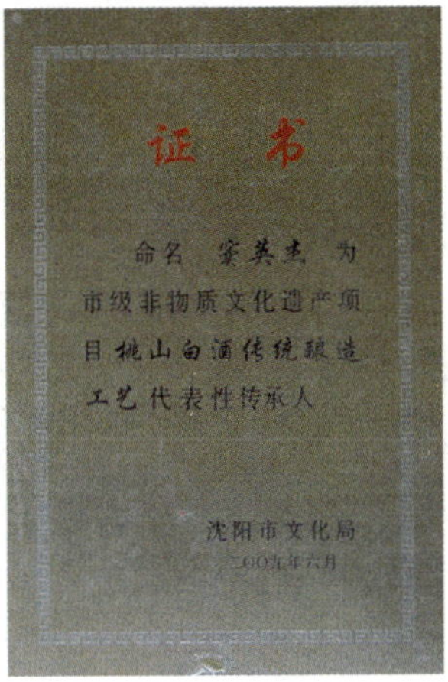

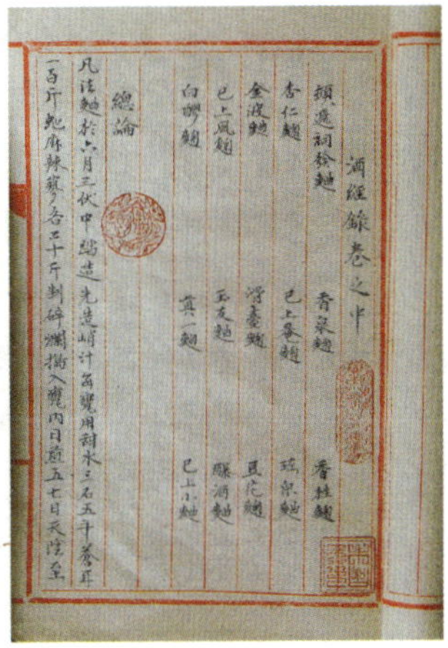

图4-35　沈阳市文化局颁发给“桃山白酒传统酿造工艺”传承人窦英杰的证书

桃山白酒具有清香纯正、醇厚爽口、协调适度、回味绵长等特点，首先在于水质好。百年古井“甘露井”和“惠佳泉”旁边有泡子沿湖和王河经过，其水质为天然矿泉水。桃山白酒以辽北特产粳高粱为原料，用大麦、豌豆制成的大曲为糖化剂，经清蒸、清烧两次发酵的传统工艺制成，分质分级储存，精心勾兑出厂。百年窖池主要微生物未被破坏变质，一直延续至今。老五甑操作法、混蒸混烧、双轮底回放发酵的传统工艺和“地八尺”分质分存的储存方法，使糟坯窖池酒的质量长期保持稳定。

桃山酒深受沈阳民众的喜爱，有“沈阳人民最爱谁，法库桃山小红梅”的流行说法。2009年，桃山白酒传统酿造技艺被沈阳市认定为“沈阳市非物质文化遗产”，厂长窦英杰被认定为代表性传承人。2011年，桃山白酒传统酿造技艺入选《辽宁省第四批省级非物质文化遗产名录》。

二、老龙口白酒传统酿制技艺

老龙口白酒传统酿造技艺至今已有340多年的历史。清康熙元年（1662），山西太谷县的酿酒商孟子敬因家乡连年遭受旱灾，于是变卖所有产业，持银携眷闯关东，投奔在盛京开酱园子的同乡张乐山。因为经营过烧锅，孟子敬就在张乐山的帮助下，又筹措了一些资金，在内治门（小东门）外的校军场附近临街的地方（即今大东区珠林路1号）建起了一座烧锅，取名为“义隆泉”。烧锅因地处清朝龙兴之地的“龙城之口”，所以后来酿出的酒被称为老龙口白酒。

当时厂内有一眼深井，水质清澈，甘甜淳美，非常适合造酒，被称为“龙潭水”。孟子敬利用这口井水，以沈阳出产的优质高粱为原料，运用祖传的酿酒技艺，酿造出来的白酒芳香爽口、醇厚宜人，备受欢迎。清康熙、乾隆、嘉庆、道光四帝十次东巡祭祖、举办千叟宴和招待文武百官时，御征老龙口酒，因此有“飞觞曾鼓八旗勇”之赞誉。为了祝愿和祈求自家生产的老龙口酒能够走进千家万户，使事业能永远昌盛兴隆，烧锅酒如同泉涌一样，孟子敬又将老龙口烧锅改名为万隆泉烧锅。

老龙口烧锅从康熙年间直至20世纪30年代，在漫长的岁月里，历经坎坷与兴衰，酒厂虽几度易主，但都是由山西太谷人经营，财东柜伙人员几经更替，可悠久的酿造传统却一直继承和发扬了下来。

最初老龙口酒大批出厂时均是用大篓盛装，制酒主料为东北特产红高粱，以小麦作曲。其传统工艺是首先将红高粱蒸熟，入窖发酵8天之后取出，再用曲拌匀，这就是所谓“八天窖，九天烧”。其次入甑蒸馏，酿造10天左右即成佳酿。最后经过多日的“困放”，即可装入容器出厂。

长久以来，老龙口白酒始终坚持手工工艺酿造（五甑）操作法，其工艺

图4–36 老龙口白酒

特点可归纳为“水好、曲精、发酵、蒸馏、贮存、勾调”12个字。其突出特色有两点：一是原址原水酿造。老龙口酒厂院内的古井，水质清澈甘冽，水中含有的矿物质及微量成分宜于酿酒。从义隆泉烧锅到今天的酒厂，都使用此井水酿酒。二是百年窖池发酵。酒厂的窖池有300多年的历史，最初是木制，后来演变成泥窖。从清初始建至今，窖池一直使用从未间断，这在全国也是比较罕见的。经过长期驯化，窖池富集了霉菌、酵母菌等种类繁多的微生物，为酿酒提供了呈香呈味物质的前驱体，从而形成了老龙口白酒“浓头酱尾、甘洌爽净、绵甜醇厚、回味悠长”的独特品质与风格。

老龙口酒厂历史上多以山西人经营，继承和发扬了我国历史悠久的白酒传统酿造工艺。由于东北地区气候的差异，传统酿造工艺在传承的过程中，逐步演变成了具有北方风格和特点的老龙口白酒传统酿造工艺。2008年6月，老龙口白酒传统酿造工艺入选《第二批国家级非物质文化遗产名录》。

三、道光廿五白酒传统酿制技艺

锦州道光廿五白酒是目前国内唯一沿袭着古老的满族酿酒技艺酿造的白酒。道光廿五满族酿酒技艺传承了北方山林民族传统的制酒工艺和独特的酿酒习俗，是一份珍贵的保留着北方少数民族饮食文化特色的非物质文化遗产。

道光廿五酿酒厂的前身是始建于清代中叶的同盛金烧锅，距今已有200多年的历史。清嘉庆六年（1801），清朝贵族、旗人庄头瓜尔佳氏（汉姓高）高士林创办同盛金烧锅，以酿造供清廷所用的满族风味烧酒。民国时期，受战乱影响，同盛金烧锅生产经营举步维艰，直到北镇商人孟积善接手后，才逐渐恢复了昔日的盛况。1950年，同盛金烧锅被人民政府接管，更名为凌川酒厂，所产白酒也改称为凌川白酒。凌川酒厂的酿酒工艺仍然严格沿袭同盛金烧锅的满族传统制酒工艺。1996年，酒厂搬迁时，在作坊原址（锦州城东，即今古塔区繁华地段烧锅大坑）地下80厘米处意外发现了穴藏的四个酒海，酒海宣纸裱糊，上书毛笔汉、满文字：“大清国”“同盛金”“封于道光乙巳年（1845年）”。从木酒海中收集到保存完好的白酒四吨有余。出土的木酒海及部分原酒已被中国历史博物馆收藏。道光乙巳年是道光二十五年，“道光廿五”白酒由此得名。不久，企业也由此更名为辽宁道光廿五集团。

当年清朝之所以选择在锦州开办烧锅，其原因有四：一是锦州平原土壤肥沃，盛产满族传统酿酒所需的原料高粱、薏米、稗谷；二是同盛金烧锅位

图 4-37 中国历史博物馆党委书记兼馆长谷长江接捐道光廿五贡酒

于锦州盆地，水源丰沛，水质澄清甘洌，是得天独厚的酿酒水源；三是锦州位于辽西走廊，在清政府的都城北京和古都盛京之间，是清朝皇帝东巡驻跸之城，锦州的白酒既可供奉朝廷日常之用，又可贡献东巡祭祖之需；四是锦州城是当年清军入关的前沿阵地，顺治年间有许多老满洲官员调回驻守，又

图4-38 酿酒原料及材料

1—高粱；2—薏米；3—稗谷；4—谷皮；5—麦子；6—豌豆

图4-39 制曲草房、曲块、模具

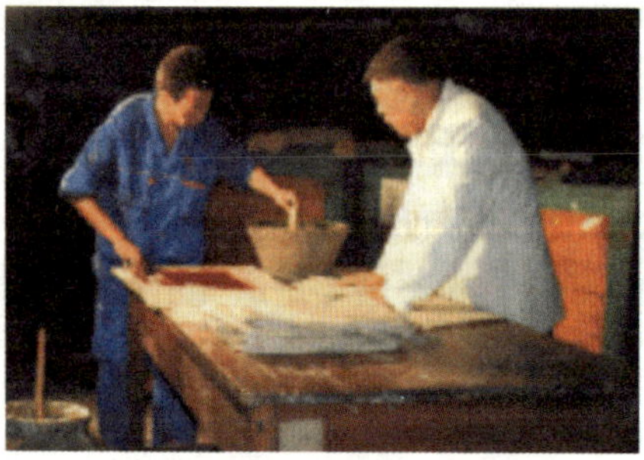

图4-40 使用传统秘方修复木酒海

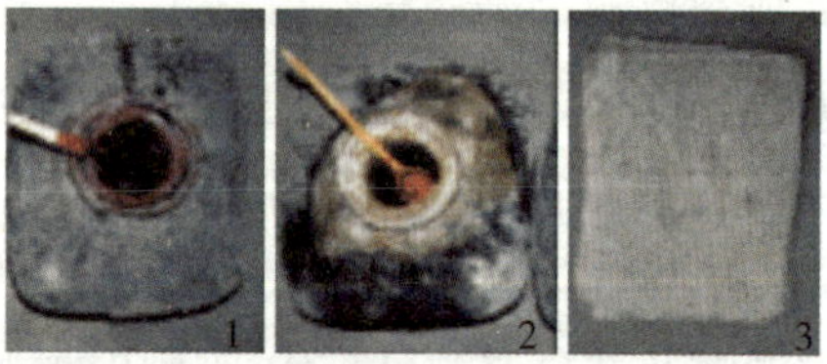

图4-41 裱糊木酒海所用主要材料

1—鹿血；2—香油；3—桑皮纸

有许多新满洲人迁来居住，其中多有掌握满族传统酿酒技艺的酒师，可以保证满族白酒的独特风格和品质。这些地理和人文条件，正是道光廿五的满族酿酒技艺能够在这片土地上延续至今的根本原因。

道光廿五白酒的原料采用当地特产大蛇眼优质红高粱和稗谷、薏米，辅料用谷皮。高粱淀粉含量高，可使酒体醇厚，味美回甜，适合北方传统的味觉习惯；稗谷可增加酒的清香；薏米可祛除湿痹，具有药用价值，同时又适宜在长时间的低温条件下糖化、发酵；辅料所用的谷皮因其坚韧、沥水，更适宜在低温的气候条件下阻止原料黏合，保证原料正常发酵。

传统制曲技艺是保持道光廿五白酒独特香气的关键技术之一。制曲时间选在最湿热的“七月上寅日”前后三天，车间选用保湿保温的草房。制曲时利用适于在生料上生长的野生菌，采用特有的“拌醅三角法”拌醅。

道光廿五白酒采用“清蒸混入老五甑”的传统酿造工艺，具体程序为：高温润料、入甑清蒸、晾堂堆积、窖泥封顶、砖窖发酵、出窖酒醅分层蒸馏、分段量质摘酒、分质窖藏。其中，窖泥封顶和砖窖发酵都是道光廿五白酒在东北特有的气候条件下沿袭的传统操作方法。

白酒出甑后用木酒海储存，窖藏3年以上。木酒海用优质松木制作，内部以鹿血、香油、生石灰搅拌后涂抹的桑皮纸裱糊。鹿血、香油及松木物质与出甑酒相融合，可加速酒的老熟、亲和。

道光廿五白酒始终坚持“同盛金”传统的酿酒技艺，从选料、制曲到酿造、储存都体现出鲜明的北方特色。保护和传承这一传统酿酒技艺，对于研究中国酒文化和北方酿酒习俗有着重要的价值和意义。

四、普兰店田家黄酒酿造技艺

普兰店田家黄酒酿造技艺可以追溯到19世纪80年代，至今有120多年的历史。清光绪年间，田广云以自家人为主要劳动力，在沙包镇尖山屯建起田家黄酒作坊。当时的作坊只有四个工人，是典型的家庭式酿造作坊。中华人民共和国成立初期，由于实行大集体合作化，酒坊停产，但是逢年过节，田家人仍要做一些黄酒送给亲友，田家黄酒酿造技艺并没有因作坊停产而失传。

田家黄酒酿造一般在10月糯米秋收后开始，到次年3月结束，其技艺特色在于选料精良和沿用祖传工艺。

田家黄酒以糯米为原料，糯米必须是当年采收的上等优质糯米，不只精白度要高，还要黏性佳、气味好、颗粒饱满。好水酿酒是奠定田家黄酒独特

图4-42　田家黄酒酿造技艺——酒糟

图4-43　田家黄酒酿造技艺——落缸发酵

品味的基础。田家黄酒采用本地的地下水，水井位于酒厂后面的山上，深六七十米，从中提出的水经过花岗岩层层过滤，加上位于山顶，无污染，水质佳，味道甘洌。

百年来，田家一直沿用祖传技艺酿造黄酒，从选料开始，经过筛米、浸米、蒸饭、落缸、发酵、压榨、澄清、煎酒等步骤制出成品酒。其中，发酵是整个工艺流程中至关重要的一步，直接影响到黄酒的品质和口感。此项技术难度较大，要根据气温、米质、酒酿和麦曲性能等多种因素灵活掌握、及时调整，从而保证酒醪中的各种成分比例协调。

普兰店田家黄酒酿造技艺是家族传承，且传男不传女。田家人从小通过长辈的口传心授习得技艺，但真正将酿造技艺掌握纯熟还需要多年的经验积累，才能酿出品味正宗、甘润醇厚的黄酒。

五、本溪永隆泉满族传统酿酒工艺（铁刹山酒）

本溪永隆泉满族传统酿酒工艺始于清嘉庆十二年（1807），至今已有200余年的发展历史。

1618年，努尔哈赤统一女真后，曾登临九顶铁刹山，痛饮张家酒（即铁刹山酒），随后定之为贡酒。1799年，清代翰林、辽阳才子王尔烈为寻求木鱼石而游铁刹山，最终在云光洞中喜获木鱼石，并意外得到了千年的酿酒秘方。王尔烈早在京城就听到闻名辽东的酿酒世家就在铁刹山下，便下山来到张家酒作坊。此时，张家酒作坊主人是张嘉久。王尔烈好饮酒赋诗，见辽东能有八代酿酒世家，甚是高兴。可是张家酒作坊太古老，虽然手艺高强，远近闻名，但工艺落后，规模太小，产量太少。王尔烈有意出资把张家酒作坊扩大，真正实现努尔哈赤“九头张家”的愿望，于是说明心意，把他在铁刹山八宝云光洞里发现的酿酒秘方送给张嘉久。二人于是筹建烧锅，不幸王尔烈先逝（1801），嘉庆十二年（1807）九月，张嘉久继志建成了永隆泉烧锅。当时永隆泉烧锅是本溪县境内最大的造酒作坊，张嘉久通过改良祖传的酿酒配方，在股东王本元的支持下，年产烧酒1万多公斤，生意十分兴隆。《永隆泉碑记》描述它："醇醪如龙涎凤髓，钟燕东之灵，毓满乡之秀。"

从此，张家世代经营着永隆泉烧锅。1931年九一八事变后，永隆泉烧锅传人张玉福积极参加抗日活动，被日伪收监，病死狱中。所幸的是张玉福早已秘密收徒传艺，永隆泉传统酿酒工艺没有就此失传。解放后，永隆泉先后改名为本溪县造酒厂、本溪酒厂，1996年，更名为辽宁铁刹山酒厂。

永隆泉烧锅以铁刹山下的永隆泉井水为酿酒用浆，采用高粱、玉米为原料。其工艺特色主要体现在对每个酿造环节的火候把握上。拌料做到稳和准，各甑分清，按甑次分准；装甑讲究轻、松、匀、薄、准、平，见气撒料，不跑气，不压气，保证甑内蒸气均匀上升，达到甑满气平；蒸馏过程做到"缓火流酒"，控制流酒的速度和温度；加入曲粉和水时，撒曲均匀，加水量准确；发酵过程做到"前缓、中挺、后缓落"，保证酒的最佳品质。

20世纪90年代，考古人员在永隆泉烧锅原址挖掘出了粉碎酒曲用的石碾、石磨等酿酒工具，经鉴定，它们是清代中叶的物品。自清代中叶起，虽然永隆泉烧锅经历了隶属关系和名称的多次变更，但是其传统技艺仍然延续下来，这种历史的承接性成为保护永隆泉传统酿酒工艺的坚实基础。

六、千山白酒酿造技艺

千山白酒产于东北历史文化名城——辽阳。辽阳东邻千山，衍水（太子河）北绕，特别是境内的汤河汇聚冷热双泉，闻名遐迩。几百年来，千山白酒一直以汤河水为酿酒用浆，保证了千山白酒醇厚酱香的优良品质。

辽阳地区造酒历史悠久，据史料记载，唐太宗东征时，曾以辽阳白酒犒赏三军。清代时，辽阳已是今辽宁省最大的产酒地区。辽阳地区的烧酒业始于清顺治十五年（1658），到清同治（1862—1874）年间，已发展至6家，到清宣统（1909—1911）年间，计有11家之多。清嘉庆帝时，王尔烈曾写下"香飘神州白塔为壶，味醉辽东衍水流财"的诗句来形容辽阳白酒酿造业的发达。民国以后，辽阳酿酒业持续稳定上升，至1933年时，更有多达35户烧锅。

图4-44 传统窖池群

辽阳千山白酒的起源可以追溯到辽阳最古老的烧锅之一——“玉升涌”，距今已有350多年的历史。清顺治十五年（1658），桂中园创办玉升涌烧锅，采用老五甑工艺生产辽阳白干酒，在当地颇有影响。中华人民共和国成立后，玉升涌烧锅被人民政府接管，组建成辽阳酿酒厂，但依然秉承其传统酿造技艺。

千山白酒以东北红高粱为原料，采用“清蒸混烧”“续发酵”的传统操作方法，其酿制工艺有高温制曲、高温堆积、发酵期长、储存期长的特点。高温制曲和高温堆积是千山白酒酱香酿酒法最具代表性的特色工艺。千山白酒采取高温制曲工艺，曲胚的温度高达60 ℃以上。利用白曲、生香酵母等培养的高温曲既是糖化发酵剂和营养成分，又是白酒香色成分的主要来源之一。采用高温堆积工艺是为了网罗更多有益酿酒的微生物，尤其是酵母菌。

千山白酒采用传统的麸曲酱香白酒酿造方法，这套工艺的价值体现在以具有300多年历史的老五甑续发酵方法精心酿制而成。2010年，千山白酒被商务部命名为“中华老字号”。

七、大连老黄酒酿造技艺

黄酒是世界上最古老的酒类之一，源于中国，且唯中国有之，与啤酒、葡萄酒并称世界三大古酒，迄今已有5000年的悠久历史，是中华民族的文化瑰宝。大连也有这样一个传承百年的老字号——大连老黄酒。

温和、圆润、低度、历史厚重感，这些是大连老黄酒的特点。大连老黄酒的历史最早可以追溯到清乾隆年间，由山东人王永福依照家传技艺酿制而成，深受人们的喜爱。至今，王贵玉兴建的酒文化博物馆里还陈列有清代

图4-45　大连老黄酒窖藏

手抄本酿酒“秘籍”和“关东州酒类配给实业组合”颁发的酒类执照，经过家族五代传承延续至今。

老黄酒的酿造严格遵循古法（辽代酒坊秘传良方），原料选用当年产、籽粒整齐、饱满的大黄米，麦曲必须在每年的夏至时节采制，选用洁净且适合酿造用的山泉水，所有器具应以陶器为主，浸米适度，糊化不焦糊，红棕发亮，严格控制火候和时间，窖藏一年以上。这样黄酒才色泽澄亮、棕红透明、香气焦而不糊、醇厚而回味无穷。大连老黄酒制作工艺可归纳为以下要诀：米必新熟；曲必适时；水必甘洌；器必洁净；浆必浸透；火必适缓；糖必良曲；温必始终；酵必发旺；酒必慢榨；煎必久储；饮必温之。[①]

大连老黄酒含有大量氨基酸、微量元素，且酒性温和，有养肝健胃的功效。2007年，大连老黄酒酿制技艺被列为大连市非物质文化遗产项目；2011年，又入选《辽宁省第四批省级非物质文化遗产名录》。

八、凤城老窖酒酿造工艺

凤城老窖酒作为凤城的品牌，是中国酒文化传承和发展的重要载体之一。辽宁丹东的凤城老窖是中华十大文化名酒之一、辽东第一名酒，以麸曲酱香、口感纯正著称。当年唐太宗李世民征高丽，畅游凤凰山，途经“烧锅”时，闻得酒香，酿酒主人以佳酿相敬，唐太宗饮后龙颜大悦，以后每年征其为特贡御酒，进献朝廷。

凤城老窖始于1905年建立的乾德泉烧锅。清光绪三十一年（1905），孙新武出资，薛竹铭（满族）提供酿酒技艺，二人合伙在辽宁凤城创建了乾德

① 王贵玉：《话说北方黍米老黄酒》，载《酿酒》，2007（4），10～12页。

图4-46 凤城老窖酒

泉烧锅，固定资产为两万元大洋，主要设备有装酒容器3个、酒窖21个、蒸甑1个。因厂址位于城东，故又名“东烧锅”。东烧锅地处风景秀丽的凤凰山脚下，其山险峻挺拔，泉水清澈，清凉甜润。当地人相传，东烧锅造酒使用的那眼井与凤凰山山泉相通，所以造出的酒才好喝。因此，镇上和邻县的人们都爱喝东烧锅的酒，产品供不应求。1931年九一八事变之后，凤城沦陷。日本当局设置了专卖局，利用强制力对包括“乾德泉”在内的几乎所有商品进行“专卖”，凤城县伪政府和伪专卖局两个伪机关各派一人长年驻在酒厂内，名曰帮助酒厂搞好生产，实则对酒厂实行监督，对产品存放、销售各个环节进行监管察看，酒厂的经营者完全没有管理酒厂的自主权。抗日怒火在人民心中不断涌动，东烧锅掌柜薛竹铭在“白色恐怖”之中，很机智地将商号“乾德泉”改为“乾德洤”，只改一字，且读音不变。因为《康熙字典》对“洤”的解释是：“洤”古字；“泉”，今字。在当时的日伪统治下，薛竹铭用同音同义，就是要回归中国古老的传统，回到没有外国人统治的国度中。解放后，东烧锅被人民政府接收，后屡次更名，1984年，定名为凤城老窖酒厂。

凤城老窖酒液澄清透亮，酒质酱香浓郁，醇厚回甜，有余香。老四甑工艺酿酒法是凤城老窖人总结出的酿造工艺法，是借鉴前人并在前人的基础上发展起来的酿酒方法。工艺过程主要包括配料、制曲、堆积、发酵、蒸馏、储存、勾兑等环节。酿酒中严格遵守“四高一长”的操作规程。采取“四高一长”的酿酒操作方法生产出质量上乘的原浆酒后，调酒师使用不同年份、不同酒质的酒勾调，最终制出合格的酒样来指导生产。

凤城老窖酒的生产工艺已经延续了100多年。由于凤城老窖人的薪火相传，并在继承和发展中不断提升凤城老窖酒的品质，传统的白酒酿造工艺不断发扬光大，成为凤城人民的一大财富。凤城老窖酒酿造工艺因其历史悠久，传承规范，酒质醇正，社会影响大，已被列入《辽宁省第四批省级非物质文化遗产名录》。

九、祖家坊白酒传统酿造工艺

祖家坊白酒传统酿制技艺的渊源是祖家坊烧锅。祖家坊烧锅（原为溪井院烧锅）为清皇室爱新觉罗·胤玉于清康熙十七年（1678）创办，位于法库县大孤家子镇半拉山村，代代相传，至今已有300余年的历史。

法库地区的酿酒历史可追溯至辽代。据《法库县志》记载，辽保宁(969—978）年间，生活在这里的各族百姓就开始酿酒。半拉山村在当时是辽立州城的所在地，这里土壤肥沃、水质优良，出产的粮食瓜果成为酿酒的上佳天然原料。辽国在对北宋的战争中掳掠了大量汉民入关，中原的酿酒工艺于是在半拉山村落地生根。辽、金、元、清四朝，这里酿造的美酒均被钦定为皇家贡酒。清初，这里诞生了祖家坊白酒，并依托其高超的酿制技艺闻名东三省。

祖家坊酒厂原为数人合伙经营，名为半拉山酒厂，后转由个体老板祖忱私营。初名为五龙泉酒厂，后恢复原名，2000年更名为沈阳爱新觉罗祖家坊酒业有限公司。祖家坊白酒采用的是泥窖循环大曲发酵、石锅烧酒、篓式酒海储酒等一整套独具中国北方民族文化特色的完整工艺，酒的质量堪称上乘。

祖家坊烧锅制酒所用之井水来自一口辽代古井。从辽代起，这里的井水就被用来酿造宫廷御酒。关于这口古井，还有一个传说。16世纪末，女真族在东北再度崛起，努尔哈赤率领族人经过萨尔浒之战取得了对明军的重大胜利，于是命令军队大举移兵辽沈。1625年，努尔哈赤在率军迁徙途中，经盛京郊野处（今沈阳市法库县）口干舌燥，下令本旗族人去周边取水饮用。但在这荒郊野地，几位本旗族人找了好久都未找到水，此时济尔哈朗手中持一

图4-47　祖家坊白酒传统酿制技艺

壶泉水快马而至，到努尔哈赤身边急忙敬上。努尔哈赤饮泉水后容光焕发，忙问济尔哈朗从何处取得如此甘冽泉水，济尔哈朗指向远处。努尔哈赤带领八旗首领随济尔哈朗来到井旁，让其他旗主也品尝泉水，其他旗主饮后赞不绝口，连连称奇："天下竟有如此甘美爽口的泉水！"努尔哈赤大喜，于是赐此井名为"八旗井"，专供八旗首领及其贵族享用。

这口辽代古井水质清澈甘冽，富含多种矿物质和微生物成分，为酿酒提供了优质的水源。泥窖采用当地特有的黄泥、麻刀和香水梨，按比例不加水，捣制成窖泥，再用木槌敲击在泥窖墙壁上，此举有利于窖中微生物的繁殖和新陈代谢，产生出丰富的香味物质，能促进酒糟的发酵，改善酒的品质。石烧锅直径2.7米、高1.3米，锅沿儿至底深1.2米，取材考究，做工精细，用石锅烧酒，不但能保持温度均衡，还能吸纳石材中的微量元素，保证白酒无金属杂质，色清味纯。封篓纸采用山间树皮，经过低温腐化、蒸煮、切丝等工序制成纸浆，然后用竹苹搅拌而成，这种纸不仅对白酒保存起着重要作用，也是书法绘画用纸。酒海采用山间树条，经晾晒浸泡后选条编织成型，再以特制的刀、木槌、棕刷和案台，用蛋清、鹿血、石灰等物质，严格按配方比例分层糊裱。这种酒海不受外界温度和湿度影响，始终保持恒温，酒质转化快，酒香突出，独具特色。至真至纯的传统工艺使祖家坊白酒形成了营养富集、甘冽香浓、绵甜醇厚、回味悠长的风格。其中"冬虫夏草"等系列保健酒富含各类中药成分和营养成分，保健作用十分突出，对于丰富人们的饮食生活、提高人们的健康水平，具有很高的科学价值。①

祖家坊白酒传统酿制技艺的独特之处在于，一直沿用古井井水、泥窖循环大曲发酵、石锅烧酒、篓式酒海储酒等一整套独具中国北方民族文化特色的酿酒工艺流程。2010年，祖家坊白酒传统酿造工艺入选《沈阳市第四批非物质文化遗产名录》，爱新觉罗·祖忱为该项目市级代表性传承人。

十、老顺口酿酒技艺

沈阳市浑南新区老顺口酿酒技艺经过150多年的历史演变，形成了独具特色的传统酿造工艺。传说，古时桃仙镇有人善用此法酿制美酒，酒香四溢，沁人心脾，常引来"桃仙"把酒言欢，醉卧于桃树之下。如今，古人已

---

① 房伟：《沈阳非物质文化遗产概览（二）》，64～65页，沈阳，沈阳出版社，2011。

图4-48　老顺口酒坊

逝，老顺口酒坊却将古人精湛的酿酒技术传承下来，并与现代科技相结合，制成千古佳酿，流传后世。

清光绪三十一年（1905），清廷在今沈阳设立了奉天省，在城南营盘和铁匠屯一带驻扎军队守卫。随着守军家属的不断迁入，这个地区开始大兴土木，人口骤增，手工业和商业也迅速发展起来，尤其是“一锅三坊”（一锅即烧锅，三坊即铁工坊、磨坊、布坊）十分盛行。梁文茂在当地开了一家烧锅，从事酿酒生意，而后转由其子梁巨发经营。梁巨发的儿子梁凤祥从小耳濡目染家传酿酒技艺，经过多年酿酒经验的积累，在保持传统口味的基础上，结合东北地区高寒气候的特点，使该烧锅逐渐形成了独具特色的老顺口白酒。2010年，老顺口白酒酿酒技艺入选《沈阳市第四批非物质文化遗产名录》，梁凤祥为该项目的市级代表性传承人。

老顺口白酒传统酿酒工艺经过150多年的历史演变，通过家族几代人的传承，逐渐发展了“清蒸清”“石窖发酵”等酿酒发酵技术，并按照“四分原则”，即“分层起槽、分层蒸馏、分质接酒、分质贮存”，形成了适合东北高寒地区民众口味的传统酿造工艺。其核心可归结为“水好粮精、石窖发酵、甑桶蒸馏、酒海陈酿、精心勾调”五大特征[①]。老顺口酒坊采用纯粮固态发酵的传统酿酒工艺，不添加任何人为的“加香勾兑”，所酿美酒芳香醇正，入口幽雅。所谓“纯粮固态发酵”是一种白酒酿酒工艺，纯粮固态发酵白酒是采用完全传统的酿酒工艺，以粮食为原料，经粉碎后加入曲料，在泥池或陶缸中自然发酵一定时间，经高温蒸馏后生产出来的白酒。制作过程对选料、生产用水、制曲过程、窖池数量、入窖固态发酵、蒸馏、储藏、勾兑、灌装等现代化的理化分析程序都有一定的要求。生产纯粮固态发酵白酒的主要原料要求符合相关标准，必须是高粱、玉米、小麦、大米、糯米、大麦、荞麦、青稞等粮食和豆类等（不包括薯类与果蔬类），颗粒均匀饱满、

① 房伟：《沈阳非物质文化遗产概览（二）》，64～65页，沈阳，沈阳出版社，2011.

新鲜、无虫蛀、无霉变、干燥适宜、无泥沙、无异杂味、无其他杂物。其工艺的主要流程为：

（1）选料。高粱是酿酒的主要原料，还可配合使用糯米、小麦、大米和除去胚芽的玉米等做原料，符合食品管理体系认证要求的白酒原料优先采用。酿酒辅料应具有良好的吸水性和骨力，适当的颗粒度；无污染、不含异杂物，干燥、不霉变；不含或少含营养物质及果胶质、多缩戊糖等成分。酿酒生产用水应符合生活用水标准要求，外观无色透明，无悬浮物，无沉淀。勾兑用水以软水为好。

（2）制曲。酿制酒曲用的糖化、发酵剂在制造过程中依靠自然界带入的各种野生菌或单一菌种在不同原料中进行聚集、扩大培养，并保藏了相应酿酒用的有益微生物。再经过风干或烘干、储藏，即成为成品曲。

（3）入窖固态发酵。在配料、蒸粮、糖化、发酵、蒸酒等生产过程中都采用固体状态流转而酿制的白酒，才能称为固态发酵白酒。鼓励采用合理的生物技术提高酒醅的质量。

（4）蒸馏。主要采用甑桶作容器进行缓慢蒸馏，量质摘酒，分批入库，还可采取将黄水、酒尾倒入锅底进行蒸馏等措施。

老顺口酒坊传承了中华千年的酒文化，酒坊以实木搭建，建筑尽显古风和古韵；室内陈设古朴典雅，酒具容器精美别致。在桃仙园内修建了酒文化坊和酒展厅，把酒文化作为中华五千年文化的缩影，淋漓尽致地溶于美酒当中。

十一、十里香白酒传统酿造工艺

十里香白酒是产自辽宁省辽中区的省优白酒。因其香气突出，有“无风香满屋，有风飘十里”之谚，故名“十里香”。

辽中酿酒的历史很久远，清光绪帝时，辽中境内就有土法烧锅。民国时期，除了小新民屯有烧锅外，肖寨门、县城和老大房先后开办了“永兴润”“万聚源”“广和泉”烧锅。烧锅是指烧酒时蒸馏酒所使用的蒸馏设备，古时包括锅灶、甑锅、天锅冷凝器等，后将烧酒作坊也称为烧锅。

九一八事变后，日军占领了东北，那时辽中境内只有4家烧锅。1937年，新民屯人张恩邦开办了新民屯白酒烧锅。当时的新民屯白酒烧锅属私营企业，张恩邦虽是农民出身，但祖辈是“闯关东”来到新民屯的，会酿酒技术，还精通老五甑流程。当时靠手工操作，用木甑酿酒，由于当地水质好，

图4-49　十里香酒

酿出的白酒口感好、入口舒适，很快就受到当地和县外群众的青睐，在辽中地区小有名气。春秋两季生产，年产白酒50吨。

1945年，国民党统治东北时期，辽中境内烧锅大都停业，仅存新民屯白酒烧锅一家。中华人民共和国成立后，1951年，新民屯私营烧锅收归地方国营企业，改称辽中县新华酿酒厂。当时设备简陋，劳动强度大，获得新生的从业人员干劲儿高涨，月投料900千克，年产量突破150吨。那时的工艺落后，用匣制曲，以白曲为曲种，土法蒸馏，将配好的原料放入木甑桶内，灶下烧火加热，蒸馏进入吸管，至大铁锅加水冷却，后来又改为蛇盘管式冷却，液体流出来后就成了香醇甘冽的白酒，整个村子都弥漫着酒的香气。

1957年，新华酿酒厂技术人员洪惊涛设计出扬片机，当年制成便投入使用，实现了白酒生产半机械化，减轻了劳动强度，生产效率提高了3倍。当时，辽中其他社村也开办酒厂，但规模和酒质都赶不上新华酿酒厂。1958年，新华酿酒厂由新民屯迁到辽中县城，名称也改为辽中县油酒被服食品厂。1959年，该厂又改名为辽中酿酒厂。1973—1976年，辽中酿酒厂主要生产高粱瓶酒、糠瓶酒、糠散酒，这时的年生产能力达到400吨，最高时达到671吨，酒的质量也大大提高。

20世纪70年代以来，随着辽中酒厂生产规模的不断扩大，产量翻番成倍增长，白酒质量也不断提高，受到越来越多的消费者的欢迎。为了做强做大酿酒业，辽中县委决定开发酿酒资源，挖掘酿酒潜力，总结经验，开拓进取，开创制酒工业新局面。县工业局组织人员进行技术攻关，在继承传统工艺的基础上不断创新，探索出一条优质高产、创出优质名牌产品的新路子。“十里香”品牌白酒应运而生。十里香酒的前身是“向阳”牌白酒，是用木塞做瓶盖，商标是由该厂职工南朝举设计的向日葵图案，包装很简单。这一品牌酒很好喝，是酒厂从新民屯迁到辽中县城后研制的第二代白酒。1976年，技术人员在“向阳”牌白酒的基础上，研制出了十里香酒。十里香酒一上市就获得了很高的赞誉度，产品供不应求。

如今，十里香白酒仍然沿用传统的酿造技艺，全部流程均为手工操作，生产出的白酒清澈透明，清香中略带酱香，入口醇正绵甜，颇受广大消费者的喜爱。2015年6月，十里香白酒传统酿造工艺成功入选《沈阳市第六批市级非物质文化遗产代表性项目名录》。

十二、康平老窖（东西辽河白酒）酿制技艺

康平东西辽河白酒色泽晶亮，香气浓郁，回味悠长，曾是康平县代表性品牌产品。

图4-50　东西辽河白酒

康平是东北大高粱和优质小麦的主产地；而东、西辽水汇聚的辽河在境内流过，形成的沼泽湖泊星罗棋布，气候湿润，堪称塞外江南。独特的地理环境与优质原料为酿造美酒造就了得天独厚的自然条件，孕育出原生态的康平老窖（东西辽河）酒。

康平老窖以东北特产红高粱为主料，配以康平特有的富含锶的地下水，采用传统古法老五甑酿酒工艺，用河内老白曲、自然采集大曲作为发酵剂，经多轮发酵后出窖蒸酒，用以传统酒海、酒篓、木酒罐储藏，并按质分级。其酒质具有清澈透明、窖香浓郁、入口绵甜、香型独特、挂杯沾唇、回味悠长的特点。

康平老窖酿酒历史久远，可追溯至辽金时代。康平老窖的酿酒工艺起源于1805年河北安次县（河北廊坊）的“酒锅田”在康平创建的乾德隆烧锅，以高温蒸馏摘酒的老传统工艺精酿而成的烧酒，口感醇厚，回香悠长，享誉县境内外。因地处辽河主干东、西辽河汇源处，故名东西辽河酒。

康平老窖传统酿造工艺是辽北寒冷地域长期酿酒实践的代表，经康平县政府推荐，已申报沈阳市非物质文化遗产。

十三、凌塔白酒传统酿造技艺

朝阳县凌塔白酒传统酿酒技艺，始于明万历三十一年（1603）的“三泰号”烧锅。该烧锅由山西省太谷人氏曹三喜所创。历经400多年，朝阳凌塔酒酿造技艺一直沿用“三泰号”独特的古法酿造技艺，多次在全国白酒评选中获奖，2012年被辽宁省服务业委员会命名为辽宁“老字号”。

据《朝阳县志》载，朝阳先有“三泰号”，后有“喇嘛庙”，“三泰号”即为凌塔酒厂的前身。史载明万历年间，山西太谷人曹三喜携带祖传酿酒秘

方举家迁往塞外朝阳，依古塔傍凌水开建酒烧锅，取城中矗立的三座塔之“三”字、表吉祥鼎盛之意的“泰”字作为字号，称为“三泰号”，又以凌水、辽代古塔之源远流长、千秋鼎盛之意，取“凌塔”作为牌号。

塞外朝阳曾是三燕古都，历史上又名柳城、龙城，向有“但使龙城飞将在，不教胡马度阴山”之说。后又有了“康熙醉朝阳”的民间故事。传说清康熙三十七年（1698），太平盛世，歌舞升平，康熙帝回乡祭祖，途中听闻三燕古都龙城人杰地灵，唐、辽古塔彪炳史册，佑顺古寺香火旺盛，便传旨绕路取道龙城。这一日，时近午时，康熙帝一行人来到东城门外，早有打前站的巡官和本地大小官员躬身迎驾。康熙帝虽是马上皇帝，但一路上鞍马劳顿也让他疲惫倦怠，正仰卧于轿中。这时，恰逢一阵轻风吹过，轿帘轻启，和风中夹带着一股沁人心脾的浓郁醇香，康熙帝不觉神清气爽，一下子坐了起来，环顾左右道：“众爱卿暂且免礼。适才朕闻到有一股醉人的酒香，令朕心怡，不知这香气从何而来？”地方官忙跪倒在地：“启禀皇上，这是全城闻名的曹家老烧锅传出的酒香。”康熙帝喝腻了京城御酒，一听说这塞外之地竟有醇香老酒，顿时来了兴趣，欲一品塞外老酒。康熙帝虽贵为天子，但也曾南征北战，性情豪爽，善饮烈酒，竟一口气喝下八大碗，悠然自得，不知不觉醉倒了，一觉睡到日落西山，醒来后问随从：“此酒何人所酿？”随从道：“乃山西太古人氏曹帮彦十四代孙曹三喜所酿之三泰号凌塔酒。”康熙帝闻听龙颜大悦，说道：“此酒秉凤山之灵气，承凌水之神韵，凝三塔之鼎盛，聚五谷之精华，可谓神品，实为天下好酒，塞外一绝。笔墨伺候。”随即写下三个大字“三泰号”。从此，“三泰号”成为御酒，流香数百年。

凌塔白酒为清香型酒，以高粱糠为原料，麸曲为催化剂，稻皮为辅料，

图4-51 凌塔白酒

采用清立清烧，发酵20天，量质接酒，分渣别储存一年，精心勾兑而成。其特点是：澄清透明，清香纯正，入口醇厚，柔和微甜，饮后不上头。

十四、抚顺千台春白酒传统酿造技艺

抚顺千台春白酒传统酿造技艺最早可追溯到后金天命四年（1619）的李记烧锅，已有将近400年的历史。清代的康熙、雍正、乾隆、嘉庆等四位皇帝曾9次到抚顺新宾祭祖，共御征千台春酒的前身“李记烧锅”（后改为“龙泉海烧锅”）酒1900坛，此酒也因此赢得了“中国满族第一酒”的美誉。

一方之山水酿一方之美酒，一方之美酒酿一方之风土人情。抚顺是满族的故里和清王朝的发祥地，她孕育着忠厚纯朴的抚顺人民和精湛的满族酒文化。

抚顺千台春白酒是满洲镶黄旗人李巴库（巴库阿）在抚顺赫图阿拉城北门外创造的。李巴库是李满住的七世孙、建州卫都督纳木章之子，生于旧老城，他于明万历三十二年（1604）入兴京（今赫图阿拉城）北门外的“杨家烧锅”当学徒。依靠着聪慧、勤奋、好学，万历四十三年（1615），李巴库便成为了“杨家烧锅”的替代掌门人。“杨家烧锅”建得早，采用女真人传统酿酒工艺，使用赫图阿拉城和新兵堡地区特产的花白高粱和苏子河优质山泉水酿造的烧酒，醇香浓郁。

1616年初，李巴库弃商从军，入费英东（清太祖努尔哈赤时五大臣之一、五虎上将、满洲镶黄旗固山额真）旗下，在从征抚顺城的战斗中，作战勇猛，被努尔哈赤授予牛录额真（统兵300人）。在1619年的萨尔浒之战中，李巴库身先士卒，不幸中炮，左臂受伤致残，因功晋升为巴牙拉（亲兵或护军）。李巴库在受伤的当时，因流血过多，曾不省人事，有人给他喝了几口烧酒（白酒）才醒过来。从此以后，他便对烧酒情有独钟。萨尔浒之战后，李巴库在抚顺的千户所（今抚顺）疗伤时仍念念不忘回赫图阿拉城造

图4-52　千台春白酒酿造技艺

酒，为满洲八旗军效力。1619年9月，他返回兴京的杨家烧锅，正式成为掌门人，同时，将杨家烧锅更名为李记烧锅。他去世后，又由他的子孙一代接一代地在兴京掌门造酒。

清康熙四十三年（1704），李巴库的五世孙李远（字济斋，隶属镶黄旗）将李记烧锅迁至高尔山下原明代抚顺城附近，取高尔山泉水酿酒，酒质香甜，远近闻名。经过他十余年的苦心经营，生意日渐红火，远近客商纷至沓来订货沽酒。清康熙六十年（1721），康熙皇帝第四次东巡时，命奉天将军苏努到李记烧锅御征上好的白酒200坛。李远见康熙帝来征酒，受宠若惊，遂请当地书法名流题字制匾，改李记烧锅为李记·龙泉海烧锅，以昭示龙恩驾幸给李家带来了荣耀。

1924年，李远的十世孙李晋卿为方便购买酿酒用的粮食，将李记·龙泉海烧锅迁至粮栈路（街）1号（今启运千台春酒业公司所在地）。中华人民共和国成立后，李记·龙泉海烧锅更名为抚顺酿造厂。1978年2月18日，为纪念伟人毛泽东视察抚顺20周年，酒厂研制、生产出了酱香型大曲酒，取名为“千台春”。

千台春白酒的酿酒工艺具有鲜明的北方地域风格特色。工具用木制的木锨、簸箕、甑桶等。贮酒用的酒海用“暴马子”木，民间称青干柳。这种木虽长不粗，但有保味、防潮的作用，酒海里面用桑皮纸褙糊，共糊120层，每一层风干之后再糊另一层，然后涂猪血，封蜡，以此类推。这是一种极保密的工艺，师傅给酒海里糊桑皮纸、封蜡不让外人看，以免失密。造酒用的水一直用马车从高尔山辽代古塔下的古井里取水运送到酒厂，一直延续到20世纪70年代。为了确保北方寒冷的冬季能够发酵产生上乘质量的白酒，人们创制了独有的“果松木板镶发酵窖池”技艺，不仅保温发酵，果松树脂分泌的松脂长时间溶渗到酒醅中，还能使酿造出的酒生化出清淡的果松芬芳味道，增加了酒的香气。其技艺流程主要有：选用上好的当地优质花白高粱为原料，碾碎后制成酒醅。以大麦、黄豆和满族人常用的山珍制成大曲。再经过制麸曲、生香酵母、配料、蒸料、凉渣、混合、入醅、入池、封帽、出窖、装甑、上甑、蒸馏、接酒、储存、组合、调味、老熟等二十几道纯手工酿造工序制成千台春白酒。

作为中国麸曲白酒制作的发源地，千台春酒在2006年6月经中国酒文化专业委员会审定，被评为“中国十大历史文化名酒”。

十五、铧子白酒酿造技艺

灯塔市铧子酒厂的前身是始建于清光绪十五年（1889）的永兴源烧锅。历经百余年的沧桑巨变，而今铧子酒厂已发展成为一家传承传统技艺与文化、集现代生物技术与先进管理理念、彰显自身独特魅力的百年老字号企业。

图4-53　铧子白酒

铧子酒厂的前身为永兴源烧锅，与当年的永兴福油坊、玉成华商号同为享誉古襄平的老牌商号。铧子酒厂在辽阳地区是一家历史悠久、文化底蕴深厚的老字号企业之一。

铧子白酒以东北优质高粱、玉米为原料，以麸曲、大曲为糖化发酵剂，经百年老窖长期发酵精酿而成。在继承发扬我国传统老五甑酿造工艺的基础上，还借鉴了茅台酒的生产工艺，采用多菌种高温堆积发酵工艺，通过多轮次发酵，分质分段摘酒，储存3年以上，总酸、总酯是普通酒的2倍，达到醇厚绵软、度高而不酽、度低而不淡的质量标准。经白酒专家品评鉴定，磨齐山牌系列铧子白酒，“酱香突出，幽雅细腻，酒体醇厚，回味悠长，不含任何添加剂，饮后不上头”。

现如今，铧子白酒传统手工酿造工艺即“四高一长复式酿酒工艺”已被收入《辽宁省第四批省级非物质文化遗产名录》，厂长孟祥明是第七代传承人。2011年，铧子酒厂被商务部认定为“中华老字号”企业，“十一五”期间，被辽阳市政府授予辽阳市“百强民营企业”的称号。其窖池是东北地区保存完好、建窖较早、连续使用至今的百年窖池。

十六、张书白酒酿造技艺

灯塔市的张书酒厂是辽阳地区老字号企业之一，起源于清光绪初年的永泰烧锅，太子河的地下水系为其酿酒提供了得天独厚的地理条件。张书白酒采用优质的高粱、玉米发酵，使用传统秘制大曲，成品酒经过3道工序、36层过滤技术，使营养充分保留且将有害物质清除。

张书白酒酿制技艺以“黑曲、麸曲复式酿酒法”远近闻名。对于传统酿造工艺而言，制曲是关键。曲里含有各种用于发酵的微生物，不同的微生物

图4-54　张书白酒酿造技艺

造就不同的口感和品质。张书白酒采用普通制曲和高温制曲相结合的方法酿造，备受广大消费者的青睐。

十七、菊花老窖酒手工酿造技艺

辽阳市菊花老窖酒手工酿造技艺起源于清嘉庆二十一年（1816）所建的东升泉烧锅，由山东人陈少东所创，传承至今，已有200余年的历史。目前，已传承11代。

东升泉烧锅坐落在弓长岭区汤河镇红木村，境内水资源丰富，水质良好，且多属于松散堆积层孔隙水、基岩裂隙水、碳酸盐类裂隙溶洞水。据《辽宁省地震震中分布图》记载，自有资料以来，辽阳一带曾发生过强烈地震4次，沿金州大断裂呈东北向和东向展布，遂形成了汤河温泉、梨庇峪及中堡王家冷泉。明嘉靖九年（1530），百户陈旭在《重修道林寺古刹记》中所写的“东有馒首石峰相望，又有温泉涌出”，便是很好的佐证。在东升泉烧锅周围，拱立着西大山、柞树砬子山、红沙岭等山峰，海拔最高为717米，最低为570米。烧锅所处位置山川秀丽、植被茂盛、常年无霜，气候条件优越，山泉四季流淌，水质甘美，富含对人体有益的矿物质和微量元素，

图4-55　“东升泉”烧锅民国时期烧锅所用大井

非常适宜酿酒微生物的生长繁殖，为酿酒提供了得天独厚的地理条件。

近200年来，菊花老窖酒厂始终采用传统的手工酿造技艺进行生产，确保了菊花老窖的传统品质和风格一脉相承，经久不衰。菊花老窖酒是以中国矿泉水之乡的天然水源，野生的山菊花，优质的高粱、大米，小米、玉米等材料为原料，运用传统的清蒸混入、低温发酵酿造工艺酿制而成的，该酒清亮透明、口味纯正、绵柔甘甜。

菊花老窖采用的是陈家祖传的酿酒工艺结合现代生物技术，清蒸混入，续渣配料，主发酵期为15天。无论是入窖的温度、酸度、粮糟比，还是发酵时间，都保持了东升泉烧锅的传统手工酿酒技艺。菊花老窖酒在工艺上分三次取酒，每轮次生产周期为30天，出窖酒醅分层缓慢蒸馏，分段量质摘酒，然后分3种典型酒入库窖藏，储存3年以上。通过储存，加速白酒的老熟，促进分子间的融合，产生特有的风格。菊花老窖传承了东升泉烧锅近200年的酿酒技艺，形成了与众不同的鲜明特征。

据《本草纲目》记载，菊花无毒，性平和，可散风清热、平肝清目，用于风热感冒、头痛眩晕、目赤肿痛、耳目昏花等症状。配有菊花的酒醅经固态蒸馏，量质摘酒，分级储存一年以上才能投放市场。菊花作为酿酒原料，改变了传统饮酒习惯，使菊花系列的白酒结构更营养、更安全、更满意、更放心，其产品具有酒香舒适、诸味协调、入口圆润、回味净爽等独特风格，深受广大消费者的喜爱。2013年，菊花老窖酿酒工艺项目被辽阳市列为非物质文化遗产保护项目。

十八、鞍山老窖传统酿酒技艺

鞍山老窖传统酿酒技艺源自山西汾阳地域古源烧锅的酿酒技艺，至今已有300多年的历史。

图4-56　鞍山老窖

鞍山老窖酒文化源远流长。现鞍山老窖厂肖庆家的先祖肖仲诚祖籍是山西省汾阳市。明末清初，汾阳市地域达到了村村有作坊的兴旺局面。在此期间，肖庆家先祖肖仲诚的祖父创办了真正完整地用粮食精致曲酿造的“肖氏烧锅”酒厂，厂内酒香四溢。

到了清代初期，北方的白酒业发展很

快，古城辽阳商业兴旺，工业十分发达，肖仲诚就带着山西汾阳市的酿制法来到了古城辽阳发展酒业，兴建了“古源烧锅”。肖仲诚凭借着对酿酒技术的独到见解，以及东北本地水源、土壤、产粮等丰富的生态资源优势，利用红高粱、大米、小米、小麦、玉米五种粮食为原料，巧妙配方酿制，酿时先将粮食煮透晾干，再将酒曲拌匀后，下到地穴式曲酒窖中发酵。没料到，东北土地肥沃，粮食品质独特，生产出的酒因别具风味、酒香扑鼻、各味谐调、恰到好处，而享誉东北大地。当时，此酒有两名，文人雅士称之为“肖氏酒窖”，而平民百姓都叫它“杂酿酒”，这就是如今鞍山老窖的前身。保留至今的祖传老窖工艺已有300多年的历史，现今仍在使用。

鞍山老窖以优质小米、大米、高粱、玉米、小麦作酿酒原料，以自然接种的大麦大块曲作糖化发酵剂，采用百年连续使用之窖池续槽固态双轮发酵，量质摘酒，分级并坛，泉水加浆，二十年以上地窖储存。独特的酒体设计将鞍山老窖的微量香味成分定量分析，作为质量的依据，继承了肖家几代人的不懈追求，形成了独特的工艺配方，提高了传统酿制酒的品质，窖香浓郁，入口绵甜，香味协调，回味悠长纯正。

十九、金州孔家黄酒酿造技艺

大连金州孔家黄酒属纯手工酿造，距今已有150余年的历史。其用料讲究、工艺精细、质量上乘、价格公道。

清咸丰八年（1858），孔子第六十八代孙孔传文，因家乡山东闹旱灾、蝗灾，几乎颗粒无收，为了生存，被迫带着全家老小闯关东，落户金州海边渔村（现董家沟街道山口村），创建了孔家黄酒馆。据说，当时孔传文把换来的黄米、高粱米用大锅炒熟，掌握好温度，然后将熬好的米放在陶缸里闷二十多天，取名叫“闷着酒”，又因为“闷着酒”酿出的酒是橙黄色，所以，后来人们习惯叫它黄酒。

图4-57　金州孔家黄酒

孔家黄酒使用的酿选工具和原料十分严格，发酵用的缸必须是清一色的陶瓷缸；过滤酒的酒闸必须有一定尺寸；选择陈年原料，次品原料一律不用；发酵温度随季节而变（冬高、春秋略低）。

干闸酒是孔家黄酒的头牌酒，也

是招牌酒，自创始人至今，坚持“选料人能吃才能酿酒，斤米斤酒，酒精度必须达到10 ℃以上”的原则不变。酿出的酒具有“清亮红透、味甘醇厚、风味独特、百饮不厌、久藏不坏”的特点，由于工艺要求严谨、包装器皿讲究，历来为招待贵宾、馈赠贵客的名品。而清酒是孔家黄酒的大众消费品牌酒，规定1千克米4千克酒，酒精度在8 ℃以下，酿出的酒“绵软甘甜”，属于半甜性黄酒，深受广大消费者喜爱。

干闸酒制作的每一步都尤为讲究。第一步是选料，都是从精制小麦（酒曲）和黄米当中筛选出来的，而制作用的糖也严格要求用蔗糖（红糖），禁止用白糖。第二步是浸米，是将米盛在大锅里，用常温清水冲洗两次，第三次将米锅盛满水，浸泡8~10小时等待熬米，带渣酵解发酵。第三步是熬米，将浸好的米和水分离，然后放在熬米的大锅里，开始加温、渣酶，待米锅里的水开锅约100 ℃，用酶铲在锅里从锅底往上返，始终循环返，当鼻闻到焦香味为止。然后将熬好的米盛到空锅里开始降温。第四步是降温糖化，当熬好的米降温到60 ℃左右，用孔府黄酒特制糖化粉放在降温好的米锅里散开，然后用酶铲将米与糖化粉拌开。待米与水分开后即可。第五步是落米下缸，已经糖化完的米要再降温，春秋季节为35~38 ℃左右，冬天为38~40 ℃左右，准备开始下缸。用孔家黄酒特制“祖传引子”放在米锅里拌开后开始下缸发酵，发酵时酒缸口用无毒聚乙烯塑料封口。从前封酒缸口时用棉线布，用猪血高温染布法解决布匹透气问题。第六步是打缸头，米下缸发酵后，先由淀粉发酵转化成糖，再由糖转化成酒（乙醇），一般4~5天成酒，打开缸口用酒耙子在缸里上下、左右搅拌均匀，使缸里再次进入氧气，二次发酵将剩余淀粉、糖转化成酒。将缸口再次封好，待一个月左右准备开始闸酒。第七步是闸酒，将发酵好的酒米装在木质酒闸里过滤出来。闸出来的酒盛在专用陶缸里沉淀等待煎酒、杀菌。煎酒与杀菌是制作老干闸黄酒尤为重要的步骤。传说，前辈们早期将过滤沉淀后的清酒盛在杀菌锅里，用木头作锅盖盖在杀菌锅上，然后锅底烧火加温杀菌，杀菌温度达到60 ℃左右即可，必须立即盛出，装在专用消毒过的陶缸里陈酿养生储存，以上叫煎酒。现在用蒸汽锅炉、管式杀菌器、封闭白钢罐，安全可靠，杀菌温度可以达到80 ℃左右，将酵母菌全部杀掉、杀死，并且酒精基本跑不掉。以上是酿造老干闸酒的全过程。

孔家黄酒的酿造技艺秉承了中华民族的文明，深深扎根于民族、民间，延续七代，传承150多年。由于人们的审美常常与饮食联系在一起，而孔府黄酒以其高超绝伦的精湛制作工艺，色香、味浓、型美而闻名于世，赢得了广大消费者的赞誉。

二十、普兰店吕家白酒酿造技艺

普兰店吕家白酒酿造技艺已有150余年的历史，至今已传至第五代。其技艺历经百余年而传承至今，其独特的酿造方法和酿造器具彰显了当地优秀的历史文化。吕家白酒继承了中国酿造酒的传统文化，在当地的酒文化中占有重要地位。

吕家白酒的选料不拘一格，凡含有淀粉和糖类的原料均可被用来酿制白酒，但不同的原料酿制出的白酒风味各不相同。粮食类的高粱、玉米、大麦，薯类的甘薯、木薯，含糖原料甘蔗及甜菜的渣、废糖蜜等均可制酒。此外，高粱糠、米糠、麸皮、淘米水、淀粉渣、甘薯拐子、甜菜头尾等均可作为代用原料。野生植物，如橡子、菊芋、杜梨、金樱子等也可作为代用原料。

图4-58　普兰店吕家白酒

吕家白酒的生产有固态发酵和液态发酵两种，在固态发酵的大曲、小曲、麸曲等工艺中，麸曲白酒在生产中所占比重较大。麸曲白酒的工艺流程为原料粉碎、配料、蒸煮糊化、冷却、拌醅、入窖发酵、蒸酒。

二十一、盘锦永顺泉白酒传统酿造工艺

辽东湾有个盘山县，盘山的老字号私人烧锅酒“永顺泉”可谓名扬天下，至今已有300余年的历史。

清康熙初年，晋冀鲁一带连年荒旱，颗粒无收，于是清王朝取消了清初的封禁政策，张贴出“垦辽移民”榜，拟移民于关东一带垦荒。清康熙九年(1670)，山西太谷县的农民段顺天挑着全部家当，带着一儿一女及妻子来到双台子村（今盘锦市双台子区）落脚。双台子村南临碱河（今双台子河），河边有码头，当年段顺天30多岁，先在码头上的“脚行”扛袋子，后因他无帮无伙，这碗饭没吃几天便难以为继了。段顺天只好挑着货担走乡串户当起了货郎。有一天，段顺天下乡卖货，在工夫市遇到了由直隶（今河北省）逃荒来打短工度日的石永山，两人一见如故，结为金兰之好。清康熙十五年

(1676)，石、段两人合伙在碱河旁边盖了几间房，开了个骡马店。不久，又廉价买下一河边小屋（永顺泉旧址），开了一家小店铺。店铺以经营下杂货为主，如锹、镐、锄、犁、簸箕、笤帚、绳麻、水桶等。石、段的治店主导想法是立足于农村，多为农民提供方便。石、段出生在农民家庭，对农民的困苦深有体会，所以，对农民购物实行薄利多销和有钱无钱都能买货的办法。这种销售办法实行后，赢得了广大农民顾客的欢迎，买卖做得十分红火。几年下来，二人手头有了一些积蓄，石永山便娶了当地的吴姓女子为妻。后来，二人看到店铺生意兴隆，没有个字号十分不便，于是两人商量，将店铺取名为“永顺泉”。字号中的“永顺”是取二人名字中间的各一字，含义是两家亲密无间，“泉”字寓意合资生意像泉水一样连绵不尽、财源茂盛。

不久，段、石两家又在盘山河南常家一带置良田400余亩[①]，因段顺天善经商，就多居商号，执掌一切；石永山喜务农，就常到乡间管理耕耘，两家和睦共处，世代相传。1913年，双台子设治立县，又通了火车，县城逐渐繁荣起来。这时“永顺泉”由张某执事，添置了烧锅作坊，烧酿散装白酒，创盘山境内烧白酒的首户。永顺泉酿造的白酒芬芳炙口、度纯汁清，一时名噪全县，前来购酒者络绎不绝。永顺泉烧锅日产白酒250~400千克，为保持酒质之信誉，以自己门市销售为主，对来自黑山、北镇、台安等地酒贩，不论购买量大小，一概不批发。1942年，“永顺泉”主事人不失民族气节，不结交日伪上层人物，因此，生意衰落。1948年2月，盘山解放时，永顺泉经理易人，由段敏斋继承祖业，成为该字号最后一代主事人。

图4–59　出酒

① 亩为非法定计量单位。15亩 = 1公顷。下同。——编者注

中华人民共和国成立后，1951年盘山人民政府在永顺泉酒厂原址建立裕兴油米酒厂，归县工业科领导，每天生产的白酒由盘山县专卖局派驻厂员对该厂每天生产的白酒检验入库，由专卖批发部统销。此后，裕兴酒厂先后被改为盘山县油米酒厂、盘山县油酒厂、盘山县制酒厂、盘山县酿酒厂、盘锦市盘山酒业有限责任公司。2002年12月，盘锦市盘山酒业公司国有股完全撤出，股权实行股东内部转让，企业性质完全转变为民营股份制企业。

“永顺泉”具有自己独特的传统酿酒工艺，包括对原料、水源、发酵工艺的认识和掌握。它以优质东北红高粱和玉米为主要酿酒原料，采用清蒸混入的传统固态发酵工艺。高粱和玉米经粉碎，科学配料，经过糊化充分地吸水膨胀，加曲，加浆，低温入池发酵，发酵期为15~30天。发酵完成后，取出装甑蒸酒（即烧酒）。出酒靠发酵，生香靠蒸馏。然后装甑蒸馏，装甑讲究稳、准、细、净，见气扬料，这样不跑酒、不压酒。装甑结束后，扣好甑盖缓气蒸馏，大气追尾，酒气经过冷却器，即是蒸馏酒。

盘锦永顺泉白酒传统酿酒工艺起始于清康熙二十年（1681），虽经历多次改革，但传统的酿酒工艺始终没有改变，继承了“永顺泉”的质量第一、童叟无欺的酒文化真情，为盘锦的广大群众所熟知。此酒香味突出，口感正、不上头、不刺喉、不口渴，为低度营养酒，是消费者朋友独自小酌、聚会豪饮、把酒论情的佳品。

二十二、甘泉白酒酿制工艺

鞍山海城甘泉镇的甘泉白酒始创于1919年，距今已有近百年的历史。

甘泉白酒的酿造用水是与汤岗子温泉属同一水脉的甘泉地下水，汤岗子温泉是“亚洲著名温泉”“中国四大温泉康复中心”之一，其水质检测要远远优于国家生活饮用水质量标准。酿酒选料考究上乘，精选东北高粱、大米、小麦、小米、玉米等纯粮，用传统工艺，采用“老五瓶”混烧法精心配制而成。甘泉白酒酒质甘甜醇厚、香气怡人，酒色晶莹剔透、如甘泉清冽透明，酒体协调、舒适可人，实为人间之琼浆玉液。甘泉酒业于1985年、1992年、1998年连续三次蝉联国家优质银牌奖，1999年9月通过国家ISO 9002质量体系认证，产品畅销全国各地。

图4-60　甘泉白酒

二十三、牛庄大曲传统酿造技艺

辽宁省海城市牛庄的牛庄大曲一直秉承传统酿造技艺，经过多年发展，已经成为海城的一张名片。

牛庄大曲距今已有100多年的历史，它的前身可追溯到清代末年的郅隆泉烧锅。早在清光绪年间，牛庄作为通商口岸商贾云集，而此地依靠地下泉水而出名的烧锅（酒作坊）多达十几家，如“大生涌”“大生海”“海兴涌”“郅隆泉”等，量多质佳，畅销各地，其中最著名的是郅隆泉烧锅。赵景文岳父的父亲董坤曾是郅隆泉烧锅的师傅，继承了牛庄大曲酒的传统酿造技艺，并把自身多年积累的酿酒经验与传统技法传给儿子董福发。郅隆泉烧锅倒闭后，董福发与当年的烧酒伙计把传统的酿酒技艺带到中华人民共和国之后成立的海城酒厂。1976年，董福发又把酿酒工艺传授给分配到海城酒厂的女婿赵景文。赵景文便是今天牛庄大曲传统酿造技艺的传承人。

水是酒的血液，曲是酒的骨骼，窖则是酒的灵魂。酿造牛庄大曲用的水是采自海城河源头的古老泉泉水，曲是自己用传统工艺制作而成，酒窖是养了近20年的老窖。牛庄大曲酒发扬了中国古老的酿酒工艺传统和制曲工艺，并与现代人工老窖乙酸发酵相结合形成了新工艺。它采用具有悠久酿酒史的海城牛庄镇的优良水质，并以优质高粱米为原料，以优质小麦、大麦等为原料制曲作糖化剂和发酵剂，采用“温、准、细、净、勤”五字操作法，同时采用人工老窖加入乙酸菌的工艺，经过大约30天的发酵酿造而成。该酒色泽清亮透明，窖香浓郁，具有以乙酸乙酯为主体的自然协调的香气，入口绵甜、爽净，回味悠长。1984年被鞍山市评为优质产品。2015年，牛庄大曲成功入选“辽宁消费者喜爱的八大名酒”之一。

二十四、凤桥老窖酿造工艺

凤桥老窖始于1927年，其前身是田庄台稻花香老酒厂，到今天已经有近90年的历史。凤桥老窖继承了传统的田庄台镇老烧锅的清六甄、老五甄等制作工艺，以多种酒曲、酒母，精选醅制、低温发酵、定温蒸馏、不勾不兑。产品特点：窖香浓郁、醇厚绵甜、香气纯正、清澈透明、柔和爽口、口味悠长，不上头、不辣喉。凤桥老窖有大米酒、五谷酒、槐花酒、果酒等近10个品种。

大米酒。凤桥大米酒继承了古镇田庄台原老稻花香酒厂的传统制作工艺，采用优选具有天然清香气息的水稻，粉碎后做原料，配用黄绿曲的先进曲种，清蒸清做，稻香气浓郁，绵甜爽口，尽显大米酒之独特风味。

图4–61　凤桥老窖酒

五谷酒。属于多种杂粮白酒。以水稻、高粱、大麦、小米（谷子）、荞麦做原料，采取传统老五甑制酒工艺，配用“多微曲”最新菌种，以便多方位、完全彻底地糖化五谷中的营养物质，混蒸成醇香浓郁、入窖藏贮、柔和甘绵的“五谷老窖”。

槐花原浆白酒。此酒是凤桥老窖系列首创，春季适时大量采集清香气正浓的槐花为原料，经过独特的传统酿酒工艺，蒸馏成槐花白酒。其酒营养丰富、清香四溢，适量饮用，具有抗菌凉血、健胃消食、消除疲劳之功效，实为不可多得的营养佳品。

水果原浆白酒。此酒选新鲜优质苹果和各种梨为原料，以独特的工艺酿成水果原浆酒，保持水果的原汁原味，香甜甘冽，口感独特，并富含大量的维生素及人体所必需的多种氨基酸，且水果中的大量多酚可抑制人体脂肪的堆积，不失为养生保健的最佳饮品。

2014年，凤桥白酒传统酿制技艺被认定为大洼县级非物质文化遗产。

参考文献

[1] 东北文化社年鉴编印处. 东北年鉴[M]. 沈阳:东北文化社,1931.

[2] 吴振臣. 宁古塔纪略[M]//杨宾,方式济,吴振臣. 龙江三纪. 哈尔滨:黑龙江人民出版社,1985.

[3] 杨宾. 柳边纪略[M]//金毓黻. 辽海丛书:第1册. 沈阳:辽沈书社,1985:259.

[4] 长顺修,李桂林. 吉林通志[M]. 长春:吉林文史出版社,1986.

[5] 于永敏. 满族药膳与食疗经验[C]//李迪. 中国少数民族科技史研究:第7辑. 呼和浩特:内蒙古人民出版社,1992.

[6] 姚思廉. 梁书[M]. 北京:中华书局,1973.

[7] 脱脱,等. 辽史[M]. 北京:中华书局,1974.

[8] 脱脱,等. 金史[M]. 北京:中华书局,1975.

[9] 罗布桑却丹. 蒙古风俗鉴[M]. 沈阳:辽宁民族出版社,1988.

[10] 洪锡谟. 东国岁时记[M]//韩国汉籍民俗丛书:第1辑. 台北:东方文化书局,1971:46.

[11] 张仲忱. 一个太监的经历:回忆我的祖父“小德张”伴随慈禧太后的岁月[M]//《文史集萃》编辑部. 文史集萃:第6辑. 北京:文史资料出版社,1985:167-207.

[12] 富察敦崇. 燕京岁时记[M]. 北京:北京古籍出版社,1981.

[13] 洪皓. 松漠记闻[M]. 北京:中华书局,1985.

[14] 徐梦莘. 三朝北盟会编[M]. 上海:上海古籍出版社,2008.

[15] 佟柱臣. 辽墓壁画反映的契丹人生活[C]//陈述. 辽金史论集:第5辑. 北京:文津出版社,1991:12-36.

[16] 项春松. 辽宁昭乌达地区发现的辽墓绘画资料[J]. 文物,1979(6):22-32.

[17] 宋德金,史金波. 中国风俗通史:辽金西夏卷[M]. 上海:上海文艺出版社,2001.
[18] 金毓黻. 奉天通志[M]. 沈阳:辽海出版社,2003.
[19] 庞元英. 文昌杂录[M]. 北京:中华书局,1985.
[20] 叶隆礼. 契丹国志[M]. 北京:中华书局,2014.
[21] 吴宝三. 百年老镇筋饼香[J]. 企业文化,2001(9):75.
[22] 高士奇. 扈从东巡日录[M]//李澍田. 长白丛书:初集. 长春:吉林文史出版社,1986.
[23] 吴光启,王家新. 各地传统食品介绍(一):哈尔滨老都一处三鲜水饺[J]. 商场现代化,1984(10):21.
[24] 黄先娟,丁福昌. 马家烧麦滋味绵长[J]. 餐饮世界,2012(9):35-36.
[25] 钱国宏. 满族的"饽饽"[J]. 社区,2011(12):41.
[26] 林岩. 满族风味的白肉血肠[N]. 新商报,2014-10-30(A16).
[27] 贾敬颜. 东北古代民族古代地理丛考[M]. 北京:中国社会科学出版社,1993.
[28] 宋濂. 元史[M]. 北京:中华书局,1976.
[29] 尹忠华. 兴城古城内的"宫廷御宴"[J]. 今日辽宁,2016(1):75-79.
[30] 杨贵东. "一毛街"与伊通烧鸽子[N]. 四平日报,2009-11-20(09).
[31] 曲东明. 本溪"八大碗"名不虚传[J]. 侨园,2013(10):41.
[32] 佚名. 东北满族八大碗[J]. 新长征(党建版),2009(6):60.
[33] 一口铁锅炖出"非遗"江鱼[N]. 城市晚报,2012-04-24(B10).
[34] 锦州把小烧烤做成了大品牌[N]. 新商报,2010-05-30(19).
[35] 黄胜君. 辽东地区传统大豆酱制作技艺[J]. 中国酿造,2008(19):75.
[36] 袁长春,李贵德. 靠卖高丽酱"拼"出来的致富路[J]. 农产品加工,2012(1):50.
[37] 阿桂. 满洲源流考[M]. 刻本. 1777(清乾隆四十二年).
[38] 宋和平. "尼山萨满"研究[M]. 北京:社会科学文献出版社,1988.
[39] 乌日娜. 发酱财[J]. 致富之友,2005(4):24.
[40] 王明德. 昌图年鉴[M]. 沈阳:沈阳出版社,1995.
[41] 辛茂龙. 克东腐乳生产工艺简述[J]. 今日科苑,2007(16):203.
[42] 荀凤英. 锦州小菜史话[J]. 兰台世界,2002(11):40-41.
[43] 王仪. "老鼎丰":见证历史200年[J]. 东北之窗,2007(10):60-61.

[44] 齐心. 美味糕点稻香村[J]. 东北之窗,2008(11):69.
[45] 王易. 鼎丰真的真功夫[J]. 东北之窗,2007(6):70-71.
[46] 冯维君. 百年“正阳楼”[J]. 东北之窗,2007(18):75.
[47] 李清园. 清真老字号六合顺:冰城的一张名片[N]. 新晚报,2014-04-02.
[48] 李自然. 论满汉全席源流、现状及特点[J]. 西北第二民族学院学报(哲学社会科学版),2003(1):24-28.
[49] 赵明孝. 浅谈哈埠菜[J]. 学理论,2008(4):84-85.
[50] 刘希文. 八井子地坑八烤[N]. 黑龙江日报,2011-04-07(12).
[51] 齐心. 宝发园“四绝菜”[J]. 东北之窗,2007(13):70-71.
[52] 房伟. 沈阳非物质文化遗产概览:(二)[M]. 沈阳:沈阳出版社,2011.
[53] 路甬祥. 中国传统工艺全集:酿造[M]. 郑州:大象出版社,2007.
[54] 侯德泉,赵金艳. 一杯玉液香古今:记中华老字号高贤老酒[J]. 黑龙江档案,1999(3):46-47.
[55] 闫巍. 源升河集团:大米酿酒香飘四方[N]. 粮油市场报,2012-06-14(B02).
[56] 魏收. 魏书[M]. 北京:中华书局,1974.
[57] 王为华. 走近中国少数民族丛书:鄂伦春族[M]. 沈阳:辽宁民族出版社,2012.
[58] “增盛永”探秘[EB/OL]. (2013-04-24)[2016-06-14]. http://www. songyuan. ccoo. cn/bendi/info-98034. html.
[59] 任凤霞. 吉林老字号[M]. 长春:吉林大学出版社,2008.
[60] 王贵玉. 话说北方黍米老黄酒[J]. 酿酒,2007(4):10-12.
[61] 费良德. 辽中白酒“十里香”[EB/OL]. (2016-01-27)[2016-06-14]. http://www. nytuan. com/reed/241192. html.
[62] 宋宏伟. 黑龙江省非物质文化遗产名录图典[M]. 哈尔滨:黑龙江人民出版社,2012.
[63] 张宝宗. 吉林省非物质文化遗产名录图典[M]. 长春:吉林大学出版社,2011.
[64] 许波. 辽宁省非物质文化遗产名录概览[M]. 沈阳:辽宁人民出版社,2009.
[65] 忽思慧. 饮膳正要[M]. 北京:人民卫生出版社,1986.
[66] 姚元之. 竹叶亭杂记[M]. 北京:中华书局,1982.